U0918806

吴冷西回忆录之二

“大跃进”与大调整

吴冷西　著

中央文献出版社

目　　录

第一章 “大跃进”的前奏

（一）从南宁会议[①]说起

参加1957年11月兄弟党莫斯科会议回国后，毛主席不久就到南方去休息。中央的日常工作，由少奇[②]、总理[③]、小平[④]同志处理。

1958年元旦过后，1月7日我到中央书记处的办公地点——中南海的居仁堂开会。

居仁堂是清代西太后接见外宾的地方。它在怀仁堂以南、勤政殿以北，处在中海和南海交汇的地方，毛主席住地——丰泽园的北面。

党的八大以后，中央书记处的会议就在这里举行，会议一般由小平同志主持，每星期二、星期五开一次会，如

① 1958年1月11日至22日，中共中央在南宁召开中央工作会议，部分中央领导人和部分地方领导人参加，总结第一个五年计划，讨论第二个五年计划和长远规划。会议批评了1956年的“反冒进”思想,起草了《工作方法六十条（草案）》。

② 少奇，即刘少奇，时任中共中央副主席，中共中央政治局常委，全国人大常委会委员长。

③ 总理，指周恩来，时任中共中央副主席，中共中央政治局常委，国务院总理。

④ 邓小平，时任中共中央政治局常委，中共中央总书记，国务院副总理。

果是上午开，照例在九点钟开始，如果是下午开，照例是三点钟开始。

居仁堂这座小宫殿，分上下两层，四面环水并有石栏杆，还有一座小型的御河桥。它的后面还有一座两层的后楼，是书记处工作人员工作的地方。1961 年准备在这个地方重新盖书记处办公楼，把原来的居仁堂拆掉。后来考虑到国家三年经济困难，这个工程一直没有开工，还是一块平地。“文革”中在附近盖了一座叫 202 号楼。毛主席晚年住在这里。

1 月 7 日的会议也是由小平同志主持。会议开始，小平同志宣布，这次会议首先是传达毛主席在杭州会议上的讲话。

1 月 3 日和 1 月 4 日，毛主席在杭州召开了四省一市的省市委书记会议。四省就是浙江、江苏、福建、山东四省，一市就是上海市。这次会议是采取漫谈的形式，由毛主席提出一些问题，征求大家意见。第一天会上大家没有深谈，毛主席也没有发表很多意见。第二天会上，毛主席讲了比较系统的意见。一共讲了十七个问题，其中许多问题后来在南宁开会起草《工作方法六十条》的时候都谈到了。十七个问题是：第一，农业规划的问题；第二，全国规划的问题；第三，展开一个反浪费、反贪污、整风运动的问题；第四，研究农村再分配以及消费和积累的比例问题；第五，试验田的问题；第六，红与专的问题；第七，打掉官气的问题；第八个问题是，要对上面所讲的第一条的农业十二项规划和第二条的全国十二项规划，做出一个十年规划；第九，开展一个以除四害为中心的爱国卫生运动；第十，绿化问题；第十一，要发展地方工业；第十二，开各种形式的会，在会上既要谈业务，又要谈政治思想；第十三，在中央工作的同志，要轮番下去，每个人每年下去四个月，由书记处做出规划；第十四，中央同志下去视察工作，不接送、不请客、不唱戏；第十五，要区别敌我矛盾和人民内部矛盾；第十六，不断革命，过去强调阶级斗争，今后要强调技术革命；第十七，对立统一问题。

传达是由杨尚昆[①]同志根据浙江省委的记录向大家讲的。

在杨尚昆同志传达过程中，彭真[②]同志把一张信笺传给我看。我拿过来一看，是毛主席手写的一个关于召开南宁会议的通知。通知一开头就点了我的名。这个通知是这样写的：“吴冷西[③]、总理、少奇、李富春[④]、

① 杨尚昆，时任中共中央政治局候补委员，中央办公厅主任。

② 彭真，时任中共中央政治局委员、中共中央书记处书记、全国人大常委会副委员长。

③ 吴冷西，时任新华社社长，《人民日报》总编辑。

④ 李富春，时任中共中央政治局委员、国务院副总理兼国家计划委员会主任。

薄一波[1]、黄敬[2]、王鹤寿[3]、李先念[4]、陈云[5]、邓小平、彭真、乔木[6]、陈伯达[7]、田家英[8]、欧阳钦[9]、刘仁[10]、张德生[11]、李井泉[12]、潘复生[13]、王任重[14]、杨尚奎[15]、陶铸[16]、周小舟[17]（已到）、史向生[18]、刘建勋[19]、韦国清[20]、毛泽东，共二十七人，于十一日、十二日两天到齐，在南宁开十天会，二十号完毕（中间休息二天到三天，实际开会七天到八天）。谭震林[21]管中央，总司令[22]挂帅，陈毅[23]管国务院。”

我拿到这个通知一看，有点吃惊，为什么把我的名字

① 薄一波，时任中共中央政治局候补委员、国务院副总理兼国家经济委员会主任。
② 黄敬，时任国家技术委员会主任、第一机械工业部部长。
③ 王鹤寿，时任国家建设委员会主任兼冶金部部长。
④ 李先念，时任中共中央政治局委员、国务院副总理兼财政部部长。
⑤ 陈云，时任中共中央副主席、中共中央政治局常委、国务院副总理。
⑥ 胡乔木，时任中共中央书记处候补书记、毛泽东秘书。
⑦ 陈伯达，时任中共中央政治局候补委员、中央政治研究室主任。
⑧ 田家英，时任中共中央政治研究室副主任、毛泽东秘书。
⑨ 欧阳钦，时任中共黑龙江省委第一书记。
⑩ 刘仁，时任中共北京市委第二书记。
⑪ 张德生，时任中共陕西省委第一书记。
⑫ 李井泉，时任中共四川省委第一书记。
⑬ 潘复生，时任中共河南省委第一书记。
⑭ 王任重，时任中共湖北省委第一书记。
⑮ 杨尚奎，时任中共江西省委第一书记。
⑯ 陶铸，时任中共广东省委第一书记。
⑰ 周小舟，时任中共湖南省委第一书记。
⑱ 史向生，时任中共河南省委书记处书记。
⑲ 刘建勋，时任中共广西省委第一书记。
⑳ 韦国清，时任中共广西省委书记处书记。
㉑ 谭震林，时任中共中央书记处书记。
㉒ 总司令，即朱德，时任中共中央副主席、中共中央政治局常委。
㉓ 陈毅，时任中共中央政治局委员、国务院副总理兼外交部部长。

放在前头呢？由于我当时是《人民日报》总编辑兼新华社社长，我首先想到，要我去南宁开会是不是和报纸有关，和通讯社有关。接着，我很快就想到《人民日报》不久前发表过的几篇重要社论和新华社发表的新闻报道和内部参考是不是出了什么问题，反来复去想，觉得不至于有什么大问题。

除此以外，我没有联想到其他问题，也不知道有什么其他问题。虽然毛主席在杭州会议上曾经谈到 1956 年的反冒进问题，但是在 1 月 7 日书记处会议上传达时并没有谈到这个问题，而是我到南宁以后，田家英才告诉我的。

当时我看了参加会议的名单后，就想到这是一次很重要的会议，因为中央政治局常委除朱总司令留守北京外都将参加（林彪称病长期不参加中央会议）。政治局只留陈毅和谭震林两位坐镇北京，一管外事，一管内政。中央管经济的几个部门，特别是管工业、财经的几个部门头头都列上了。至于地方上的一些同志，大都是大协作区的主任，如李井泉、张德生、陶铸、欧阳钦等，后来又增加了柯庆施[①]。

1 月 10 日，我们从北京坐飞机到达南宁。途经桂林上空的时候，大家都说，南宁开过会以后，最好能到这里领略领略“桂林山水甲天下”。但是会后谁也没有这个兴

① 柯庆施，时任中共上海市委第一书记。

致了。

在离开北京之前，毛主席临时决定要小平同志留在北京。可能是考虑总司令身体不怎么好，陈毅同志刚从上海到北京来工作不久，谭震林同志只熟悉农业，所以决定小平同志留在北京，没有参加南宁会议。

我们到南宁以后，就住在省政府交际处，这是一幢三层楼的省委招待所，规模不大，我们二十几个人刚刚够住。我记得一楼留给地方上的同志，二楼是几位副总理，胡乔木、田家英和我，再加上黄敬、王鹤寿这些部长都住在三楼。毛主席、少奇同志和周总理不住在这里。毛主席住在经常接待路过南宁的越南胡志明主席住的地方，少奇同志和周总理住在小别墅。

在主席写的开会通知里提到的人，绝大部分都到了。陈云同志因为生病没有来。还有潘复生也没有到会。

还没有等所有的与会人员到齐，毛主席就在1月11日上午召集中央政治局常委开会，彭真同志也参加。毛主席在会上谈到这次会议主要是谈工作方法问题。他说，有两种不同的工作方法，一种是多快好省，一种是少慢差费。会议要讨论怎么样使我们的工作方法对头，促进我国的现代化。

据田家英告诉我，在会上提到了1956年反冒进问题。

田家英说，他估计可能在会上要批评周总理和陈云。陈云没有到，可能要批评周总理。田家英和我都没有参加这次常委会，田家英是听毛主席的身边工作人员说的。

（二）批判“反冒进”

1月12日下午，毛主席主持第一次会议，毛主席一上来讲了一篇话。他说：八年来（即从建立新中国开始）他一直为工作方法而奋斗。虽然讲过多次，但是这个问题并没有引起重视。每年的计划、预算都没有经过政治局详细讨论。主管财经工作的同志应该让政治局的同志逐步地了解情况，不要只叫政治局同志举手。

毛主席是这样开始他的讲话的，所以会议一开头就空气紧张。接着他尖锐地提出，1956年夏天，特别是北戴河会议，是反冒进的。其实没有冒多少。1955年刚刚反对过合作化运动中的右倾，不到一年的功夫又来反冒进。

毛主席说，做经济工作的同志，部长级以上的干部，实际上是对中央实行封锁的，平常很少向中央反映情况。这些同志不是不要中央领导，不是这么一个严重问题，而是出于一种心理状态，总想把自己梳妆打扮好了然后跟婆婆见面，然后把文件送给中央看。他们不拿出写好的稿子来，不愿意蓬头散发地跟中央见面，因此中央不是从一开始就了解要解决的问题的情况。这些同志工作方法有问题。领导与被领导是对立的统一，不是你攻我，就是我攻你，应该互相提意见、互相批评、互相帮助。

毛主席说，总的来讲，财政经济工作是有很大成绩的，但有一个小指头的错误。我们的工作三年来有曲折，1955年搞了合作化的高潮，形成了农业“四十条”，这是好的。在这影响下，大家都想把工作搞快一点、搞多一点，这中间当然也有一些是过头的，但是这也是一个指头的问题。马克思主义看问题的方法，人民的事业总是九个指头和一个指头的关系，成绩是九个指头，缺点是一个指头，无论何时都是如此。与此相反的，是资产阶级的方法、右派的方法。从1956年6月李先念同志的财政报告开始，一直到1956年11月的八届二中全会，反冒进发展到顶点。当时我感到不对头，跟一些省委同志商量，搞了一个七条，想挡一下这股风，但是没把事情讲透，又没挡得住。这样，农业“四十条”吹了，多快好省的方针也吹了，共产党不是促进会而成了促退会了。实际上，那个时候是搞得快了一点，是多了一点，但并不太多，也并不太快，只是基建、招工、工资增加得多了一些，这也不完全是1956年上半年的事情，是建国以来积累下来的问题。但是我们有些同志就学宋玉[①]攻击登徒子的办法。宋玉是楚国的秀才，登徒子是楚国的大夫。登徒子在楚王面前告了宋玉一状，说宋玉好色。宋玉就反驳他，数了他一大堆罪状，说明好色的不是宋玉本人，而是登徒子大夫。《昭明文选》里面就登了宋玉的《登徒子好色赋》这篇文章，可以把这篇文章印给大家看一看。这篇文章讲的宋玉采取的办法跟我们反冒进的同志的办法一样，就是攻其一点，尽量扩大，不及其余，这是宋玉的方法。

说到这里，毛主席当场背诵了宋玉的《登徒子好色赋》里的很长一段。毛主席说，有一天，大夫登徒子在楚襄王面前告宋玉的状，说宋玉为人体貌闲丽，口多微辞，又性好色，希望楚襄王不要让宋玉出入后宫。有一天楚襄王对宋玉说，登徒子说你怎么怎么样。宋玉回答说：“体貌闲丽，所受于天也。口多微辞，所学于师也。至于好色，臣无有也。”楚襄王问，你说自己不好色，有什么理由呢？宋玉回答说：“天下之佳人莫若楚国，楚国之丽者莫若臣里，臣里之美者莫若臣东家之子。东家之子，增之一分则太长，减之一分则太短；著粉则太白，施朱则太赤；眉如翠羽，肌如白雪；腰如束素，齿如含贝；嫣然一笑，惑阳

① 宋玉，战国末期楚国辞赋家，为屈原之后最杰出的楚辞作家。《登徒子好色赋》是其著名的一篇辞赋。

城，迷下蔡。然此女登墙窥臣三年，至今未许也。”宋玉为自己辩解说，这么一个美人，勾引了他三年，他都没有上当。然后宋玉就攻击登徒子说，登徒子的老婆头发蓬蓬松松，额头突出来，耳朵也有毛病，牙齿突出，走路也有点驼背，而且身上还长疥，又有痔疮。宋玉问楚襄王：登徒子的老婆这么丑，登徒子却这么喜欢她，同她生了五个孩子，请大王仔细想想，究竟是谁好色呢？宋玉就是采用这种攻其一点，尽量扩大，不及其余的方法。

毛主席说，采取这种攻其一点、不及其余的办法，就会给群众、干部泼冷水。他说，我别的不怕，就怕群众没有劲，干部也没有劲，特别是农民没有劲。反冒进把他们的积极性打下去，这是很不好的。现在中央要大权独揽。我过去只是抓农业，抓了农业合作化，抓了反右派斗争，抓了反教条主义，整个民主革命和社会主义改造都抓了，唯独工业没有抓，现在要把工业抓起来。

毛主席在讲话中间也批评了《人民日报》，他批评《人民日报》在最高国务会议以后一直按兵不动，不宣传他在最高国务会议上的讲话。他说，过去我说《人民日报》是教授办报、书生办报，这样说已经不够了，应当说是死人办报。最后，毛主席提出《人民日报》1956年6月20日发表反冒进的社论是不对的，他说，不信去查查看。

会后毛主席把《人民日报》的社论和李先念同志的报告摘要印出来，发给大家看。

（三）《人民日报》社论

第一天会议下来，大家非常紧张。我因为过去没有接触到这个问题，经毛主席这么尖锐地点《人民日报》的名，也很紧张。但是我不了解《人民日报》1956 年 6 月 20 日社论是一篇什么社论，就问乔木同志是怎么回事。乔木同志说，你赶紧打电话给北京，要北京把这篇社论写作的简要过程，连同初稿、二稿、三稿、四稿和最后的定稿，都送到这里来，看看是怎么回事。我当晚给《人民日报》一位副总编辑打了电话，要他们明天把材料送来。

我在 13 日下午就收到了《人民日报》送来的 1956 年 6 月 20 日社论的几次稿子清样。我跟乔木同志马上查看。原来这篇社论最初是由《人民日报》起草的，送中宣部征求意见，中宣部认为不行，向少奇同志请示。少奇同志认为不行，要重写，并且要陆定一[①]同志负责起草。定一同志把这件事交给王宗一[②]同志。王宗一同志起草以后，陆

① 陆定一：时任中共中央政治局候补委员，中共中央宣传部部长。
② 王宗一：时任中共中央宣传部宣传处处长。

定一同志作了较大的修改，然后送给少奇同志和周总理，他们两人都作了一些修改并提了一些意见。陆定一根据他们的修改和其他的意见又改了一遍，经中宣部部务会议讨论修改后，再送少奇同志和毛主席审定。少奇同志作了不多的修改就送给毛主席。在最后定稿的清样上，我们看到毛主席在他的名字上圈了一个圈，还写了“不看了”三个字。据毛主席后来说，骂我的东西我为什么要看。

这篇社论的题目叫作《要反对保守主义，也要反对急躁情绪》。毛主席在会上印出的这篇社论的摘要上批写道：“庸俗的马克思主义，庸俗的辩证法。文章好像是既反‘左’又反右，但实际上并没有反对右，而是专门反‘左’的，而且是尖锐地针对我的。”印发李先念同志关于1956年6月的预算报告时，摘了其中一段：“生产的发展和其他一些事业的发展，都必须放在稳妥可靠的基础上，在反对保守主义的时候，必须同时反对急躁冒进的倾向，而这种倾向在过去几个月中，在许多部门和许多地区都发生了，急躁冒进的结果并不能帮助社会主义事业发展，而只能遭到损失。”毛主席对此也作了批语，批语是：“这篇报告是针对多快好省提出批评。”

我跟乔木同志看到印出来的主席的批语之后，就商量着要不要在会上把《人民日报》6月20日社论的写作过程讲一下。我们反复考虑，最后认为不宜提到大会上去。因为按当时的情势，会议已经很紧张，如果把整个写作过程，连同毛主席的“不看了”都详细谈，只能是火上浇油。乔木同志还对我说，这件事情跟你无关，因为那个时候你还没有到《人民日报》。《人民日报》是归我管的，我没管好。虽然我那时忙于起草八大文件，没有直接参与这篇社论的写作和修改，但我看过的，我应该负责，由我来承担责任好了。后来乔木同志在会上做了自我批评，主要是检讨 1957 年春没有及时宣传毛主席在最高国务会议上的讲话，没有讲 1956 年那篇社论的内容和修改的经过。

从毛主席 1 月 12 日讲话以后，会议采取两种形式进行：一种是毛主席亲自主持（一般在下午或晚上举行），听各地区、各省的情况汇报，中间毛主席有插话；另一种是由少奇同志主持（大抵在上午举行），专门谈论反冒进的问题，主要是中央各部委的同志和几个大协作区主任参加，中间有批评也有自我批评。

1 月 13 日继续开会，是毛主席主持的。会议开始首先由李先念同志讲 1957 年财政收支的情况，先念同志说，1957 年的财政收支情况比去年好，收入增加，有 307 亿，支出超过 2 亿，实际结余有 11 亿。原因是生产计划完成得很好，收入增加了。毛主席这时插话说，这说明我们反右斗争是为经济服务的，是政治推动了经济。先念同志还检讨说，1956年自己思想不对头，对1956年跃进估计不足，对跃进带来的困难是不可避免这一点也没有看清楚。对困难估计过分，有右倾保守思想，对成绩估计不足。

毛主席说，我们要在十五年赶上英国，经过努力是可以办得到的，但是也不能要求太快，也不能要求增加太多。大概到第二个五年计划底，就是1962年，我们的钢产量达到1200万吨到1300万吨，或者更好一点达到1400万吨到1500万吨，就很不错了。

可以看出，毛主席的心思是，从1956年起就要把社会主义建设搞得比苏联快一些，因而有《论十大关系》的讲话，有在1957年莫斯科会议上宣布十五年赶上英国，但究竟搞多快，还是没有摸准。在南宁会议上，毛主席心里想的并不是一年翻一番。1957年我们的钢是535万吨，1962年的计划指标是1200—1500万吨，即五年内翻一番到两番。

毛主席说，过去反冒进不妥，就在于全国范围里搞一个反冒进的风潮。对有些过头的地方，可以在小范围里搞调整。不叫反冒进，叫调整，就是说，用这么大笔钱中间有小部分钱用得不当。如果这样做，不反冒进，那就好了。

从毛主席上面这些话看，口气比第一次会议缓和了。

（四）工作方法的提出

1月14日上午，毛主席又主持召开会议，在会上着重讲工作方法问题。他把原来的17个问题扩大为22个问题，其中一些问题也有些变化。这22个问题是：

第一，要全面规划，农业要规划，工业要规划，全国都要规划，一年检查几次，最好是检查四次。

第二，年终要搞评比。每年到年底看看今年规划完成得怎么样，完成了多少，没完成多少，超额完成了多少，谁先进，谁落后，要加以评比。

第三，积累和消费的比例究竟定多少合适，请大家议一议。

第四，要搞试验田。这是一个很重要的工作方法，红安的干部这方面就做得好。到底下去，真正解决实际问题，用搞试验田的方法来了解情况解决问题，领导不能高高在上，越到上头官气越重，北京官气很多，我也在北京，许多人有老爷气，你们省里就没有老爷？我就不相信。

第五，有人怕不平衡，不平衡是绝对的，不平衡是好事，不平衡就发生矛盾，就要解决这个矛盾。农业发展了，和工业就不平衡，这就促使工业进步。

第六，政治和业务要统一，就是要又红又专，反冒进是专而不红，泼了冷水，伤了许多人的心。《人民日报》6月20日的社论究竟有多少马克思主义，我就看不出来。11月八届二中全会反冒进有进一步的发展，我和省委的同志搞了七条，不完全，是妥协的。第一条很好，第二条说有20到30亿元用得不当，三、四、五这三条都是主张适当压缩，原则是不要使许多人抬不起头。这七条，在八届二中全会上大家都赞成了，但是那里面没有说清楚谁是谁非。搞财经工作的同志，不要以为自己很专了，党票在手就红到一百分了。搞政治的人呢，不懂得业务就是个空头政治家，名义是红，实际是白。这两方面都不好，既要反对空头政治家，也要反对不问政治的业务家。

第七，整风要坚持到底，坚持打掉官气，官是要做的，但不能要官气。

第八，要来一次反浪费运动，从干部到工人、到群众、到每一个家庭，都来讨论反浪费，粮食要节约，有钱就存到银行去。

第九，各种事业都要做计划，各省要做全面的综合计划。这个计划能否在今年6月底以前交给中央，请大家考虑。

第十，要开展除四害运动，搞大规模的爱国卫生运动。

第十一，要十二年实现绿化全国的计划，现在已经过了两年了，要抓紧。

第十二，一年中可以开三四次中小型的会，一千、两千人的会一年一次。中央委员、省委书记和委员应该轮番地走出办公室，每年要有四个月到地方上，少一天也不行，既要走马看花，也要下马看花，换换空气。

第十三，要发展地方工业，要订出地方工业的产值、超过本省农业产值的计划。

第十四，要讲究工作方法，一个时期内有哪些问题，要想一想、议一议，对少数人讲一讲，然后再对干部、群众讲。

第十五，不断革命，这不是托洛茨基的不断革命，而是我们在完成民主革命之后，接着进行社会主义革命。实际上，我们从 1949 年建国起就开始走上社会主义革命的道路了。因为没收了占工业总产值 80% 的官僚资本，就等于大部分工业掌握在我们的手里了，国有了。我们今年上半年完成整风，下半年起重点就要转移到技术革命上来。在阶级消灭以后，还是有政治斗争、思想斗争，还要处理各种人之间的关系，但是这种政治、思想斗争和过去的性质不一样了。所以我们既要比技术，也要比政治，要研究领导的艺术。

第十六，所有的文件都要有准确性、鲜明性、生动性。

现在我们的计划报告、财政报告，包括政府工作报告，特别是工业方面的，枯燥无味，缺乏这三个性。做经济工作的同志，要学辞章学。

第十七，要抓两头带中间，两头就是先进的和落后的，要抓这两头来带动中间的，这是一个重要的工作方法。

第十八，五年看三年，三年看头年，这也是一个工作方法。

第十九，一年至少检查四次，当然最好是十二次了，如除四害，每一个月就检查一次。

第二十，开会的方法，要材料和观点统一，不要搞一大堆材料没有观点，或者只有观点没有材料，缺乏说服力，材料也不要罗列一大堆，只要解剖一个麻雀就行了。

第二十一，要认识九个指头和一个指头的区别，要抓住主流，也要看到支流。反冒进的时候把“四十条”、多快好省、促进会搞丢了，这就不行了。赫鲁晓夫把斯大林打一大棍，有人就跟他转，就采取攻其一点、不及其余的办法，这是教条主义的办法。

第二十二，要反复地、充分地、多次地交换意见，对一些问题要经常地交换意见，这也是一个工作方法。我们许多东西都是集体创造的。当然有一个中心，一个小组有小组长。个人和集体就是对立的统一，省委的第一书记和省委会就是个人和集体的对立统一。

毛主席这一天的讲话，主要是讲工作方法问题，在讲工作方法时涉及反冒进的问题，反复讲了多次。从这个讲话中也可以看到，毛主席的思想是不断发展的，在制定《工作方法六十条》过程中间，他的讲话一次比一次讲得明确、详细、具体。

14日下午的会议，是由各省汇报。先由张德生汇报新疆、甘肃、青海的情况，接着王任重同志汇报了湖北的情况。在汇报过程中间，毛主席也做了一些插话。

（五）周总理的检讨

在1月15日上午的会议上，周总理开始做检讨，他说，1956年夏天到1957年春天这段时间内反冒进是错误的。这个问题是从个别事情开始的，如不赞成推广双人双铧犁。在开始的时候，总的还是积极的。在1956年上半年搞了科学规划，组织了一个委员会来实施农业“四十条”，都是积极的。后来感到原材料不够，当时也确实是材料非常紧张，财政和物资都失去平衡，于是认为不能搞得太多，要少搞一点，要调整。后来在编制1956年预算的时候，就把基建从184亿元压到140亿元，那是6月间的事情。

因为当时物资缺口很大，我身为总理，要调用2500吨钢，调了两个月都调不来。所以在政府报告中间，在八大的关于第二个五年计划的报告中间，一方面提了反保守，另一方面又提了反冒进，但思想的重点是反冒进。6月20日《人民日报》的文章的确是反映当时自己的思想，反映当时的空气。当时并没有感到这是同毛主席的多快好省的方针相对立的。只看到部分现象，觉得很严重，需要反冒进。认为不能只注意多快，不注意好省。所以无论在1956年夏天的北戴河会议，或者是9月间的八大，自己思想上还是着重于不要搞得太多，不要搞得太快，有保守情绪。但是，在好几次会议上，对这个问题并没有明白地摆出来，只是平铺直叙地讲了一下，两方面都讲到了，既要反保守，又要反冒进。到1957年春天，右派向我们进攻了，这个时候才警惕到不能上右派当，要向右派进行反击。所以在六七月间的人代会上作政府工作报告时就全面展开反击右派的进攻，反对“今不如昔”的说法。但即使在这个时候，也没有认识到1956年反冒进是错误的。这是个很严重的教训，思想上、方法上都有问题，对人民群众的积极性估计不足、处理不慎重。

在总理发言的过程中间，少奇同志讲了一段话。他说，在1956年夏天他主持政治局的时候，感到搞得太多、太快，应该刹一下车，把要求过急、过快的急躁情绪改变过来，所以就要《人民日报》写一篇文章，讲一些道理，提出既要反保守，也要反冒进，两面都提，着重是反冒进。当时《人民日报》有一篇社论稿对这个问题没讲清楚，所以就叫陆定一同志来组织这篇文章，宣传部的同志执笔。这篇文章我看过、改过，是我同意发的，责任在我。毛主席没有看这篇文章，他说他不看了。

当天下午，会议继续进行，会议一开始毛主席就发言，他说，过去有许多事情没有抓，方法没搞对。财经部门的同志只注意数字，没有注意各个部门之间的互相关系。比方说，如果农业“四十条”提前完成，其他部门怎么办？这个问题就很大。过去许多财经报告我都没有看，因为其中没有思想，没有理论，只是干巴巴一大堆数字。他说，依我看，财经方面的事，许多部长也不甚了了，他就那么签字就是了。这也是老子哲学，无为而治。中央同志呢，有时候也是被迫签字。现在在许多部门成了秘书专政，这个事情非常不好。首长不动手，完全靠秘书，许多问题不甚了了，而不甚了了也签字。这种情况继续下去是不行的。我对各部门送来的有些报告，多数只好闭着眼睛签字。

毛主席说，我们要学习列宁。列宁有一条就是一分为二，用一分为二的观点来对待一切，这就掌握了辩证法的核心了。对立统一，统一是有条件的、暂时的、过渡的、相对的，而互相联系、互相斗争是绝对的，正如发展和运动是绝对的一样。比方说，我们的合作化，1955 年初估计，还要三个高潮才能够完成合作化，可是到 1955 年秋天开过会后，形势大变，发展非常快。不平衡是绝对的，听到不平衡不要着急。完全不着急也不好，但应该看到不平衡是经常的。从不平衡到平衡，又到不平衡，又到平衡，这么周而复始是客观规律，我们要按规律来工作。

在这里，毛主席对上午周总理和少奇同志的发言都没有表示态度，而是从虚的方面讲了一番话。

毛主席讲完话以后，接着是陶铸、李井泉讲他们省里的情况，在他们谈的过程中间，讲到反冒进对下面是有影响的。这时，毛主席插话说，周总理在 1956 年八届二中全会上的报告是采取宋玉的办法，攻其一点不及其余。总理在政治上反对右派是坚决的，在经济上反右就不坚决。我在八届二中全会的时候，提出七条，采取防御的姿态，但是一点作用也没有。因为没有棱角，没有把事情讲透。那时的心思正因国际共产主义队伍中的争论（如铁托的普拉讲话）而分散了。毛主席说，本来在 1956 年夏秋适当地压缩一下空气是必要的，缓和一下紧张也是必要的，但做得过分就不对了，把它作为方向来反冒进就不对了。那种认为这也不能多搞，那也不能多搞，为什么？《人民日报》元旦社论《乘风破浪》很好，因为它的主要精神是鼓起干劲，力争上游，乘风破浪。鼓起干劲、力争上游这是思想方法问题。

（六）重视理论

这一天（1 月 15 日）的晚上，毛主席找我和胡乔木到他的住地谈话。当时毛主席住在经常接待越南胡志明主席的那个宾馆，是一个很高很大的平房。毛主席先对胡乔木说，《乘风破浪》的社论可以写得出来，为什么去年春天最高国务会议后无动于衷，按兵不动，成了死人办报呢？当时这话说得重了一点，但不如此就不能使你们三天睡不着觉，猛醒过来。我当时很生你的气，从上海回京先批评你，第二天又批评《人民日报》的总编辑和副总编辑。现在大家对《人民日报》反映比较好，认为有进步，但是还要努力。毛主席接着对我说，看来，我派你到《人民日报》去改组领导班子没有错。但你不要自满，不要翘尾巴，还是要夹着尾巴做人。我向毛主席汇报《人民日报》正采取包干的办法搞好评论工作。毛主席说，《人民日报》的评论要大家写。你们现在采取由各个部门在他们的工作范围里包干写评论的办法是好的。包干也要有个统帅，你作为总编辑就是这个统帅。你的任务是组织大家写，自己也要写。有一些评论你要亲自主持来写。像我们前年搞《论无产阶级专政的历史经验》那两篇文章那样，是我亲自主持写的。你要学这个办法，重要的文章你要亲自主持来写。但是，采取包干的办法就可以免得一个人独揽一切，这也是一种生产关系，既有独揽又有分散，这种关系可以发展生产力。总编辑和各部门主任的关系应该是这样的，有统有分。各部门之间，一版到八版可以展开竞赛，看谁搞得好。毛主席又说，写评论要结合实际，结合当时的政治气候。要看得准、抓得快、抓得紧，形势一变又要转得快。不要像去年2月到4月间那样，对最高国务会议上我的讲话毫无反应，闻风不动，这是不好的。文章也要写得不刻板，形式要多样化。

毛主席问我最近有没有到地方上去走走。我汇报了兼任《人民日报》总编辑后一直忙于内部工作，还未到地方上去。毛主席说，《人民日报》和新华社的同志要经常到地方上去，要呼吸新鲜空气，要和省委的关系搞密切。你2月份就下去，到两广和福建去跑一跑，既当记者又做工作。你不要长住在北京，北京官气比较多，你的位置应该活动一些。要下去，一个月也好、两个月也好，党代会开会的时候你再回来几天。要经常到外头跑。《人民日报》是中央的一个部门，经常联系地方应该是一个很重要的任务。毛主席又说，《人民日报》还有一个重要任务，就是转载地方报纸上的好文章，这不但是对各地方报纸的鼓励，也可以使地方上非看《人民日报》不可，而且还可以把地方上生动活泼的东西提供给全国读者。《人民日报》介绍桐庐县的经验、梅林食品厂的经验都是不错的。

毛主席说，《人民日报》是中央的报纸，它不是简单报道各种具体工作、具体业务，而是要在思想上、政治上影响全国。你们提出来要搞思想评论，我赞成。要谈红和专的关系，这是一个大问题，不仅《人民日报》要搞红与专的讨论，也要号召全国各地、中央各部门、党政军民学都要来注意红与专的问题。

毛主席还谈到他最近看了一些地方报纸，都各有长处，都值得《人民日报》学习。接着他就谈到上海发表柯庆施的报告、广州发表陶铸的报告，还有浙江省委的一个报告。他详细地谈到各个报告的内容，认为值得《人民日报》注意。他说，当然也不是这些报告都写得很好，可以摘要发表。我照办了。后来我才知道，这两个报告是第一次公开宣传毛主席在1957年10月八届三中全会讲话的新观点的。

毛主席还问了《人民日报》内部一些情况。我向他汇报了干部情况后，他说，要学会用人。金无足赤，人无完人。每人都有长处和短处。要会使用他的长处，帮助他克服他的短处。他还要我不要搞一言堂，要让大家发表各种不同意见，使得自己能够听到各个方面的反映，能够从中吸取各方面的营养，等等。一共谈了一个多钟头。

经过毛主席的谈话，我才逐渐理解到为什么主席要我参加南宁会议。连同他在讲工作方法时提到要培养“秀才”，联系他后来讲到《人民日报》的一些问题，都是和我有关的。

第二天（1 月 16 日）上午，毛主席发表长篇讲话，主要是谈学习的问题。他一上来就讲，任何一个部门，任何一个省委，任何一个军委，特别是报纸，要学理论，要做理论工作，各个部门、党委和报纸的主要负责人要经常抽空学习理论，学习各方面的知识。他说，我叫《人民日报》的总编辑来参加这次会，因为《人民日报》是中央的机关报，是中央的一个部门，他应该了解全面情况。《人民日报》是新闻纸，对许多事情应该反应快。不了解全面情况是难得快的，勉强求快要出错。现在《人民日报》反映中央的意见是比较快、比较好的，但还要进步。有些重大问题自己没有很大把握的，就应该多加斟酌，不可草率从事。不仅报纸的重要文章要多加斟酌，中央各部门、各地方党委给中央的文件，应该像中央过去写《论无产阶级专政的历史经验》那两篇文章那样认真。如果不这样认真，那么你这个部长、你这个第一书记迟早要垮台。毛主席说，现在大家都说忙得很，为党为国，夜以继日，但是只搞些数字，不搞理论，不搞辞章学，不搞考据学，不搞逻辑学，写出来的东西就是一堆材料。没有心思放在理论方面，这种情况很不好。《人民日报》总编辑更要重视理论学习，不要被日常流水一般的新闻淹没了。

接着，毛主席说，我们搞文件，要使自己成为秀才，或者是半个秀才，就要研究理论，研究文法，研究文风，研究考据，研究辞章，研究验证。毛主席又说，《人民日报》从去年2月起，长期不讲人民内部矛盾，一直到4月份还不讲。从2月到4月右派大讲特讲，我也大讲特讲，我几乎成了右派的领袖。有许多人不讲人民内部矛盾，不讲就是讲，就是表示他不赞成，思想不通。《人民日报》内部在4月以前没有一个人讲话，也是思想不通，是资产阶级知识分子尾巴太长了。从4月到6月，实际上我是《人民日报》的总编辑。苏联的同志是长期不重视理论的，或者说是不真正重视理论的。赫鲁晓夫在苏共二十大上讲了一些观点，里面也有一些是重大理论问题。你能说他不重视理论吗？也不好说。但是，他讲的不是真正马克思列宁主义的理论。这一点少奇同志早就注意到，多次讲过这个问题。

毛主席说，在莫斯科会议时我曾劝小平同志还要多学理论。我现在也劝大家多学理论，应该懂得我们是马列主义的党，要懂得理论，学到死为止。我下决心要学逻辑学。我还订了一个学英语的五年计划。我希望每一个省委书记、各部部长都学一种外国文，五年不行，搞个十年计划也可以，大家努力学习，学到老、学到死为止。还要学文学。我看《离骚》①、《楚辞》②都是很好的东西，大家也可以学。你们走出办公室以后，要带一部《楚辞》，带一些唐宋作家的诗词，有空就抓紧读。走出办公室不仅要破除官气，也要破除暮气。老子的书也要学。我还准备把马列主义 12 本著作重读一遍，跟大家合作，每本写一个序言。

毛主席说，我们中国人搞了这么多年革命，对马克思列宁主义应该可以增加一些新的东西。大家开始读书的时候，也可以请教员，二十几岁、三十岁左右的人，既会中国文学，又会外国文学的最好。要看到有大成就的人往往是年轻人。自古以来的发明家，不是一些年纪大的科学家，

①《离骚》，是战国时期楚国诗人屈原创作的文学作品。

②《楚辞》，又称楚词，是战国时期楚国大诗人屈原创造的一种诗体，汉代刘向把屈原、宋玉等承袭屈赋的作品编辑成集，名为《楚辞》，成为对我国文学具有深远影响的、我国第一部浪漫主义的诗歌总集。

而是一些年轻的科学家。我们的李政道、杨振宁就是很年轻。马克思、恩格斯在他们创立马克思主义的时候年纪也不大。王弼[①]这个老子哲学家，也是十几岁的时候就搞老子哲学的，他死的时候才二十四岁，他超过了老子。孔子的大弟子颜回[②]死的时候也不过三十二岁。后生可畏、后来居上，这是一个规律。孔明[③]任军师的时候只有二十七岁，李世民[④]十八岁就当了总司令。要有这样的雄心壮志，后来居上，超过前人。当然，我们每次开会也要务实，谈谈计划，谈谈预算等等，但老是只搞这些就成了实用主义，成了经验主义，这是很危险的。

毛主席在这一天的讲话，着重是讲了思想方法和工作方法的问题。他强调，做领导工作的同志要改进思想方法和工作方法就要多学习，要学习马克思列宁主义的理论，要学习各种专门的知识，要有后来居上的气概，不要变成实用主义、经验主义。他在讲话里面又提到周总理，他一个方面讲周总理 1956 年 11 月八届二中全会上的报告是不对的，另一个方面又讲周总理 1957 年 6 月在人代会上的

① 王弼，三国时期魏晋玄学家，少年奇才，注释《周易》和《老子》，24 岁去世。
② 颜回，字子渊，别称颜渊，春秋末期鲁国人，14 岁师从孔子，是孔子最为赏识的弟子，居孔门七十二贤之首。参与编辑《论语》，32 岁去世。
③ 孔明，即诸葛亮，字孔明，三国时期蜀汉丞相，政治家、军事家。26 岁时即成为刘备的主要谋士，提出著名的“隆中对”。
④ 李世民，即唐太宗，唐朝第二个皇帝。少年从军，18 岁率兵参加反隋战争，战功赫赫，26 岁继皇帝位，是杰出的政治家、战略家、军事家。

报告是好的，是真正以无产阶级英勇战士的气概来反对各种右派言论。毛主席也说到少奇同志早几年就看到苏联同志不重视理论的问题。

会议散了以后，我跟田家英同志说，看来这个会以后是转入到工作方法问题的讨论，反冒进的问题可能要缓和下来。田家英也同意我这个看法，并且说，不能把弦绷得太紧了。

16 日晚上又继续开会，由周小舟汇报湖南的情况。在汇报过程中间，毛主席插话说，周总理在 1956 年 11 月份的报告和《人民日报》1956 年 6 月 20 日的社论，都要反冒进。大家都是要搞社会主义的，但是如何搞法，有些不同的看法，问题不大也不小，是三四级的台风吧。应该讲我们工作上是有缺点的，但成绩是主要的，方向是正确的。

（七）周、刘再检讨

1 月 17 日上午，毛主席又主持开会。可能是由于毛主席连续两天直接指名批评周总理（过去主要批评先念同志），周总理在 15 日检讨之后又做第二次检讨。他说，1956 年反冒进错误的性质是在一个问题上、一个时期内的方针性错误。周总理谈到了错误思想根源以及阶级出身。他说，当时思想上有右倾，同时又自以为是。在去年6月间还不大明确这个问题，所以在11月间八届二中全会上提出“成绩是有的，但是肯定是冒了”这么一个总结性的意见。而且为了说明自己的观点，还同毛主席在八届二中全会主席团休息室里争了一下。

周总理还讲到，作风上“好管事”，有时候有“擅权”的情况。整天忙忙碌碌，注意大的方向不够。在工作方法上的缺点，第一是不会领导，听取大家的意见、议论比较多，提纲挈领的集中比较少；开会很多，个别谈话、个别接触比较少；事务很多，千头万绪，但没有抓住中心，考虑问题向各方面多请教比较少。第二，脱离实际，下去比较少，调查研究也比较少，但是容易下结论。第三，认真读书不够，思想上不开阔、不活跃。

周总理谈到今后的努力方向是“改”、“批”、“看”、“防”四个字。第一是改，就是要改正错误。要好好学习，学习毛主席的思想方法和工作方法。要做到老学到老，改正自己的缺点。第二是批，就是欢迎大家来批评，这样可以促进自己进步，自己也继续做自我批评。第三是看，就是请大家看，看自己能不能改得好，批评和自我批评的结果怎么样，请大家帮。第四是防，就是自己不要自以为是，要有自知之明，要防止再犯类似的错误，自己要时刻警惕着，要有重犯错误的思想准备，尽力地防止犯错误，至少是不犯同类错误。

总理最后说，国务院工作千头万绪，都由自己来抓很难，所以建议：第一，已经成立的财经小组工作要正常化起来，由陈云同志领头；再成立一个政法小组、外交小组和文教小组，由这几个口来分管国务院的几十个部门。这样既可以减少自己忙忙碌碌，又可以使许多事情和大家多商量，大家多出主意，少犯错误。第二，党的领导高于一切。国务院的日常工作当然是由国务院来做，但是希望书记处能经常考虑国务院的工作，重要的提到政治局讨论，军委的工作也是这样。对一些重大问题集中到书记处、政治局，在中央政治局常委的直接领导下，在毛主席的直接领导下，经过讨论作出决定。第三，要处理好中央和地方的关系。全国各地方的事情，不应该、也不可能都集中到中央、国务院来讨论决定，中央和地方应该适当的分权，把集权和分权很好结合起来，组织地方性的、区域性的协作和协作会议。过去几个大区的中央政治局、分局取消了，现在应该大体上以原来的地区为单位来组织区域协作，把全国分成六大区。

因为少奇同志曾在15日的会上简单地对1956年6月

20日《人民日报》社论的错误提了一下，说主要应该由他负责，没有详细说这个问题，所以在17日上午毛主席主持的会上，少奇同志又做了较详细的检查。

少奇同志说，1956年反冒进，自己是有错误的。1956年、1957年、1958年这三年是否定之否定。现在看来，左比右好，冒比退好。革命的左是力争上游，不是假左，而是革命的左。他说，反冒进的错误是右的错误，我听了各方面情况的汇报、各种说法，就受影响，对力争上游就发生动摇，而且没有及时地认识到这个问题是一个重大问题，所以对《人民日报》那篇社论没有郑重考虑。少奇同志说，不管怎么说，自己思想上的倾向是反冒进的。从1956年下半年起，自己主持的政治局会议的空气是反冒进的。先念同志关于财经工作的报告我是看过、改过的，看到财经情况这么严重，所以自己就发生动摇、不坚定了，没有觉得那时采取的退的方针、反冒进的方针同毛主席的方针是针锋相对的。自己主持起草、最后定稿的《人民日报》那篇社论，我应该负责。社论送主席看，主席说他不看了，后来主席说骂我的事情我怎么看呢？主席说“不看了”这几个字就是不赞成这个社论，当时自己没觉悟到。这个社论是经过宣传部起草的，后来周总理和我都看了，都提了意见。最后是我修改定稿的，所以主要责任应该由我负。这个社论出来以后，报纸上就公开反冒进，在全国影响很大。从这以后，全国反冒进的空气就比较浓了，这和我的经验主义有关系。一个军队为了保证全局的胜利，即使局部受很大损失，也是不应该受指责的。不要泄这个气，不应该来反冒进。过去的经验证明，先是反右然后是反左是一个规律。我们应该像主席那样，着重保护群众的积极性，气可鼓而不可泄。当然，有错误也要纠正，但是不提反冒进这个口号，而采取调整的办法，这样比较好。

（八）再批“反冒进”

周总理和少奇同志的检查占去了整个上午的时间，所以在1月17日上午的会上，毛主席没有讲话。到下午再开会的时候主席讲话，他没有谈到上午周、刘的检讨，而是批1956年先念同志的预算报告和《人民日报》社论反冒进。

毛主席说，我又看了先念同志的报告，这个报告提出了多快好省的方针，而这个方针在财政、商业、轻工业等部门冷了一个时期，在农林、水利、文教、交通部门也冷了一个时期，但是煤炭部门、钢铁部门要求多快好省。重工业方面要求速度快一些。中央各部门的情况是这样子的，而全国各省或多或少也受了影响。《人民日报》的宣传肯定是受反冒进影响的。具体的证据就是《人民日报》1956年6月20日的社论。

毛主席说，反冒进这个台风刮得厉害的是在1956年11月开的八届二中全会上。在这次全会上，说有二三十亿的钱用得不适当。现在看起来，只有15亿左右用得不适当，也就是说，在整个开支中间，在十个指头中间，只有一个指头用得不当。在我们工作中，有这样那样的缺点，有时候左一点，有时候右一点，这是正常的。问题是方向怎么样。先念同志在八届二中全会的报告是不适当的，是错误地反冒进的。

毛主席又说，反冒进的口号最早出现在1956年6月15日李先念同志在第一届全国人大第三次会议上所作的预算报告里。这个预算报告中说，“生产的发展和其他一切事业的发展，都必须放在稳妥可靠的基础上。在反对保守主义的同时，必须同时反对急躁冒进的倾向，而这种倾向在过去几个月中，在许多部门和许多地区都已经发生了。急躁冒进的结果并不能帮助社会主义事业的发展，而只能招致损失。”可见，当时虽然也提反对保守主义，但那是陪衬，矛头还是反对急躁冒进。

毛主席说,《人民日报》的社论更是证明了这一点。《人民日报》的社论是在这个报告五天之后的6月20日发表的。这个社论说，“急躁情绪所以成为当前的严重问题，是因为它不但存在于下面的干部中间，而且首先存在于上面的各系统的领导干部中间，下面的急躁冒进有很多就是上面逼出来的。《全国农业发展纲要四十条》一出来，各个系统都不愿别人说自己右倾保守，都争先恐后地用过高的标准向下布置工作，条条下达，而且都要求得很急。各部门都希望自己的工作很快做出成绩来。中央几十个部，每一个部一条，层层下达，甚至层层加重，下面就必然受不了。现在中央已经在采取一系列措施,纠正这种不分轻重缓急、不顾具体情况的急躁情绪。”

毛主席说，这就是说，中央已经下决心反冒进了。而且文章还说，“现在中央已经在采取措施纠正这种情况了，各部门、各地方工作中的冒进倾向，有些已经纠正了，有些还没纠正，或者纠正得不彻底，但作为一种思想倾向，则不是一下子所能克服的，需要我们在今后经常注意。”这些话的意思是说还要继续反冒进。为什么要这样呢？社论回答说，“这主要是由于我们思想方法上的片面性造成的，是由于没有运用辩证的方法，没有从事物的复杂的矛盾和联系中去全面地观察问题，而只从一个方面、一个角度去看问题，就把许多问题看得太死、太绝对化，又由于缺少深入的调查研究工作，对实际情况了解得不够，心中无数，有盲目性。在这种情况下，处理事情当然就容易偏向一面，发生片面性。在反保守主义之后，特别是中央提出又多、又快、又好、又省的方针和发布《全国农业发展纲要（草案）》之后，在许多同志头脑中就产生了一种片面性。”

毛主席说，这一段话是尖锐地针对我的。这篇社论是否是既反右又反“左”？你不能说它一点没有马克思主义，好像是有一点。它说，“右倾保守思想对我们的事业是有害的，急躁冒进思想对我们的事业也是有害的，所以两种倾向都要加以反对，今后我们当然还要继续注意批判、克服右倾保守思想的各种表现，以保证社会主义建设事业不受阻碍地向前发展。”毛主席说，你说它这样不对吗？这是对的啊。但是，这是庸俗的马克思主义。你看，它下面接着就说，“但是，在反对右倾保守思想的时候，我们也不应当忽略或放松了对急躁冒进倾向的反对，只有既反对了右倾保守思想，又反对了急躁冒进思想，我们才能正确地前进。”毛主席说，这个社论的落脚点是落在反急躁冒进，是反“左”而不是反右上。文章就做在“但是”后面。

这种笔法古已有之，这是魏忠贤[①]的手法，他说过“东林虽有君子，然亦有小人”。他就是用这种手法，说虽然你有君子，但是你也有小人啊，落脚点就落在这个小人上。后来不是大杀东林党了吗？

毛主席说，社论还引用了我在《中国农村的社会主义高潮》序言里的话，看来作者的意思，一来不要冒犯我，二来是借刀杀人。但引了以后又砍头去尾，只要中间一段，不用全文。因为一用全文就否定了作者的观点了。因为我的全文的主要锋芒是对着右倾保守的。它引用了我的话，说扫盲用急躁冒进的办法是错了。所以表面上是两面反，没有重点，实际上重点就落在反冒进上。作者的用心是用我的话来反对我。我刚才说过了，1956 年 6 月间用钱是用多了一些，多了不过15亿左右，并不是所说的多了30亿。那么，中央采取措施来调整一下是必要的，但是把这作为一种思想倾向来反对，来反冒进，实际上就是反对多快好省。

在 17 日下午，毛主席讲完之后，又继续汇报，由辽宁的欧阳钦和陕西的张德生汇报他们地方上的情况。

从这以后，会议才转入讨论《工作方法六十条》。会

① 魏忠贤，明朝宦官，万历时入宫，1621 年熹宗即位后，被任命为司礼秉笔太监，勾结熹宗的乳母客氏专断国政，明廷日益腐败。1624 年东林党人疏劾魏忠贤二十四大罪状，魏大兴党狱，镇压东林党。崇祯即位后，魏被黜职，后自缢。

议从开始到这一次会议的过程，反映了毛主席那种“有话要说透”、“攻要攻到底”的性格。

（九）平行作业

18日上午，少奇同志主持开会，讨论《工作方法六十条》的部分条文，其中特别讨论到规章制度这个条文。少奇同志很强调规章制度。他说，定了各种规章制度，要先试验，然后再推广。

18日下午，毛主席主持开会，谈长江三峡工程问题。这是因为毛主席看了水电部的规划后，觉得三峡的问题有必要在中央议一下。所以要林一山和李锐来参加会议。当时林一山是长江三峡水利工程办公室主任，李锐是水电部水电局的局长。李锐不赞成林一山所起草的方案。毛主席要他们两个对立面一起来谈。在整个南宁会议期间，林一山和李锐只参加了18日下午的这一次会，在这之前和在这之后的会议，他们都没有参加。在这次谈论三峡问题的会上，只是各抒己见，并没有进一步讨论，对这个工程究竟要搞多大、坝多高、发电多少？影响移民多少？四川的县城，包括重庆在内，会受什么影响？第二个五年计划期间我们水电的发展怎么样？所有这些问题只漫谈，不做结论，主席也只是听听大家的意见。

19日上午毛主席主持继续开会。刘建勋、杨尚奎继续汇报广西、江西两个省的情况。

从这以后，差不多每天上午、下午、晚上三班平行作业，一是主席主持开会，听取各省汇报，中间主席也插话；二是少奇同志主持讨论《工作方法六十条》，大家提出修改意见；然后在晚间，陈伯达、乔木、家英和我把大家提出的意见集中起来，修改后再送到主席那儿去。

除这些以外，还有一个重要情况，就是在主席不主持开会听汇报和没有讨论《工作方法六十条》的时候，就由少奇同志主持召集国务院、中央和地方的同志开会，谈1956年反冒进的教训。在谈的过程中，各省同志发言都比较平和，中央各部门的部长发言较为激烈，特别是黄敬同志。因为在1956年11月八届二中全会讨论总理和先念同志的报告的时候，商业部门、财政部门的同志的发言都主张放慢速度，不能百废俱兴，反对急躁冒进。在1957年1月工作会议上，工业部门和农业部门的同志的发言都要求大干快上，为实现《农业发展纲要四十条》中规定的许多事情都要马上动手，争取提前完成。这种情绪比较普遍。那时工业部门的黄敬、张霖之①等同志都发了言。黄

① 张霖之：1956年5月任电机制造工业部部长，1957年9月任煤炭工业部部长。

敬同志当时是一机部部长，他明确提出工业要加快发展速度，不赞成反对急躁冒进，但没有人理会他的意见。所以，在这次南宁会议上他火气很大，在别人发言时插话多，而且相当尖锐。他从政治上强调的比较多，口气也比较重，似乎反冒进不是在一个时期内、在某些问题上的方针性的错误，而是同毛主席对着干、反对毛主席的错误。有几个同志发言虽不如黄敬同志激烈，但也强调反冒进是政治错误，而不是工作方法问题。所以有时候会上空气非常紧张。

（十）第三次检讨

19 日晚上，毛主席又主持召开全体会议。因为 17 日上午周总理和少奇同志做过检讨以后，毛主席在 17 日下午讲话中又严厉批评反冒进，所以在 19 日晚上周总理和少奇同志又一次作检讨。这是周总理的第三次检讨，少奇同志的第二次检讨。

周总理在检讨中谈了三点意见。第一，关于错误的性质和责任。周总理说，错误性质是在一个问题、一定时间表现方针性的动摇和错误。他说，1956 年夏天到八届二中全会表现得最突出，对放手发动群众表示畏缩。只看到物的方面，只看到数字，没有看到人的主观能动性，把个别现象看成一般现象，这是右的思想表现。他说，反冒进的结果使某些地方、某些部门受到影响和损害，虽然去年的生产和建设都增长了，但是，如果没有前年的曲折，增长还会多些。最重要的损害是在于方针的动摇，使干部和群众的积极性受到挫伤、受到束缚。总理说，所以发生这样的错误，从思想上讲，有一个很错误的观点，就是对平衡的理解是机械唯物论的观点，对财政、物资、信贷这三个平衡，看成一成不变。对有计划按比例的看法，比如说积累和消费的比例，也是看得比较固定的，束缚得非常死。所以这种平衡是消极平衡，拖住了先进的后腿，妨碍了前进，没有看到生产关系变化后生产力会有一个飞跃的发展。只看物不看人，甚至物也是看得不清楚的。总理说，不论我主观上如何想，反冒进的方针事实上是违背主席的促进的方针的，越是因为自己不自觉，这种错误的危险性越大。

周总理说，这次反冒进的错误，我要负主要责任，因为这个意见是从国务院会议提出来，提到政治局去讨论的，而我是主持国务院的。从5月下旬我开始感到物资很紧张，到6月初感觉到冒了。主席本来说花钱多了可以减少一点，一些项目可以停下来，只是数量问题，并没有提到方针的问题，但是我当时感到八大决议的指标定得过高了。到八届二中全会的时候，市场很紧张，越算账越感到紧张，这时反冒进的思想就比较坚决了。我在八届二中全会上的报告就反映了我的这个思想。

这时毛主席插话说，八届二中全会的报告很刺耳。会后几个常委在一起，我曾经和总理争论。我说，对十个指头应该怎么看，是十个指头全烂掉呢还是一个指头烂掉？当时总理听不进去。我没有办法，就跟省委的同志商量了一下，定了七条，是作为防御的措施，就是筑一个堤防，不要一阵风把什么都吹掉了。这七条意见总理倒是接受了。

总理说，当时没有觉悟到这是方针的大问题，所以到1957年1月间的省市委书记会上，还是说要削减预算，还是要砍基建项目。这种反冒进的情绪被右派利用了。这个时候我才觉悟，才感觉到，不管怎么说，反冒进是同右派站在一起了。当然这个时候财政上、物资上也比过去好了一些，所以在7月间人代会开会时，我作政府工作报告，全面地驳斥了右派的言论。但是，即使到这个时候，我还没有觉悟到过去一段时间反冒进是犯了方针性的错误。到1957年9、10月间八届三中全会的时候，主席说吹掉三个东西，吹掉促进会、多快好省、《农业发展纲要四十条》，这时候我才觉悟到，原来过去反冒进是犯了方针性的错误。

周总理讲的第二点意见是，这次错误的思想根源和思想方法。总理说，这是右倾，是资产阶级思想的反映。加上思想上自以为是，工作方法上好管事，好擅权，事无巨细，头发胡子一把抓，结果不分主次轻重，对九个指头和一个指头的关系估计不当，不讲九分成绩，专攻一个指头的缺点。

这时，毛主席插话说，我们讲九个指头和一个指头的关系，不是要我们十个小时内讲九个小时的成绩、讲一个钟头缺点，而是要分清主次，在充分地肯定成绩之后，再检查我们的缺点，加以改进。总理说，我在领导工作中，对集中大家正确的意见做得不够；脱离实际，脱离群众；读书读得少，也不认真，这些同犯错误都有关系。总理说，改进的办法还是上一次所谈的，一个是坚决地改，一个是希望大家帮助，一个是希望大家看我以后的表现。

总理讲的第三点意见是，这次南宁会议很有感触，就是对领袖的作用和大家的责任的问题深有感受。我们党有毛主席这样的领袖是非常重要的，应该引为自豪，而且要时时刻刻记着领袖人物的作用，多向毛主席学习，多向毛主席请教。同时，我们大家的责任就是要在领袖领导下，尽自己应尽的责任，应该兢兢业业，勤勤恳恳，把工作做好，维护领袖权威，加强全党团结。

接着是少奇同志做检讨。少奇同志说，《人民日报》6月20日的社论主要锋芒是反冒进的，虽然它好像两方面都反，“左”也反、右也反，但主要是反冒进的，所以这篇社论是一个方针性的错误。对这篇社论，我应该负主要责任。当时自己思想上主要是对毛主席关于《中国农村的社会主义高潮》的序言理解不深。应该说，我们三年来，五六、五七、五八这三年来的经验是很值得我们记取的，肯定——否定——再肯定，否定之否定这个规律使我们更有信心了，更加有干劲把工作做好了。开国以来这七八年的经验证明，我们的危险主要是右倾的危险，恐怕这种情况还会继续一个时期。

这时毛主席插话说，反右斗争也不是百分之百都是成绩，也有缺点，也有百分之十、一个指头的缺点。

少奇同志说，在一个群众运动高潮中间，总是要出些毛病，这是难免的。问题在我们纠正的时候不要否定一切，要看清楚九个指头和一个指头的区别。

这时毛主席又插话说，我们进城以后，我们就处在资产阶级和小资产阶级的汪洋大海包围中。过去曾经对个别问题解决过，去年的反右斗争是一个总的解决，当然也不是说以后就没有问题了。我们现在有些问题是和阶级斗争有关的，但是有一些事情和阶级斗争没有什么关系，是主观和客观的矛盾，它并不是阶级矛盾。反冒进就是属于主客观的矛盾、先进和落后的矛盾，不是阶级矛盾。

毛主席在这里把两类矛盾分开，这很重要。他在少奇同志讲话时着重说明这一点，把问题的性质讲清楚，是属于思想方法的问题，是属于工作方法的问题，而不是属于政治问题，不是属于阶级斗争问题。

少奇同志继续说，我们在群众运动中要避免夸大一个指头的缺点，否定九个指头的成绩，挫伤群众的积极性。这是一个很重要的思想方法和工作方法问题。

少奇同志接着说，现在我们的计划工作和财政工作存在一个如何实行群众路线的问题。计划是根据统计，而统计不可能完全可靠，因此在发现矛盾，发现不平衡的时候，我们首先考虑的就是要千方百计、想尽一切办法去克服这个不平衡，使落后的赶上先进的，而不是使先进的等待落后的。

这时毛主席又插话说，当然，我们不是要越不平衡越好，不要使不平衡过于严重，我们工作中间有时候还是需要压缩一下，这也是正常的。但是提反冒进这个口号是不对的，只要不提反冒进的口号，压缩一下，少用些钱，少上一些项目，这是允许的。

少奇同志又接着说，我们各个部门有不少规章制度妨碍生产力的发展，就是上层建筑妨碍了经济基础。下面有许多先进的东西上面不批准。在多快好省地发展社会主义事业过程中，在提高群众觉悟的前提下，应该允许而且鼓励打破现行的某些束缚生产力发展的规章制度，应该鼓励这些先进的范例，领导机关应该善于发现下面的先进典型，不要顾虑现行规章制度的限制。先进的东西出现以后、成熟以后，我们就推广，来代替陈规陋习。首先打破过时的规章制度的人应该受奖。因为事实上立法首先是群众立法，实践往往走在先头。我们应该从实践中加以总结，加以提高，形成规章制度。

毛主席说，对任何一个人，还是要作全面的评价。有时候把一个指头的毛病说得多一些，但这只是一个时候，最后还要全面评价他九个指头是正确的。

少奇同志的检查着重是从总结经验教训的方面来谈的，而毛主席最后讲要全面评价，就是说，不要因为这个同志、那个同志在某一个时期、某一问题上犯了错误，就把他全面否定了，而应该全面地、历史地看一个人，不要因为一时在一个问题上的错误就给这个人盖棺论定。

（十一）各有特色的发言

从这以后，会议转入到同“反冒进”有关的其他同志检讨。20 日下午，毛主席主持会议，李富春同志和李先念同志做了检讨。

富春同志结合谈第二个五年计划来检讨。富春同志说，第二个五年计划确定的目标是正确的，问题在于执行的方法，自己在执行第二个五年计划中间犯了事务主义和经验主义的错误，是在一个历史转折时期、在一个问题上犯了方针性的动摇。他说，1956年有些计划是过多了一点，但是整个来说，还不能说它是太过头了，不能说它是冒进了。最近，毛主席对这个问题发表了很多意见。总的来说，就是五年看三年、三年看头年、头年看头月，这个意见是非常对的。做财经工作的同志，像我这样的人，容易犯错误就在于看不见新生事物，用老一套的规章办法来分析新的情况、解决新的问题。计委是国家经济建设最高的执行机构。我在计委工作期间，由于对各个省、各个部门总是不放心，总是想把他们框住，怕他们突破计划，所以就十个指头按十个鸡蛋，结果是自己完全被动，像当消防队长那样。我这个经验主义、事务主义的最大特点就是只顾具体业务，而不注意大方向。这是第一。第二是缺乏分析，孤立地看待和处理问题。第三是不会走群众路线，只相信自己，不相信别人。第四是安于现状，安于平衡，不注意新鲜事物。

接着是李先念同志检讨。先念同志是结合当时的财政收支情况来谈这个问题的。他说，我对1956年跃进的意义估计不足，对跃进所带来的困难估计不当，认为很严重，所以在合作化和社会主义改造高潮之后，产生右倾保守思想。讨论问题的时候，对缺点讲多了，对文教、交通、工业中间的困难估计过大，对双人双铧犁指责过多。这种稳妥可靠的想法实质上是保守的倾向。

接着先念同志从各方面分析当时的情况：在1956年合作化高潮起来以后，要不要支持合作化？当时我也觉得农贷要增加，不能减少，原来打算11亿元，后来又增加了9亿元；公私合营、手工业合作化以后，感到流动资金不足，所以又增加了6亿元。现在看来，这两笔钱还是必要的。因为多招工一百多万人，劳动工资增加一半也是适当的。问题大一点的，可能是城乡接合部，就是乡干部工资提得猛了一点，一共增加了30亿元，比18亿元多了12亿元；粮食的库存，当时一下子减少相当多，从400亿斤减到360亿斤；布疋原来准备销1200万疋，后来销了1700万疋，结果市场上的粮食和布疋就显得紧张了。上面所有这些开支增加的结果，使得预算出现了17亿元的赤字。因此，在做1957年预算的时候，我认为这种紧张情况不容易缓和，要稳妥可靠，收入和支出都要打得紧一些。其实，农贷、工商业的流动资金放出去以后，促进了社会生产。中央发出增产节约的指示以后，形势很快缓和了。对这一点我预先没有估计到这么快。这是经济方面的因素。至于政治方面的因素，也是估计不足，对群众的积极性、创造性估计不足，对整风反右也估计不足。现在看来，应该得到这样的教训，经济工作要脱离政治是很危险的，经济工作老是强调困难，甚至把困难扩大化是很不好的。回过头来看，1957 年整风反右，大大提高了人民的积极性，干部、群众都动起来了，劲头足了，执行中央增产节约的指示以后，形势很快就改变了。因此 1957 年计划完成得相当好。这次中央又发出反浪费的号召，相信财政的情况会更好。

20 日晚上又继续开会，先是由王鹤寿发言。他的发言不是做检讨，而是批评计委的工作，认为计委太多地强调平衡，对工作不利。他说，鞍钢的建设证明，从成立到现在就没有平衡过。他说，不平衡是个好事，它促进落后的赶上先进，所以问题是在我们领导上是不是积极促进，而不是迁就落后。因为王鹤寿过去曾主持过鞍钢的工作，后来担任鞍山市委书记，后又上调到中央担任冶金部的部长，他对鞍钢的情况比较熟悉，所以在会上他就拿这个例子来证明平衡讲得太多不好，认为计委过分强调平衡了。王鹤寿还说，平衡应该看朝什么方向走，是向前还是向后。

物资平衡、信贷平衡是个消极平衡。看起来，只有在促进生产中间求得平衡才是积极的平衡。所以一种平衡是促进，一种平衡是促退。他说，物资积压的时候不要着急，物资缺乏的时候也不要慌张，要看到我国经济建设的过程，是主席所讲的从平衡到不平衡到平衡又到不平衡这么一个不断的发展过程。王鹤寿因为在1956年的八届二中全会上不赞成紧缩，这时更振振有词。

王鹤寿讲完以后，彭真同志在会上做了检讨。他说，这次错误中间我也是随大流的，迷失了大方向，犯了反冒进的错误，这种错误不是某一种具体问题上的错误，而是在一个时期、一个问题上的方针性的错误。他说他同意周总理在检查中说的这个结论。

彭真同志说，现在看起来，我们的毛病是在红专问题上处理不当，而这个问题是关系到党的前途的问题。建国以来党的领导干部就分工了，各搞一个专业，独当一面。分工是必要的，但如果都各搞各的，各不相谋，老死不相往来，红和专不兼而有之，专与专又不相谋，自以为是，什么事情都要搞成成品才报中央批准，互不通气，互不相让，互相对抗，其结果就是同党中央对抗，这不是主观上要对抗，而是事实上是同主席的方针相对抗的。抓不住主流，抓住支流并加以夸大，整天愁眉不展，是不能搞好经济工作的。其他工作也是一样。更严重的是自以为是，不向中央请示，没有真正体会主席的意见，其结果就走向反面了。

彭真同志说，今后我们应该做到不出乱子，不重犯反冒进的错误，但是这不容易做到。现在不是没有人心不齐的现象，而是幸亏毛主席在，能够压得住。因为毛主席的威信高，经过毛主席的批评、说服、教育，大家人心齐了。人心齐在我们国家非常重要。野心家是会利用人心不齐的，会有人攻其一点不及其余、兴风作浪的。我们应该提高警惕，应该从中央到各省大家齐心协力，同心同德，首先在今天会议参加者的范围内取得一致意见，在工作作风上像主席那样保持民主集中、群众路线的作风，这样我们党就会更加成熟。他说，我们应该有这样充分的信心，但是，要做到这一点，重要的是要严格要求自己，特别是严格要求高层领导集体。

接着是柯庆施同志讲了三点意见。首先他表示了这样的态度，说 1956 年反冒进的错误自己也是有责任的，应该做自我批评。这是因为我们向中央和国务院反映情况不够全面，强调困难多，希望从中央得到多一些支援。这样就给中央同志造成一种局面非常紧张、困难非常严重的印象。所以我们在下面工作的同志也是有责任的。柯庆施这样的态度，当时得到了许多省委书记的赞同，都纷纷表示说，讲得对，我们也有责任，不能只是中央同志有责任，不能只是周总理、少奇同志他们负责，我们也有责任。

第二，柯庆施提出，为什么我们过去没有能够接受主席的观点呢？他说，看起来这个问题不一定都从阶级根源上去说，因为我们都是要搞社会主义的，大家都是这样想、这样做的，这是肯定的。问题是在于思想方法。遇到风浪的时候不够冷静，不能超脱暂时的现象、局部的现象。就是说我们工作中间不能够做到像主席那样能放能收、能出能进、能起能落，不迷失大方向。这是我们大家容易犯的缺点。

第三，柯庆施说，现在看起来，我们搞社会主义的关键时期是今后十年到十五年。1956 年反冒进的损失是很大的，主要是挫伤了干部和群众的干劲，那么，以后应该做到凡是经过努力能够做到的事情应该努力去做，采取积极的态度去克服困难，而不应当在困难面前畏缩，怕这怕那。

柯庆施这次讲话，给我印象比较好，讲得比较公平，没有把责任全推给中央领导同志。我知道，1956 年夏那段时间里，在国务院会议上，各部委都反映全国各地都向北京告急，钱不够啦，库存少啦，计划完不成啦等等。负责日常工作的中央领导同志都感到压力很大，故而提出在反对右倾保守倾向的同时要加大力量反对急躁冒进。我把我的印象同田家英同志说了，他说，柯庆施讲这番话，是毛主席事先向柯打了招呼的。

柯庆施讲完之后，胡乔木同志接着发言。他着重检查了1957年初最高国务会议以后《人民日报》所犯的错误。他说，去年主席在最高国务会议上讲话之后，《人民日报》在一个相当长的时期内没有积极宣传，原因是没有认识人民内部矛盾这个问题的重要性，没有认识主席这个讲话的重要性。在工作中间没有能够观察四方，只想等待主席的报告整理出来以后再宣传，没有考虑当时总的形势。比方说，集中反映民主人士的意见的《文汇报》、《光明日报》，在人民内部矛盾这个题目下展开了大鸣大放，而我却没有考虑这样一种政治空气，没有考虑我们党、我们党中央的报纸应该如何宣传主席的思想。根本没有想到这个问题，为什么没有想到呢？原因只能从阶级根源上说了。

乔木同志继续说，《人民日报》没有宣传主席在最高国务会议上的讲话还有一个原因，是自己在机关工作做的都是助手的工作，没有挂过帅，没有主持过一个方面工作，没有到群众斗争中间去锻炼自己，所以对群众斗争的实际情况、对全国大局，就观察不清楚，经常是注意小的丢掉大的。无论看人、看事都有这个缺点。主席批评我浅、软、少是正确的，其中软又特别突出，的确有这些毛病，所以基础是不稳固的，不能够独当一面。我对《人民日报》的工作缺乏办法，不会调度各方面的力量。我虽然对他们的批评很尖锐，但是问题并没有很快解决。从这方面讲我是不专的，红也只能算是半红。所以说不专不红这两种危险我是兼而有之的。

最后，乔木同志表示，愿意改正这个错误，现在也正在改，但是改得比较慢，自己决心要做到成为一个听话的、努力的、忠实的政治工作人员。

乔木同志没有检查1956年反冒进的错误，因为那个时候他在准备起草少奇同志在八大的政治报告，没有参加起草6月20日《人民日报》的社论。

乔木同志检查完以后，毛主席说，你讲的听话首先应该是听人民的话，从人民群众里面得到真理。我去年在最高国务会议上的讲话，你们没宣传，你们难道没看其他报纸吗？你们是死人吗？虾有触鬚，人也应该有触鬚，有政治嗅觉，有政治敏感。你们长期不宣传这个讲话，我曾说你们不仅不是政治家办报，也不是书生办报，而简直是死人办报。这当然说得过重了一点，但那个时候不这样讲，你们就不会大吃一惊。我在4月间批评你们，先是批评你，然后又批评《人民日报》的总编辑、副总编辑，目的无非是在你们背上猛击一掌，使你们惊醒起来。去年四、五、六三个月《人民日报》实际上是我挂帅。

毛主席说，其实秀才也可以挂帅，只要他政治上正确，思想上正确，理论上正确，就可以挂帅。中央和地方上的党委应该多谈一些理论问题、思想方法问题，这样才能够抓全面工作，特别是抓好报纸的工作。

接下来是陈伯达发言。他说，思想落在实际运动后面是一个大问题，自己在这个问题上也是有缺点错误的。自己在毛主席身边工作，但是自己近圣人而不一定了解圣人。对主席思想的理解还是不够的，所以工作中经常有这种缺点那种缺点、这种错误那种错误。

陈伯达在发言里，着重谈了办理论刊物的问题。他说，到现在我们国家理论战线很薄弱，是空白。我们国家历史悠久，近百年来经过这么伟大的群众革命运动，建立了新中国，现在又在建设社会主义。但是在理论上、在社会科学的各方面很贫乏。在毛主席催促下，我现在下决心来筹备一个理论刊物（按：这就是在这以后几个月创刊的《红旗》杂志）。

在谈到这个问题的时候，毛主席说，中国是又穷又白，但有悠久的历史，是一个有光辉的古代文明的大国，我们有六万万人口，但是经济水平、文化水平不高。现在整个民族在跃进，很有希望。但理论落后，要努力地赶上形势的发展。他说，中国在大变化，群众的意识形态在大变化，领导的思想方法、工作方法也要来一个大的改变，以适应正在出现的大跃进。现状维持派就是促退派。思想要变成为物质力量就要支持群众，支持群众思想的大变化。

在这一天的会议上，薄一波同志也发言。在 1 月 12 日毛主席主持的第一次会议上，在毛主席讲完话以后，他做了一个发言，后来在 19 日周总理、少奇同志检讨以后，他又做了一个发言。前面的发言长一点，后面的发言比较简单。一波同志在 1 月 12 日发言中说，1957 年的情况比较好，任务都超额完成了。原先没有估计到形势会这么好，因为原来就有保守的倾向，订 1957 年计划的时候，钢、木材、煤这三种基本原材料的指标定得都比较低，基本建设指标也定得比较低。今年指标应当比五七年高一些。1956 年有一种消极平衡的思想。那个时候强调稳妥可靠，而且说要充分的稳妥可靠，成了保守的遁词。一波同志说，过去安排计划的时候，总是先安排其他各项生产，然后剩多少钱再拿来搞基建。1957 年我们安排基建所以少就是用的这种方法，这样的工作程序是不妥当的，应该是首先把基建确定下来，然后再安排其他的。1958 年的情况就不一样，先安排基建，然后再安排其他，因为 1957 年的计划完成得好，大家比较有信心，所以就先多安排了基建。

从薄一波同志的发言可以看到，他认为 1956 年基建项目还可以多搞一些，当时他是国家经委主任，他在发言中没有谈到自己 1956 年犯了错误。

1 月 19 日总理、少奇同志检讨完以后，一波同志又做了一个简单的发言，他说，现在我们做经济工作的，当前面临的问题是怎么样善于区别一般事务和原则问题。他认为，造成 1956 年错误的原因，是在于原则问题没有把握住，被一般事务迷惑了，是一粗，二浅，三少理论、少马列主义。

（十二）修改《工作方法六十条》

20 日以后，会议就转入到具体讨论和修改《工作方法六十条》。毛主席在 21 日的讲话中主要是讲工作方法问题，他一共讲了四十二条，比原来在杭州会议提出的十七条大大增加了。在毛主席 21 日讲话之后，大家认为应该把毛主席在这次南宁会议上的历次讲话和插话里面讲到的问题理成若干条，也作为工作方法。毛主席赞成这个意见。于是，胡乔木、陈伯达、田家英和我，连夜工作，把毛主席几次讲话整理出来，分为若干条。因为少奇同志在19日的发言里面着重谈了规章制度问题，毛主席要我们把少奇同志的意见也整理成为一条，加到工作方法中去。后来少奇同志亲自主持会议，专门修改了这一条。

大家可以看到，《六十条》中少奇同志的这一条的文风和其他各条不大一样，这一条写得比较严密，是用逻辑语言写的。而其他各条是根据毛主席的讲话和他的讲话提纲整理的，大多数是直截了当地提出问题，没有详细论述。

南宁会议结束的时候，经过整理已经形成了一个六十条的工作方法草案，但是这个草案中六十条的次序和后来定稿时的次序是不一样的。

我们是在1月23日离开南宁回北京的。毛主席收到我们整理的六十条的草案以后，又找胡乔木、陈伯达、田家英和我一起，把六十条分成几类，重新安排次序，并亲自又做了修改。所以最后的草稿和南宁会议的稿子不同。第一，重新分了类，重新安排了次序，变动比较大。第二，对有些具体问题加以概括，比方对上层建筑、经济领域提得更概括些、方面更广些，而不是只限于几件具体事情。第三，对六十条中间比较重要的条目重点加以发挥，比如不断革命、红和专。第四，文字上也作了一些修饰。第五，提出了：“口号是苦战三年，方法是放手发动群众、一切通过试验”。这个稿子修改完以后，毛主席又在前面加了一个序言。最后，毛主席在1月31日召开的政治局常委会议上，通过了这个稿子，作为草案，通报全党，要大家学习讨论，并请大家提意见，以便以后再修改。后来中央也曾几次打算进行修改，但是因为“大跃进”和人民公社化开始后情况不断变化，来不及修改，这《工作方法六十条》一直作为一个草案成为我党的历史性的文件。

《工作方法六十条》中的许多内容，是毛主席多年来工作方法(同时也是思想方法)的总结(有的是奋斗目标)，也有些是新近提出来的新方法、新思想、新目标，总的说来是比较正确的。

但是，《六十条》对当时形势的估计，是带有浪漫主义色彩的。这表现在毛主席亲自写的序言中：“我们现在看到了从来没有见过的人民群众在生产战线上这样高涨的积极性和创造性。全国人民为在十五年或更多一点时间内在钢铁以及其他工业生产品方面赶上或超过英国这个口号受到鼓舞。一个新的生产高潮已经和正在形成。”由此毛主席得出结论：“为适应这种情况，中央和地方党委的工作方法，有作某些改变的需要”。

《六十条》的出发点是，要用比较短的时间（同苏联比较而言）改变我国经济落后的局面。第二十三条说，“中国经济落后，物质基础薄弱，使我们至今处在一种被动状态，精神感到还是受束缚，在这方面还没有得到解放。要鼓一把劲，再过五年，就可以比较主动一些，十年后将更加主动一些，十五年后，粮食多了，钢铁多了，我们的主动就更多了。”毛主席写的这段话，反映了他从基本完成三大改造之后要加快建设速度的一贯思想。

从《六十条》的好些条文中，可以看到包含着“左”的思想萌芽。例如：不断革命论；不平衡是绝对的而平衡是相对的理论；十五年赶上英国；各省要在五年到十年内使工业产值超过农业产值；各省要在五至八年内实现农业“四十条”；十年之中大干三年，苦战三年基本改变面貌；五年看三年，三年看头年，头年看前冬；农民收入中来自个体经营的部分，几年内要从现在 60%—70%，减少到 20%—30%；从县委起以上各级主要精力抓工业；等等。这是批“反冒进”走向反面。

实事求是地说，1956 年“反冒进”是正确的，“反冒进”只是把超过国家或各部门和各省、市、自治区实际的财力、物力可能承担的指标和基建项目削减下来，对当时国民经济的过分紧张加以调整，是完全必要的。批评当时许多领导干部中滋长的急躁冒进情绪也是完全正确的。而毛主席却认为“反冒进”是右倾错误，提出了“一化三改”[①]，过渡时期以来又一次反“右”，其结果是助长了“左”的思想倾向。

南宁会议开始了要以比苏联更快的速度建设社会主义的实践。从历史发展的角度看，这样的实践作为实验、尝试，是可以理解的。但是，这种实验有很大的不确定性和试验性。特别是这种实验是以批判“反冒进”为契机，为“大跃进”提供了极其重要而后果也极其严重的政治上和思想上的准备。

① “一化三改”：是中国共产党在过渡时期总路线的简称。过渡时期总路线是：逐步实现国家的社会主义工业化，并逐步实现国家对农业、手工业和资本主义工商业的社会主义改造。

第二章　心潮逐浪高

（一）同党外人士通气

南宁会议之后，1月28日一大清早，我被中南海打来的电话叫醒，通知我马上到颐年堂去开最高国务会议。当时刚过七点钟，还不到八点，通知说八点钟就要开会。我做了一个晚上的夜班，回来没睡几个钟头，赶紧爬起来到中南海去。我到了颐年堂，发现室内的布置和往常不一样，屏风被撤走，椅子摆得满满的，大概可以坐一百人左右。一些民主人士陆陆续续到了，中央的同志也陆陆续续到了。周总理到的时候说，唉，刚躺下就起来开会。

毛主席很快也来到颐年堂，他一到就说，夜里睡不着觉，心血来潮，一大清早把大家找来开会，为什么呢？因为人代会正在开会，有必要我们开个最高国务会议，把大的形势议一下。接着他说，没人讲话我就先讲。他先从1957年大鸣大放大辩论讲起。毛主席说，经过整风反右，广大人民群众觉醒起来了，振奋了精神，现在全国形势很好，看起来我们中国是大有希望。他说，我们这个民族，过去一百多年来是逐步觉醒的，才把帝国主义、封建主义、官僚资本主义打倒了，建立了新中国。再进一步觉醒，就实现三大改造，去年又进行了整风反右，精神大振。现在我们面临一个新的任务，就是要搞技术革命，要革掉我们又穷又白。中国是一个大国，但是说起来也很惭愧，我们钢的产量还不如一个比利时，我们只有500多万吨，而它却有700多万吨。粮食的亩产量也很低，北方只有一百多斤，南方也只有三四百斤，识字的人只那么一点点，不识字的人占80%以上。但是经过去年一年，民心大振。

看来，过去许多办不到的事情现在可以办了。比方说，搞多快好省、十五年赶上英国、实现农业“四十条”、除四害，许多事情原先以为是办不到的，现在看起来是可以办到的。所以说现在中国不是中有希望，也不是小有希望，更不是没有希望，而是大有希望。正像打破原子核释放出大量能量一样，我们是可以大有作为的。我们要下定决心，十五年赶上英国，八年完成农业“四十条”，要像《人民日报》元旦社论说的那样，乘风破浪、鼓足干劲、力争上游。

接下来，毛主席就谈到，为着实现我们民族的大发展，有些观点要弄清楚。他说，有位朋友说我们好大喜功、急功近利、轻视过去、迷信将来，这对不对呢？毛主席在这里说的这句话，是张奚若[①]先生在整风的时候对我们提的意见。毛主席说，我提出这些，并没有意思对那位朋友（指张奚若）不怀好意。他还是好人。我觉得他这几句话提得好，我很欣赏。他是一个有正义感的人。我们正是要好大喜功、急功近利、轻视过去、迷信将来，就是说，好社会主义的大，喜社会主义的功，急社会主义之事，近社会主义之利。古人说要高寿，就说寿比南山、福如东海，这不是好大喜功？夏禹惜寸阴、吾人惜分阴，这不是好大喜功、急功近利？

他又说，过去的东西不能不轻视。但中国有五千年的历史，你把历史都写下来，都要读，从小学读起都要读，那怎么得了。他说，我不是赞成不要历史，历史是要读的。但是有轮船了，为什么还要坐木船？我是在某种意义上说要轻视过去，重视现在。将来怎么样？不迷信将来还得了呀！人类就是希望有个好的将来。我们现在开会，将来就是散会，老在这里开会怎么得了。所以，我说这句话提得好，是正确的。

毛主席接着还批判陈铭枢[②]的观点。他说，陈铭枢不同于张奚若，说我们好大喜功、偏听偏信、喜怒无常、轻

① 张奚若，爱国民主人士，时任教育部部长，全国人大代表，全国政协常委。

② 陈铭枢，时任中国国民党革命委员会中央常委，全国人大常委会委员，全国政协常委。

视古董。这个人的批评是不怀好意的，跟张奚若先生不同。

毛主席还谈到右派的改造问题，他主张把右派召集起来开一个大会，第一要感谢他们，第二要帮助他们，就是帮助他们改造思想。我们对右派的批判是严肃的、深刻的、全面的，但处理要宽大一些，要给予出路，既为右派着想，也为中间派着想。

接着毛主席又谈到工作方法里面的一些问题，打掉官气的问题，两种方法的问题，气可鼓不可泄，不要学宋玉攻其一点不及其余的问题，试验田的问题。他说，总的来讲，现在我们的重心要转移到技术革命，而且要学会搞技术革命。共产党准备带头改革，要继续整风，各民主党派也可以酌量根据自己的情况办，不一定跟共产党完全一样。就这样，毛主席一口气把《工作方法六十条》里面的要点都讲了，一讲就讲了将近两个钟头。

讲完了以后，毛主席说，好了，我要去睡觉了，你们没睡够也可以回去睡觉，你们要开会也可以。

第二天，最高国务会议仍在颐年堂开会讨论，30日又继续讨论。

30日会议结束的时候，毛主席又讲了一番话。他讲的主要意思是，民主党派要整风也可以。民主党派还是好的，右派分子在领导人中间不到十个人，揭露右派是为着大家好，是为了能够长期共存、互相监督，使全国振奋起来，把我们国家的事情办好。

从上面毛主席在最高国务会议上的讲话可以看到，他召开南宁会议主要是着眼于怎么样能够把建设搞得快一点，想多快好省地把中国“一穷二白”的面貌有个改观。他在会上讲的十五年赶上英国、八年完成农业“四十条”，就是他的纲领。从这次最高国务会议上的讲话可以看出，毛主席要发动后来称之为“大跃进”的思想是很明显的。

（二）政治局会议“补课”

最高国务会议以后，毛主席到外地视察去了，先到了济南，后来又到了沈阳、抚顺、长春，然后回到北京。

回到北京以后，2 月 17 日早上毛主席就给少奇同志写了一封信，信上说他想在今天或者明天召开一次政治局会议，谈一下《工作方法六十条》，然后分组征求意见，他说这种征求意见实际上就是中央内部的整风。信中还说，陈云同志可能会在会上讲他的意见。

南宁会议的时候，陈云同志因为有病没有参加。毛主席召开这次政治局会议，似乎是要陈云同志讲一讲。这是什么意思呢？1956 年夏天，陈云同志是积极反对急躁冒进的，而且具体调整工作是他做的。本来，南宁会议是要陈云同志参加的。当时田家英对我说，很可能要批评陈云同志和总理。后来陈云同志没来，就集中批评了总理，也连带批评了少奇同志。主席在 17 日的信里提出要陈云同志在会上讲一讲，实际上是要陈云同志检讨。这次政治局会议在 2 月 18 日召开。

2 月 18 日这一天正好是春节。也可能主席想春节开会会给人印象更深，后来事实证明的确如此。后来 1964 年讨论教育革命的会议，也是在春节召开的。

这次政治局会议实际上是一次扩大会议，范围比较大，党、政、军各个部门的负责人都参加了，有些部门不止一个人参加，而是两个人参加。周总理正在访问朝鲜，没有参加。会议开始时毛主席讲话。他先讲形势。他说，现在形势很好，去年打了一个大胜仗，整风加反右，打掉了官气，政治战线和思想战线这一仗打得好，打掉了共产党的官气，也攻了右派，中间派也得到了教育。把共产党的官气打掉了，群众就积极起来了，就形成一个生产的高潮，这个高潮从去年冬天就开始了。大的浪潮正在到来，今年很可能有一个更大的生产高潮。这个高潮的到来，就是革掉共产党内的国民党作风的结果。我们打倒了国民党，建立了新的社会制度，但是国民党的作风还是沾染我们的党，这就是四气，就是官气、暮气、骄气、娇气，这是国民党的作风。当然，这些缺点是十个指头中间一个指头的问题，其他九个指头还是好的，我们整风就是要把一个指头的坏东西整掉。因为打掉了“四气”，群众的热情高涨起来了。

接着，毛主席就讲到了冒进和“反冒进”的问题。他说，过去的三年里面，我们走了一个马鞍形，有两次“冒进”、一次“反冒进”。两次“冒进”，一次是1955年冬天到1956年春天，随着合作化的高潮带来生产高潮；一次是1957年冬天到1958年春天，也就是到现在，由整风反右带来新的生产高潮。一次反冒进是1956年夏天到1957年春天。第一次冒进是“四十条”公布以后出现了一个生产高潮，中间冒了一点是有的，但不应该提出“反冒进”。我们党有1200万党员、6亿人口，发动起来一定会有许多缺点，但这不是冒进，有一点冒是难免的。从去年冬天开始，生产高潮又来了。今年下半年很可能是一个大冒，比哪一年都要厉害。如果出现这种情况，我们不能采取1956年有些人对待双轮双铧犁那种态度，一棍子打死。那种办法是宋玉的办法，攻其一点不及其余，把群众的热情打下去了。这是右倾保守思想，是一种经验主义看问题的方法，是形而上学的方法。因此有必要把这种方法搞清楚，所以开了南宁会议，否则今年下半年又来一个反冒进就不得了，就会把群众刚刚起来的热情又打下去。我们要总结经验，1956年反冒进的经验要谈，但这不是整人，不能用宋玉的办法来整过去整过别人的人，但他自己应该整一下。话是这么说，但还是不要整人，主要是搞清问题。因为这些同志的错误还是十个指头中的一个指头，是在一个问题上看得不对。以后有冒进怎么办？以后有冒进没什么不好办。世界的事情、人民的事情总是好办的，无非调整一下就是了。以后反冒进的口号不要提，但反右倾保守的口号要提。所谓反右倾就是反一部分人中间的那些官气、暮气、骄气、娇气，反那些主观主义、官僚主义、宗派主义，这样就反不到群众头上，相反会激发群众的积极性。

接着，毛主席提出了改进的办法。他说，第一个办法，一年要有四个月离开北京（指在中央做官的人一年要有四个月离开北京），或者是走马看花，或者是下马看花，这要成为一种制度。第二个办法，每季检查一次，一年有四季，春、夏、秋、冬，一共检查四次，冒进也好，保守也好，在检查中把问题解决。第三，找先进经验，搞试验田。第四，要听得不同的意见。第五，不要包办反映，包办传达，一个部门不能只是部长可以向上级反映，其他人就不行，上面人找下面人也不行，说是挖墙脚。开会每个部门最好来两个人，传达一起传达，一个人他可能各取所需，对他有利部分他就传达，对他不利部分他就不传达。中央同志可以找部长，也可以找副部长、找局长，这不是挖墙脚。第六，不要搞宗派主义。第七，要谈心，务虚，不能只务实，只搞业务，要关心政治，抓思想工作，不能只专不红。第八，凡是重要的文件，要跟地方的同志商量。第九，要改革那些不符合实际的规章制度。

毛主席讲的这九条是《工作方法六十条》中的主要内容，一共讲了一个半钟头多。他讲完以后就问，今天是春节，你们大家是不是想去玩？他说，我看是玩不成了，咱们还继续开会，我主持会议就强迫命令，继续开会。这样，会议就继续进行。

接着是陈云同志发言，实际上是做检讨。陈云同志说，过去一个时期曾经犯过方针性的错误，就是一个时期的方针性的错误。那是在1956年，认为基建、招工、工资冒了，耽心市场供应紧张，耽心全面紧张，没有把这个看成是一个指头的问题，而是对平衡的看法有偏差。平衡是要的，但看物多于看人。当时没有想到反冒进是同毛主席在《中国农村的社会主义高潮》的序言中说的多快好省方针相对立的，所以叫作方针性的错误。一个时期是指1956年夏天到1956年冬天，在1956年11月八届二中全会毛主席提出七条以后，我当时就感觉到有问题。到了整风开始，更感觉到党内外有些人就是利用这一点向我们进攻。

陈云同志说，从这次错误得出的教训是：第一，自己有意见的时候应该同主席讲清楚，这样做既可以避免犯错误，而且这也是个纪律问题。第二，以自己为首的负责经济工作的五人小组没有继续开会是不对的，应该恢复工作。第三，财经工作中间缺少政治，不相信群众，不相信地方党委，有官气、暮气，这些都应该改进。第四，对资本主义向社会主义的进攻估计不足，市场问题没有安排好，这些今后都应该注意。第五，对于政治局常委经常是倾盆大雨，实际上有许多事情没有及时地经常向中央通气，有分散主义的倾向。第六，放松了财经工作的全面领导，实际上只管了财贸、市场，这是不对的。第七，工作方法经常是单干户的办法，不容易周到，常常单打一，思想方法有经验主义。

陈云同志说，改进的办法是：一、按分工分头向主席报告，随时报告工作的进展情况和工作中间发现的问题。二、经济工作除了国务院负责日常事情，中央财经小组应该通过中央书记处。三、要经常写短的报告，一个问题一个问题及时向中央报告。四、要办一个经济零讯的刊物，把经济工作中间的情况随时在刊物上登出来。五、在政治局会议之外，经常开一些座谈会，研究问题，交换意见。

六、应该和各大协作区建立联系、通气。

陈云同志做了上面检讨以后，贾拓夫[①]同志、先念同志、叶季壮[②]同志、薄一波同志都在会上发了言。他们几个人发言的共同点是，都认为在1956年对群众积极性估计不足，不重视放手发动群众。

在会议结束的时候，毛主席又讲了话。他说，《六十条》是征求意见的，可以结合各部门、各单位的工作分组讨论一下，主要是总结八年来的经验。在小组里可以大鸣大放，也可以小鸣小放，也可以中鸣中放，总之是和风细雨，不要打架。他还说，《六十条》里面没有把冒进的问题讲得很明显，也没有把反冒进的问题讲得很明显，只在南宁会议和今天这个会上谈一谈就是了。《六十条》的一般内容可以找科长以上征求意见，让大家讨论讨论。

接着毛主席就专门讲“有意见要讲”这个问题。他说，对有缺点的人，你有意见一定要讲，不讲不行。“逢人只说三分话，不可全抛一片心”，这是不对的。共产党内不允许这样做，党内逢人要说十分话，一定要全抛一片心。你不这样做，只讲三分，你算什么政治家，算什么共产党员。马克思早就讲过了，共产党人是不隐瞒自己的政治观

① 贾拓夫：时任国家经济委员会副主任。

② 叶季壮：时任对外贸易部部长。

点的。其实，你有意见总是要讲的，这里你不讲，就会到别的地方去讲，无非是当面不讲背后乱讲，生人不讲熟人乱讲，或者暂时不讲将来讲，等待时机，总是要发作就是了。看来还是有话统统讲出来的好。

毛主席说，我对“反冒进”是有意见的。我在去年，就是 1957 年 9 月的八届三中全会最后讲话的时候，就讲吹掉三个东西，一个是多快好省，一个是“四十条”，一个是促进会。我讲这话的时候就说过，在八届三中全会所有讲话的人中，只有一个人讲多快好省，这就是林铁[①]同志，其他同志都避而不谈多快好省了。就是说，从 1956 年春天到 1957 年 9 月开八届三中全会的时候，人们不敢谈多快好省，会场中间那么多人讲话，只有一个同志敢提这个问题。我说我有一票赞成也好。去年夏天有一种空气，不要促进委员会，不要多快好省，不要“四十条”。所以我当时就说，“四十条”要复辟，多快好省要复辟，促进委员会也要复辟。当时会场上没有一个人反对，对不对？没有反对就是赞成嘛，因此我就神气起来了。经过莫斯科会议，所以在南宁会议上我就索性把这个问题攻破。在莫斯科会议的时候，还有点空余时间，我就把带去的讲多快好省的社论加以修改，在代表团中间读了一遍，回来以后又

① 林铁，时任中共河北省委第一书记，河北省省长。

进行斟酌，政治局一些同志也看过了，然后才发表。

毛主席说，多快好省是代表中央的，是党的一条路线，是我们搞建设的路线。其实，这个问题早在 1955 年 12 月我写《中国农村的社会主义高潮》序言的时候就讲过了，那个时候讲多快好省是针对保守思想、右倾思想的。我历来就反对这个东西，所以在八届三中全会上我就讲，实事求是的、合乎实际的多快好省还是要的。那个时候我就讲这个问题，并不是在南宁会议突如其来地放了 150 毫米的榴弹炮。在 1956 年 11 月八届二中全会的时候，我看到反冒进的势头，就采取了守势，跟省委的一些同志商量了七条，用七条筑起一个堤坝，想挡一下反冒进。那个时候挡是挡了一下，但是还是不怎么灵。到了 1957 年 6 月 23 日，周总理在人民代表大会上作报告，向右派进行反击的时候，报告里面讲到右派讲我们冒进是错误的，我们是有缺点的，但是很小，不过是十个指头中间一个指头而已。总理的报告是一个很好的报告。虽然有这个报告，但是好些人对这个问题还不那么了解。

毛主席说，我感到这个问题还没有捅破，于是在南宁会议上放了一炮。这个炮不过是个小炮，但害得一些同志很紧张。紧张一下也好，无非是文武之道，一张一弛。张而不弛，文武不能也，弛而不张，文武不为也。有些同志说，到现在还睡不着觉，老要吃安眠药。何必那么紧张呢？在南宁我说了，就是那么一件事，在一个时期、在一个问题上犯错误，只是一个指头，其他指头还是好的。中国的事情还是靠我们这些同志来办，而且跌一个跟斗有好处，没有跌过跟斗的人，哪一年也得跌跟斗，而跌过跟斗的就可能好一些。大家都是在正确的总路线之下，在个别问题上有不同的意见，反冒进就是这么一种性质。大家还是要搞社会主义的。1957 年莫斯科会议期间搞的那篇社论，后来 12 月 12 日在《人民日报》发表了。那个社论就谈过这个问题，有书为证。但是那篇文章没点明，没完全把问题捅开。共产党人不隐瞒自己的观点，后来索性在南宁会议把它捅开了。这个问题你们在分组开会的时候可以议一议，至于《六十条》，一般内容可以在科级以上干部中谈一谈。

这次政治局扩大会议结束以后，举行了分组会，大体上是按政法、经济、文教、军队几个方面分组讨论。由中央书记处主持，改称为反浪费、反保守座谈会。少奇同志 19 日即离京去成都，沿途考察地方工作情况。毛主席不久也乘专列去成都。政治局常委原来就决定 3 月初在成都召开工作会议。

可以说，在这次中央政治局扩大会议上，毛主席把南宁会议上讲的“反冒进”的问题在中央的高级干部里面捅开了。因为参加南宁会议的人数有限，只有二十几人，而参加这次会议的有一百多人，包括了中央党、政、军各个部门负责实际工作的高级干部。

（三）成都会议“两本账”

3月9日到3月26日，中央召开了成都会议，这是继最高国务会议和政治局扩大会议以后，召开的又一次政治局扩大会议。后来一直把这种会议叫作中央工作会议。

这次会议原来确定的议程是讨论1958年的计划和预算的第二本账的问题。这个第二本账是由薄一波同志为首的国家经济委员会在2月间政治局扩大会议之后各部门分组开会时提出的。当时，许多人认为2月间人民代表大会通过的1958年发展国民经济计划太保守，应该考虑把它作为第一本账，另外提出第二本账，在人大通过的那个计划的基础上往上加。政治局扩大会议以后，当时北京整个经济界行情看涨，都要求追加指标，于是形成第二本账，作为国家经委争取完成数。

成都会议是在成都金牛坝的成都宾馆举行的，参加会议的人主要是东北、华北、西北、西南这四个占大半个中国的大区的省委第一书记。因为原先的南宁会议主要是中南和华东的人参加。毛主席拟在成都会议之后，还要把中南和华东的同志约在一起，到武昌开会，再谈一谈。所以中南、华东就没有参加成都会议。参加这次会议的，还有中央各个工业部门、财贸部门、农业部门、国防部门的负责人，彭老总也参加了，只是文教部门没什么人参加。参加会议的大多数人都住在金牛坝成都宾馆的四层大楼里，中央常委几个同志，主席、少奇同志、总理住在小别墅。会议都在宾馆的大会议厅举行。

在整个会议过程中间，采取两种形式，一种形式是主席主持的全体会议，再一种形式是少奇同志主持的大组会议。为什么叫大组会议呢？因为各协作区还要分别开一些小组会，中央各部门的同志也分别参加这些小组会。其实小组会开得比较少，主要的会就是主席主持的和少奇同志主持的这两种会。一般情况，主席主持的会，一方面是他讲话，一方面听取各省的汇报；而少奇同志主持的会，主要是详细讨论会议过程中提出的许多具体问题，有些形成决议草案，有些作为向中央的报告，这些问题形成决议草稿或报告要点后，准备提到北京召开政治局会议的时候再作出正式的决定，实际上这些会议是在做酝酿准备工作。

毛主席在这次成都会议过程中，一共讲了六次话。这是他在好多次中央工作会议中间讲话最多的一次。当时主席思想非常活跃，整个情绪处于亢奋状态。

在会议的第一天（3 月 9 日），主席一开始就讲话。他一共讲了二十五个问题，其中主要的是谈第二本账的问题。他说，是不是可以快一点完成农业“四十条”，快一点完成工业上十五年赶上英国。毛主席说，我们这次会议是讨论第二本账，第二本账我们这次会议只能做一个原则决定，然后先提到党的代表会议上通过，再提到下半年召开的全国人民代表大会上通过。他说，南宁会议上我们规定农业“四十条”是到 1972 年完成，现在究竟多少时候完成，是不是可以快一点？工业十五年或者十五年左右的时间赶上英国，是不是更快一点达到这个目标？过去一个月里面，北京经济行情看涨，地方上也看涨，有的说苦战三年能完成这个、完成那个，也有的说苦战一年完成什么什么。好几个省说，要在五年内完成农业“四十条”，湖北讲五年到七年，争取五年，江西也讲五年。那么，究竟要多少年可以完成，完不成怎么办？挨骂不要紧，反正没有杀头之罪。但大家要认真考虑一下，能不能快一点，快到什么程度。大家搞工业的劲头也很大，不仅中央部门要多搞、快搞，而且地方上也想多搞、快搞，大搞地方工业，连甘肃对搞工业都很有劲。东北现在工业比较多，他们主要考虑工业总值要达到工农业总产值的85%。比方说辽宁，要达到85%就是实现工业化。所以他们现在主要是考虑抓农业，准备实现一年三自给，就是吃肉、吃粮、吃菜自给。辽宁省一年完成自给，这个速度很快，但是做到做不到还得研究一下。辽宁的确有这个问题，工业发展很快，农业很落后，成了个铁拐李，不平衡。他们想把农业搞快一点也是可以理解的。

毛主席说，搞社会主义有两种方法，一种方法是比较快一点，一种方法是比较慢一点。究竟哪种方法好？看来，当然是能够搞快一点的好。问题在于能够搞多快。建国之初，我们搞建设，许多事情不懂，只能向苏联学习，从苏联搬了许多东西，比如说规章制度，有很多是全盘照搬的。搬是必要的，但是也不能认为只能搬，不能自己创造。近几年已经发现，有好些事情是搬得不对的，那么，经过第一个五年计划，我们就要考虑怎么样比苏联搞得快一点。苏联的社会主义建设是比较快的，但是我们是不是可以比他们更快一点呢？比他们快一点是有理由的，因为有苏联的帮助，比他们慢一点是没有理由的。也不能认为只能从苏联搬，实际上我们的许多东西也还是照我们自己的办法办。比方农业、商业，基本上是照我们自己的办法做，也不是一切都照搬。

他说，我们现在要考虑的，是要按照中国的实际情况，采取比较快的办法来搞建设。南宁会议提出的规章制度要改革，就是说不能完全照苏联的那一套，要根据我们的具体情况，搞出适合我们的、而且能够促进生产力发展的那种规章制度，加快我们的建设。南宁会议还提出了中央跟地方分权的问题，也是鉴于苏联的经验，过于集中，削弱了地方的积极性。我们提倡发挥中央和地方两个积极性。两个积极性都发挥起来，就可以搞得更快一点。文教方面也要改革，文教方面和工业方面搬苏联的那套东西搬得多一点。比方说，《人民日报》过去就提倡学《真理报》，好像没有《真理报》那套办法，自己就不会办报了，所以就硬搬《真理报》那一套，版面、标题都搬他们的，不独立思考，丧魂失魄，把中国办报纸的传统都丢掉了。现在《人民日报》要革命，他们订了二十三条，要实行改革，这是好的。地方报纸也要实行改革，各地党委要抓报纸，要跃进。我们组织、指导工作主要靠报纸，单是开会效果是有限的。

毛主席在讲话中还强调了平衡的问题。他说，没有绝对的平衡，只有相对的平衡，但不要以为我们不要平衡了，平衡还是要的。现在各地方要大办工业，结果招工招了大批工，招工问题要谨慎，招多了不得了，招来后退不回去成为一个负担，这也不好。还有，现在要提倡讲实话、报实数、做实事，不要搞虚报，这是大发展中间要注意的问题。

毛主席讲完以后，要内蒙古、山西汇报他们的工作。在山西陶鲁笳[①]汇报过程中，毛主席很称赞山西大搞县办工业。

（四）意气风发的讲话

3月10日，毛主席主持全体会议。他在会上又讲了一篇话，着重讲了坚持原则和独创精神的问题。毛主席说，学习苏联、学习外国一切好的东西，这是我们的原则。这个原则无论什么时候都应该坚持。但是学习有两种方法，一种是马克思主义的方法，一种是教条主义的方法。教条主义的方法是照搬照抄，不是发扬独创的精神。我们学习一定要坚持独创的精神，把马克思主义的基本原理和中国的实践相结合，创造适合我们国家的一套办法。这是任何人不能代替的，因为这是我们自己国家的事情。如果缺乏这种独创精神，变成教条主义，那么什么事情都办不好。

他说，我们党的历史就是这样。我们党的创建时期，从1921年到1927年这个时期，虽然有陈独秀的错误，但

① 陶鲁笳，时任中共山西省委第一书记。

是基本上还是创造性地来发展我们的事业，这个时期一般说没有什么教条主义。到了第二个时期，就是 1927 年到 1935 年的内战时期、土地革命战争时期，就发生了三次“左”倾路线。其中 1933 年到 1935 年的王明“左”倾路线最为厉害，完全听苏联的那一套。共产国际东方部部长米夫指导一切，给中国革命带来的损失是非常深重的。我们的经济工作，主要是重工业、计划工作、银行工作、统计工作，照搬苏联那一套相当严重。因为我们没有经验，搬一点是可以的，但是完全照抄就不行了。教育方面、文化方面也搬得不少。商业方面稍微少一点。军事工作搬了一点,但基本上是坚持了原来的原则,还不能说是教条主义。

毛主席说，为什么我们一些同志搬得那么厉害呢？原因之一就是，重工业的设计、施工、安装等等我们自己没有经验，只好搬外国的，借苏联的经验来建设中国，这方面大部分是搬得对的，有一部分不正确，硬搬。

第二，我们对苏联的情况、对他们历史的发展不甚了了，而对中国的情况也不甚了了，既然不了解，只好盲目地服从了。其实中国经过第一个五年计划，我们的建设力量慢慢成长起来了，经验也积累起来了，但我们一些同志对这种变化头脑里没有反映，还是继续照搬，这就不对了。

第三，菩萨大，比人大得多，这种压力很大、很吓人。

有几幅我和斯大林站在一起的画，画面上斯大林总是比我高一点。苏联人和中国人画的都是这样，都是斯大林比我高。其实，他比我矮得多。所以说中国人受到的精神压力很厉害，是多少年积累起来的，好像中国人做奴隶做惯了，习惯于贾桂那一套，唯唯诺诺。

毛主席说，早在1955年，当农村社会主义高潮迅速发展起来以后，我就想到，我们搞农业合作化的办法跟苏联不一样，所以比他们搞得快、搞得好，因此那个时候就提出多快好省的方针。到1956年，不仅在农村，而且在工业方面，也受农村社会主义高潮的影响，工业速度加快了一点。从那个时候开始，我才开始摸工业，找了34个部的负责同志谈话，作了一个关于十大关系的讲话。我讲的十大关系，就是想摆脱苏联的条条框框，按照中国的实际情况，找出一条实现中国工业化的道路。当然，这个想法也是受了苏共二十大赫鲁晓夫批判斯大林的影响。那个时候赫鲁晓夫揭开了盖子，我们更可以放开来想了。其实，在苏共二十大之前，我们已经不受苏联框框的约束了，我们的农村工作、三大改造，都没有照苏联的办。不要以为中国都是教条主义，许多事情我们早就和苏联的做法不一样，并不是按它的框框办，而是按中国的实际情况办。十大关系中的好几个经济问题，工业、农业、沿海、内地等等都不是按苏联那个办法做的，是按中国的实际情况办的，更不用说我们提出的正确处理两类矛盾、正确处理人民内部矛盾的思想，那跟苏联是有明显区别的。我们处理民族关系、处理反革命分子也跟苏联不一样。关于处理工业和农业、沿海和内地、中央和地方、国家利益和个人利益、国防建设和经济建设的相互关系，我们都和苏联不一样。这些问题过去也提过，但是在十大关系里面才系统地提出来。可以说，这是一个新的开始。

毛主席说，正是在这种影响下，在农村社会主义高潮的影响下，全国出现了一个不小的工业建设高潮，结果碰到了“反冒进”。1957年1月，我在最高国务会议上提出正确处理人民内部矛盾这个问题，这样就有了一套跟苏联不一样的办法了。我们是想按照中国的情况找到一条在中国建设社会主义的路线。去年10月的杭州会议和今年的南宁会议，以至这次成都会议，大家都提出了许多问题，开动脑筋，总结过去八年的经验教训，这样我们就可以慢慢地来形成我们自己的建设社会主义的路线。

毛主席讲完这番话后，就继续听地方同志的汇报，这天听了河北、北京、天津的汇报。

3月11日毛主席主持全体会议，继续听取各省的汇报，在汇报过程中间，毛主席有一些插话，但主要是听大家的汇报。在听辽宁汇报时，毛主席谈到，经过八年的努力，总路线正在逐步地形成。毛主席说，我们国家社会主义建设的路线，是从成立人民共和国以后，在过去八年中间逐步形成起来的，和中国革命的路线相比较，时间上不算长。中国革命的路线是经过多年以后，在1935年遵义会议上还没有完全完成，到1941年至1945年才陆续完成，也就是说，到党的第七次代表大会的时候才形成一条完整的、正确的新民主主义革命路线。这样一比较，用八年的时间来搞社会主义建设的路线，这不算长。现在还不能说我们这条路线已经形成。我看可能还需要有五年的功夫，如果苦战三年，也可能完成。在过去八年中，1950年到1953年抗美援朝，我们大部分注意力放在朝鲜跟美国人打仗上，没有很多精力顾及国内建设。1956年合作化高潮的时候，力量用在社会主义改造上，也很难来着重研究建设，而且我们对客观事物，也是在实践中逐步认识的。今年我们想切实抓一下，苦战三年，建设路线可能形成。我是说有这种可能。

毛主席说，苦战三年基本改变本省面貌，在七年内实现“四十条”，农业机械化争取五年完成，这个问题请大家考虑一下，能不能做到？如果我们的建设步伐能够搞得又多又快又好又省，那么中国要实现共产主义就不要一百年，可以五十年做到。这个问题究竟怎么样，做得到做不到，也请大家考虑一下。

毛主席这两天的谈话，给人以强烈的印象。主席从讨论第二本账的问题引起，考虑了一系列加快中国建设速度的问题，看看怎么样用较短的时间来改变中国这么一个贫困落后的、又穷又白的大国的面貌，企图找出比苏联更多更快更好更省的办法在中国搞社会主义建设，这是一种探索，也是一种重大实验。因为搞社会主义没有前人的经验，十月革命以后也只有苏联的经验。是不是只有苏联的经验才行，别的办法就不可以呢？怎么样根据本国的实际情况来考虑自己的具体道路呢？本来，这个问题在1956年论无产阶级专政的历史经验那两篇文章里就提出来了。那两篇文章讲到共同道路和民族特点的问题。十月革命体现了马克思列宁主义的基本原理，是我们搞革命的基本道路，是共同的规律。但这个共同规律运用到每一个国家的革命中去，还必须有它的民族特点，有它的民族形式，有它的民族的具体内容。对这个问题，毛主席在1956年就明显地进行了探索，到了1958年，他就开始实验，看看这个道路行不行。这就是在工作中探索并在工作中实验社会主义建设道路。这是国际共产主义运动史上的重大问题。

3月12日也是举行全体会议，听取了陕西、甘肃的汇报。

3月13日上午，由少奇同志主持大组会议，差不多也是全体会议，不过主席没到，所以就叫大组会议。少奇同志列举了三十二个需要在这次会议上讨论的问题，当时就讨论了税收问题和粮食问题。

3月13日下午举行全体会议，听取青海、新疆的汇报。

3月14日上午，少奇同志主持大组会议，讨论财政、工业体系问题。

14日晚上，主席主持会议，听取四川、云南的汇报。毛主席在听汇报过程中间插了话。他主要讲到总路线的问题。他说，社会主义建设路线是逐步形成的，现在还不能说已经形成，至少还要五年，苦战三年，再加两年，如果工农业不出大乱子，就可以说形成了。过去了八年，再加上五年，一共十三年。根据过去八年的经验，是要付出一部分代价的，那么十三年中的后五年，也是要付出一部分代价的。但是，如果慢腾腾地搞，那么我们就始终处于被动，精神上受到压力。如果能够在十年赶上英国，二十年赶上美国，那我们就主动了、就自由了。毛主席说，在这次会上大家都希望能够搞快一点，有一些省说一年完成什么，两年完成什么，三年完成什么。这个问题，我们在这次会议上，思想上应该取得一致，不要搞得太急，规划不要一下子定得太高太大，可以搞两本账。比方说，粮食、棉花可以设想五年到七年完成“四十条”的纲要的目标，绿化搞三年，除四害搞三年到五年。大家看一看，这么一个大体想法是不是可以取得一致。

15日上午，少奇同志主持大组会议，讨论协作问题，包括中央跟地方的协作、协作区内部的协作、工业农业的协作，以及其他各方面相应的协作等等。

下午，毛主席主持全体会议，听取贵州的汇报。毛主席在汇报过程中插话的时候，提出要抓思想理论的问题，他说，各省市在党代会之前要抓一下思想理论的问题。这是纲，不能只讲部门经济学，而应该在会议内容上包括一些理论问题。报纸的社论也应该带一些理论色彩。

3月17日上午，主席主持全体会议，听取柯庆施汇报华东五省的情况。

下午，少奇同志主持开大组会议。把会议提出来的而且写成文件的二十九个问题分成类，第一类八个问题，在大组会议讨论，由少奇同志主持。第二类二十一个问题，在小组会讨论，这里面包括小平同志主持讨论的十一个问题。在大组会讨论的八个问题：一是协作平衡的问题，二是商业体制问题，三是第二本账问题，四是报告草案问题（这个报告草案是少奇同志准备在八届二次党代表大会上作的报告，报告草案已经起草出来了，主要是征求意见），五是铁道的规划问题，六是整风问题，七是军事问题，八是外交问题。小组讨论的二十一个问题，又分成三个小组，一个小组由柯庆施召集，讨论：一、地方工业安排和劳动法；二、工业和商业的关系；三、物资分配体制；四、小商贩、小业主问题；五、产值的计算方法。另一个小组由谭震林同志主持，讨论：一、钢铁有色金属问题；二、农业机械化五年完成的问题，包括拖拉机的问题；三、今年招工和劳动调配问题；四、工会问题；五、大中学校的下放和自给问题。再一个小组由小平同志主持，讨论：一、自留地和副业收入问题；二、合作社合并问题，就是小社并大社问题；三、农村房屋改造问题；四、资本家的定息问题；五、军垦问题；六、劳动强度问题；七、造林问题；八、收集野生植物问题；九、全国农业先进单位问题；十、专区权力加大问题；十一、省地两级设科学院、所和地质队问题。少奇同志宣布以后，就分开小组讨论。

3 月 18 日上午，毛主席主持全体会议，由陶铸、陈伯达汇报。

3 月 18 日晚上，大会讨论商业体制问题。

3 月 19 日上午，王任重汇报，接着是周总理讲外交问题。到此为止，各省的汇报和周总理提出的外交问题都讲完了。

（五）总路线初步形成

3月20日上午召开全体会议，由毛主席讲话。他说，有人有一种说法，比方柯庆施、陈伯达，就说我们社会主义建设的路线已经形成，但是，我说路线正在创造中，基本点已有，但还没有完成，或者只能说初步地形成，或者开始形成。我们在1953年提出过渡时期的总路线，一化三改，那是不完全的。开始比较形成系统的是在1955年提出多快好省、1956年提出十大关系之后。现在在我们党内相信这个总路线的还是少数，就是说共产党这个先锋队里的先锋还是少数，多数还在等着看，因为还没有实现。农业“四十条”没有实现，“四、五、八”[①]大部分还要证实；十五年赶上英国也没有实现，工业化也没有实现。156项工程只建成一部分，还有一部分还没建成，而且156项也还不能算是工业化，要上千项，还要第二个五年计划，如果第三个五年计划完成了，那时说我们工业化还差不多。

①“四、五、八”是指《1956年—1967年全国农业发展纲要》中所规定的：“从1956年开始，在12年内，粮食每亩平均年产量，在黄河、秦岭、白龙江以北地区，由1955年的150多斤增加到400斤；黄河以南、淮河以北地区，由1955年的208斤增加到500斤；淮河、秦岭、白龙江以南地区，由1955年的400斤增加到800斤。”以上内容简称“四、五、八”。

十五年赶上英国现在是口号，不是事实。所以，相当多的人对这个建设路线正确与否，将信将疑是有道理的。

毛主席说，我们说总路线开始形成，或者说初步形成，有两个原因，一个是群众运动起来了，另一个是，这个群众运动在我们领导机关思想上得到反映了，这就是多快好省。这个路线如果是正确的，就反映一个规律，反映一个客观存在，这是不以人们意志为转移的。人的脑筋可以反映客观，但根本的东西还是群众运动。群众运动创造了路线，我们领导无非是反映这个路线，写文章或是搞成四十条、六十条、几十条。这就是说开始形成路线，但是还需要完备，还需要证实，现在还不可以说我们这个路线已经最后形成了。在实现这个总路线过程中，错误是要犯的，不可能不犯。犯错误是形成正确路线的必要的条件，正确和错误二者是对立的统一。我们搞革命犯过错误，而且造成很大损失，是个大错误。我们搞建设也是会犯错误的。错误一万年都会有的，问题是犯小一点，不要太大。搞建设付出的代价不要像搞革命那样大。错误难免论是正确的。我们力争错误犯小一点，少一点，这也是可能的。

毛主席又说，现在河南提出来，要一年实现四件大事，就是实现“四、五、八”，实现水利化，实现消灭文盲，实现除四害。这四件事情也许有些可以做到，就是全部都能做到，我看口号也不要提得这么高，不要提一年，还是过去提的五年，至少要一年到两年。如果要登报的话，我看更要谨慎一些。即使河南今年把这四件事都办到了，也不要登报，硬是卡死。过去我们搞土改的时候根本没有登报，因为一登报，大家都去学，互相竞赛，都要抢先，这会搞得天下大乱。我们要实干，横直那么干就是，计划从内部下达，在干部中开会讨论。多少年完成呢？一年不要登报，两年恐怕也不要登报。河南的设想，在群众中恐怕提一年到两年实现比较好。这个问题我要到汉口再跟吴芝圃谈一谈。可能他是正确的，我是错误的。各省不要一阵风，听说河南一年完成，你们各省就都要一年完成，那怎么办呢？第一只有一个，就让河南当个第一，有什么不好，就让河南今年试一年，如果他今年灵了，各个省明年以及后来再来一个大跃进，只差一年，天也不会塌下来。只要鼓足干劲、力争上游、多快好省的总路线是正确的，早一年晚一年，早两年晚两年，早三年晚三年，以至五年完成“四十条”，也不算没有面子，也不算不荣誉。南宁会议要求一年评比四次，这也不要紧张。过去搞合作社的时候，周小舟（当时任湖南省委第一书记）看到别的省完成了，就非常紧张。至于李井泉（当时任四川省委第一书记）呢，他可是从容不迫，只搞初级社，不搞高级社。他搞高级社不是在1955年，也不是在1956年，而是在1957年，这有什么要紧，也许还搞得更好一点。

毛主席说，我说这番话不是要泼冷水，你们回去传达，本来是定三年完成的，一定要改定四年，横直长了不算不荣誉，搞五年也不算不荣誉。主要看条件如何，群众的觉悟高不高，这是精神条件，还有物质条件。只要条件搞好了，需要多少年那是一个客观的规律。现在北京行情天天涨，大家都提高指标，缩短期限。这是王鹤寿带头搞的，我看这个问题值得慎重。有同志讲，再搞两个五年计划我们就可以赶上苏联。我说如果再搞三个五年计划能够赶上苏联就好了，能够搞到5000万吨那就好了。两个五年计划可能太短，再搞三个五年计划可能差不多，但这也只是可能。凡是主观、客观条件办得到的，就鼓足干劲、力争上游、多快好省，凡是主观、客观条件办不到的，就不要勉强。现在全国有一阵风，这股风不是七、八级台风，而是十一、十二级台风。这股风有好处，现在不要煞它。但是，我们内部的安排要压缩空气。空气无非那么多，把它压缩成固体就是了。这不是泼冷水，因为还是那么多。就是说，我们要把事情办得扎实一些，绝不浮夸，不争名誉、要务实。讲是讲得好，可又没有措施，这就危险。这一点务请同志们注意。毛主席说，所以我建议各省、市、自治区在两个月内要开一次会，检查一下，调整一下生产的节奏，一波一波地、一浪一浪地，要波浪式地前进，有缓有急，有劳有逸，不要搞片面性。

毛主席说到这里，就大讲对立面的互相转化。他说，对立面都有同一性，所以能够互相转化。急转化为缓，缓转化为急；劳转化为逸，逸转化为劳；战斗转化为休整，休整又转化为战斗；睡觉转化为起床，起床又转化为睡觉；开会转化为散会，散会又转化为开会，我们这个会也不能一开就开几个月，还是要散的。红玉（按：指小说《红楼梦》中的红玉）说，“千里搭长棚，没有不散的筵席”[①]，这是真理。团结转化为斗争，斗争又转化为团结；生产转化为消费，消费又转化为生产；播种转化为收获，收获又转化为播种；春夏转化为秋冬，秋冬又转化为春夏；生物转化为死物，死物又转化为生物。毛主席在这里讲了很多转化后说，转化就是辩证法，形而上学是不能转化的，辩证法就是讲转化的，所有这些转化是在一定条件下的转化，没有一定条件转化不了。就辩证法来讲，古代的辩证法就转化为中世纪的形而上学，中世纪的形而上学又转化为现代的辩证法。毛主席说，我举了这么一些例子，无非是要把

① 红玉，又称小红，《红楼梦》中人物，在《红楼梦》第二十六回中小红说：“千里搭长棚，天下没有不散的筵席”。

我们思想开展一点。请同志们想一想，推而广之，跟我们的干部、跟秘书谈一谈，把思想展开一点。事物是复杂的，客观是复杂的，我们头脑也要复杂一些，否则僵化了就危险。

毛主席20日上午讲完话以后，大会就转入具体讨论一个一个文件。3月20日下午，少奇同志主持大组会议，讨论第二本账的问题。第二天（21日）上午，接着又讨论通过了包括第二本账在内的七个文件。

3月21日晚上，陈云同志在会上检讨他犯了反冒进的错误，内容和他在北京政治局扩大会上讲的差不多。在这次会上他着重讲了从1956年夏天到11月的八届二中全会，反冒进代表了相当多的人的想法，但是主要责任应该由他承担，因为他是提出这个意见而最后又坚持这个意见的。一直到1956年底、1957年初才感到这个意见有问题。陈云同志还提出了今后改进的办法，主要是多跟大家商量，及时地向中央报告、向主席报告，财经方面的文件都通过中央书记处，以集思广益，减少错误。

（六）提高风格

3月22日上午，又召开全体会议。一上来毛主席着重讲提高风格的问题。他说，现在群众运动起来了，敢于给领导贴大字报。这是一种共产主义的风格，我很赞成这种风格。我希望大家、我们党的高级干部也要提高风格，讲真心话，振作精神，高屋建瓴，势如破竹，要提倡这种共产主义的风格。

接着毛主席就从《西厢记》讲起。他说，《西厢记》的和尚慧明敢于自告奋勇报名突围去请救兵，来解普救寺之围，这种风格好。我们不要学《法门寺》这个戏里的贾桂，他是个奴才，人家请他坐，他说他站惯了。这种奴隶精神是要不得的。马克思、恩格斯、列宁都是势如破竹的高风格。斯大林也是势如破竹，他说过马克思主义的个别原理，如果不适合现在的形势，就得改变，如一个落后国家不能建设社会主义等。不过他后来有些破得不好。我们对经典作家也不要迷信，不要把他们当作神仙，不敢触动，不敢用自己的脑子想问题，照搬照抄，这是要不得的。中国的经学家对他们的祖师爷孔夫子就从来不敢直呼其名，不敢叫他孔丘。这就变成迷信了。唐朝有一个诗人叫李贺[①]，他对汉武帝就直呼其名，叫他刘彻，有时候甚至叫刘郎。我们共产党的队伍里，有些同志怪得很，他不怕帝国主义，也不怕蒋介石，可是怕教授，认为他们读书多，自愧形骸。

① 李贺（790—816），唐朝著名浪漫主义诗人，与李白、李商隐并称为唐代“三李”，27 岁英年早逝。

陈伯达过去就不敢办理论刊物。教授是有学问，我们要接近他们，同他们交朋友。他们在自然科学方面，有许多是真理，要向他们学习。在社会科学方面，他们的世界观、社会观，有些观点对，有些就不对，那就要用马克思主义教育他们，帮助他们改正。但我们有些同志在高级知识分子面前精神不振。对于《清宫秘史》的批判、胡适[①]的批判、梁漱溟[②]的批判、《红楼梦》的批判、《武训传》的批判，他们都不积极，怕这些知识分子。这种风格要不得。

毛主席强调说，自古以来，创立新思想、新学派和新教派的都是学问比较少的青年人。就拿孔夫子的教派来说，他建立这个教派的时候也不过二三十岁。耶稣在年轻的时候是没有很多学问的。释迦牟尼在十九岁就创立了教派。孙中山也是年轻的时候创立兴中会的。马克思和恩格斯确立辩证法唯物论的时候都很年轻，写《共产党宣言》的时候不过三十岁左右，而他们批判的对象，如李嘉图、阿丹史密斯等，都是资产阶级经济学的博学家。总而言之，历史上总是学问少的推翻学问多的。比方说章太炎[③]，他年轻的时候写东西生动活泼，有资产阶级民主革命的精神，

① 胡适(1891—1962)，字适之，现代著名学者，社会活动家，历史家，文学家。

② 梁漱溟（1893—1988），爱国民主人士，中国著名思想家，哲学家，教育家。

③ 章太炎（1869—1936），清末民初民主革命家，思想家，著名学者，所著甚丰。曾经主编过《时务报》、《民报》、《大共和日报》等。因参加维新运动被通缉，因发表反清文章被捕入狱，参加过同盟会、国民党，声讨袁世凯，支持抗日救亡运动。

他写的《驳康有为论革命书》就是很出名的。他反对清朝，但对建立民国没有兴趣。和他同时代的刘师培[①]，二十几岁就出名了，也是反对清王朝的著名人物，文学史、经学史都很熟悉，但到后来依附南京总督了。注释《老子》和《易经》的是什么人呢？他叫王弼[②]，他注这两本书的时候才十七八岁，他死的时候才二十四岁。孔子的大弟子颜渊[③]，被称为第二圣人，他死的时候只有三十二岁。年纪不一定很大，学问也不一定多，就看你的方向对不对头。岳飞建立岳家军威镇江北，那个时候只有二十岁左右，他死的时候才三十八岁。唐朝的李世民率兵起义的时候只有十八岁，他做皇帝的时候才二十四岁。你说他有多少学问，我就不信，因为只有这么大年纪，但比他的哥哥有才干，就当了皇帝。大家知道，陈叔宝[④]、罗成[⑤]、王伯[⑥]等这些

① 刘培师（1884—1919）字由叔，江苏人，清末中举，曾与章太炎一道办报、著文，参加反清革命，参加孙中山的同盟会，后转投于清廷，支持袁世凯称帝。帝制失败后，任教于北京大学，研究文学史、经学史，所著甚丰。

② 王弼，三国时期魏晋玄学家，少年奇才，注释《周易》和《老子》，24 岁去世。

③ 颜渊，即颜回，字子渊，别称颜渊，春秋末期鲁国人。十四岁拜孔子为师，是孔子最为赏识的弟子，居孔门七十二贤之首。参与编辑《论语》，32 岁去世。

④ 陈叔宝（553 年—604 年），字元秀，南北朝时期陈朝最后一位皇帝，582 年—589 年在位，为陈后主。陈后主陈叔宝在位时大建宫室，生活奢侈，沉湎声色，不理朝政，是一个典型的昏君，且喜爱艳词，著有《玉树后庭花》。执政前后不足七年，隋兵进入建康（今南京），陈后主被俘，后病死于洛阳。

⑤ 罗成，《隋唐演义》中的虚构人物，隋唐十八杰中的第七条好汉，英武善战。在战场上被俘，不屈被杀，时年二十几岁。

⑥ 王伯，西汉时期著名大臣王尊的儿子，王伯官至京兆尹，因能力不胜任而被免官。

人历史上是比较出名的，都很年轻。康有为①、梁启超②年轻的时候，办《时务报》所向披靡，他们才二十几岁。那时一些五六十岁、七八十岁的举人、翰林、状元、大经学家，都比不过他们。上面讲的这些人，都是学问不多的年轻人起来反对比较有学问的人。他们能够抓住新的东西同老古董作战，他们一出来总是遭到一些有学问的人的反对。比方说马丁·路德，他是新教领袖，他创立新教的时候，受到老教派的大多数人的反对。比方说达尔文，他创造了进化论，他的学说出来的时候，有多少人反对他呀！发明安眠药的是个德国人，但是德国人反对他，而法国人却欢迎他。发明盘尼西林的不是什么医学博士，而是一个在染坊里染布的工人。发明电的叫富兰克林，原是个卖报的穷孩子，后来才成名的。

毛主席说，我是提倡这种风格的，有话就直说，不要当面不说背后乱说，可以说得尖锐一些，也可以说得委婉一些，但是不能不说。有的时候也需要很尖锐的说，因为

① 康有为，（1858 年—1927 年），中国晚清时期重要的改良主义代表人物，政治家，思想家。光绪年间倡导维新运动，组织“公车上书”，1898 年主持发动戊戌变法，遭到以慈禧太后为首的保守派的镇压，逃亡海外。辛亥革命成功后，反对革命，支持清王朝复辟，成为保皇党。

② 梁启超，（1873 年—1927 年），中国近代思想家、政治家、文学家，戊戌变法（百日维新）领袖之一。维新变法前，与康有为一起联合各省举人发动“公车上书”运动，主办《时务报》，为变法做宣传。戊戌变法失败后，与康有为一起流亡日本，政治思想上逐渐走向保守。

从团结、帮助出发嘛。尖锐的批评只会使党更加团结，有话不说就有危险。我们反对出于个人主义的目的来打击别人、抬高自己，但是我们提倡为公，为了共同事业，打击错误思想、抬高正确思想，这是完全必要的。自己的思想如有错误，也在打倒之列。我们国家历史上有许多敢说话的人，比如这次印发给大家的一个诗集，作者是杨慎[①]，四川人。他很有才气，因为对皇帝说了真话，得罪了皇帝，被充军到云南去，老死在那里，很可惜。明朝有许多冤案，什么“大礼案”、“红丸案”等等，皇帝动不动就下诏“廷杖”、“下狱”、“斩首”，死了很多人，但还是有许多人敢于直言、面谏。说得更早些，敢于直言的人也是很多的。如商代的比干[②]，战国的屈原[③]，前汉的贾谊[④]、汲黯[⑤]，后汉的朱云[⑥]，这些人都是敢说话的，但是不得志。比干被

① 杨慎（1488 年—1559 年），明代才子，任翰林院修撰，因多次对明武宗、明世宗上疏直谏被贬，流放云南边疆 30 年。

② 比干，商代纣王的叔父，20 岁任太师，从政 40 年，辅佐商朝两代帝王，相传因屡次劝谏纣王，被剖心而死。

③ 屈原，战国时期楚国诗人、政治家，曾任楚国大夫，在同反动贵族斗争中，遭谗去职被放逐。后见楚国将亡，投汨罗江而死。主要作品有《离骚》、《九歌》、《九章》、《天问》等。他创作的诗体《楚辞》是中国浪漫主义文学的源头。

④ 贾谊，西汉初年著名政论家、文学家，世称贾生，少年有才。西汉文帝时任太中大夫、长沙王太傅，他曾经多次上疏，批评时政。著名政论文有《过秦论》、《论积储疏》、《陈政事疏》，著名辞赋有《吊屈原赋》、《鹏鸟赋》。

⑤ 汲黯，西汉名臣，汉武帝时任东海太守、淮阳太守，反对汉武帝反击匈奴贵族的战争，因直言劝谏被贬。

⑥ 朱云，西汉元帝时任槐里令，为人狂直，多次上书抨击朝臣腐败，被削官禁锢。

纣王杀掉了，屈原被流放，贾谊也一度流放，都逐到我老家湖南。汲黯没有被杀，他批评汉武帝是“内多欲而外施仁义”，就是说汉武帝这个人里面是男盗女娼，外面是仁义道德。他能跟汉武帝讲这些话，但汉武帝还是容忍了他，没有杀他，话虽是不好听，但是奈何他不得。这些人我看是为原则而斗争的。

毛主席说，依我看，不敢讲话无非是有几怕。一怕封为机会主义，不好混；二怕撤职；三怕开除党籍；四怕老婆离婚，因为有了前面的三条，脸上无光，老婆就可能离婚，但也不一定；五怕坐班房；六怕杀头。我看要准备这几条，只要最后准备杀头，我看什么事情都不怕了，反正人只有一个头，掉了以后就没有第二个。没有这样的精神准备，就不敢讲话。我看都要准备。毛主席在这里讲的这个六不怕，比他过去讲的五不怕增加了一个，就是增加了被打成机会主义。毛主席说，难道这几条就封住我们的嘴巴吗？当然，要人家讲话，我们要造成一种环境，使人不恐惧，敢讲真话。这是对一般群众来说，对共产党员，尤其是高级干部，要求应该高一些，应该先进一些，就是要有王熙凤[①]讲的那样“舍得一身剐，敢把皇帝拉下马”的

① 王熙凤，又称凤姐，《红楼梦》中的人物，在《红楼梦》第六十八回中王熙凤说：俗语说，“拼着一身剐，敢把皇帝拉下马”。

风格。我是崇拜王熙凤的精神。问题就是要舍得一身剐。我们有些同志舍不得一身剐，就不敢争、不敢斗。

毛主席最后说，我们的会开了两个多星期，我有一种感觉，好的一面是解决了许多问题，取得一致意见，取得协议，所有这些一致的协议所形成的文件都是为政治局做准备，将来要到北京去开政治局会议通过，这是好的。但是还有缺点，我感到有这么一个缺点，就是务实不务虚，思想问题谈得少。这是不是一个缺点？不是讲略带一点理论色彩吗？现在思想谈得少。我看是不是可以这样，大家不到武汉去，我一个人去，这样也可以增加两三天，接触一下思想问题谈谈心，交换意见，谈谈思想状况，讲一讲心里话。一不搞斗争，二不搞右派，和风细雨，把心里话讲出来。我就是想要大家振作精神，提高风格，敢说真话，势如破竹。刚才讲的，章太炎办《民报》的时候，他在《驳康有为论革命书》这篇文章中有两句话，叫做“载湉小丑，不辨菽麦”。载湉是光绪皇帝的名字，他把光绪皇帝叫做小丑，直呼其名，不辨菽麦就是说他豆子麦子都分不清楚。那个时候章太炎才三十几岁，他就敢直呼皇帝的名字，指着皇帝骂。在1956年的八届二中全会上，我们周总理他是反冒进的，他也有两句话：第一句话是成绩是有的，第二句话是肯定是冒了。这是概括他反冒进的思想，这话当然是错了。但是他敢于讲话，是有风格的。我是赞成这种风格的，心里有什么话都讲出来。

毛主席讲完以后就散会了。在离开会场的时候，我趁机会跟主席说，《人民日报》起草的那二十三条已印发给大会，是不是考虑在会上讨论讨论，请大家给《人民日报》提提意见，准备再修改。主席回答说，恐怕这次会来不及讨论了。一来是会议的问题太多，有两大摞文件，看都看不赢。我现在也看不赢，恐怕没有哪一个同志统统都看完了。还要搞一些决议草案，准备提交政治局会议讨论。再一个原因就是，这次到会的人缺少文教方面的。所以，这个问题只好留到武昌开会的时候，再征求一些省委的意见，要他们抽个时间专门来谈谈《人民日报》的二十三条。

（七）文件和材料

这次会议的文件的确很多，在会上印发的有各部门提出来的决议草案、中央各部门的工作报告和有关 1958 年第二本账的一系列文件、材料，还有主席直接批的马克思在《资本论》第三卷中论述商品交换的一段话，是讲生产过程和流通过程的关系的。还有刚才讲到的明朝人有关四川的十多首诗，同时还有唐朝、宋朝诗人有关四川的五六十首诗词和有关都江堰、华阳国志的材料。此外，还有各地方送来的一些材料，其中包括在《四川农民日报》上登的有消灭苍蝇、蚊子作用的一种叫做“打破碗花花”的植物的一个材料；还有毛主席自己选的《中国农村的社会主义高潮》一书中的好多篇文章，并且加了按语。这些文件和材料都印发给大家。只有少奇同志准备在八大二次会议上的报告草稿是印给少部分人看的。

22日会议以后，鉴于还有十多个文件还没有议完，所以决定第二天（23日）用一整天的时间来讨论通过这些文件，然后从24日起再开思想座谈会。

23日上午和下午的会由少奇同志主持。在上午的会上小平同志先讲。他说，现在会议还有十个文件要议，今天一定要议完，明天再开思想座谈会，而思想座谈会就根据主席在这次会上的讲话，要多讲共产主义风格，不必多扯南宁会议的主题了。接着，会议就讨论地方工业，主要是县办工业的问题，讨论三年实现农业“四十条”里面规定的四百斤、五百斤、八百斤的目标。小平同志说，谭震林同志认为如果要实现这个目标，我们每一年需要增产一千亿斤粮食，这样五年才能够达到七千亿斤，任务很重。小平同志说，现在的问题不要再多谈指标、规划等等，而是要多宣传采取切切实实措施来完成这个任务。

下午的会先谈长江三峡问题，是由周总理主持，总理讲，三峡的方针就是积极准备、充分可靠。大坝究竟要多高，现在争论不休，可以暂时定为190到200公尺高，到明年经过进一步调查研究，再最后确定坝的高度。坝址问题也是一样，也要到明年经过对几种选择、几种方案加以比较以后才能定。

接着，又谈到党代会的问题，小平同志提出，可以考虑这次会议以后，回北京先在5月2日召开中央全会，然后在5月5日召开八大二次代表会议。同时要考虑现在有好些县委书记不是八大选出的代表，可以请他们列席。八大二次会议的议程有三，一是中央委员会的报告，二是讨论关于1957年莫斯科会议的报告，三是讨论通过农业“四十条”。这次会议这么定下来，准备再提到中央委员会去讨论。

关于第二本账的问题，因为这个问题比较复杂，所以决定分三个组来讨论，一个组是东北、华北，一个组是西南、西北，因为华东、中南没有来，所以地方上就分成两个组，另外一个组是中央各个部。由各个组讨论提出意见，待中央在北京开会时决定。各组的讨论，都要求要和八大一次会议通过的第二个五年计划（1958—1962）的指标一致，最关要紧是钢产的指标。八大原定“二五”计划最后一年钢产指标为1050—1200万吨[①]。1958年原定为625万吨[②]，南宁会议后中央部门和地方汇报已提高到700万吨[③]，这次成都会议的第二本账，即以此为根据。但是后来实际上钢产指标不断上涨，整个“二五”计划也是这样。

再一个问题是外交问题，是由总理主持的会。因为当时东欧包括苏联在内，都要求和我们多做生意，但是他们给我们的东西不完全合适，而且要求卖我们的东西多，买我们的东西少，所以外贸部门觉得有困难。叶季壮[④]同志在会上提出这个问题，并且希望确定一个方针。经过讨论，大家认为合作还是要继续合作，而且要采取积极的态度合作，但是做生意还是要讲平等互利，要双方都有利，不能只是一方有利。因此确定对兄弟国家在经济文化领域采取积极合作、平等互利的方针，在这个方针下，再跟苏联和东欧的社会主义国家具体谈判。

---

① 1956年9月27日中共八大一次会议通过《第二个五年计划（1958—1962年）的建议》，规定二五计划结束时（即1962年）我国经济各项指标，钢产量达到1050—1200万吨，粮食5000亿斤，棉花4800万担，煤19000—21000万吨。

② 1958年2月全国人大第五次会议通过《关于1957年国家预算执行情况和1958年国家预算及1958年国民经济计划》，确定1958年钢产量达到624.8万吨，粮食3920亿斤，棉花3500万担，煤1.5亿吨。这一计划指标成为1958年各项经济指标的第一本账。

③ 1958年3月于成都召开的中共中央政治局扩大会议上，通过《关于1958年计划和预算第二本账的意见》，规定1958年的钢产量达到700万吨，粮食4316亿斤，棉花4093万担，煤16737万吨。

④ 叶季壮，时任外贸部部长。

这样，23日一整天把这些问题都过了一遍，大体上确定了方针、原则，然后再提到北京讨论。

（八）务虚座谈会

当天晚上，毛主席在他住处召开政治局常委会，提出这次会议务实的多，务虚的少。他建议以后几天不务实、只务虚，大家交流思想，互相交心。

3月24日至26日，召开了思想座谈会。这是根据毛主席的建议，务虚，谈思想问题，讲心里话。

24日这一天的座谈会全体都参加了。毛主席没有出席，由少奇同志主持。有李富春、柯庆施、李井泉、欧阳钦、陶铸、李先念和林铁这几位同志在会上发了言。

富春同志着重讲，在过去的八年里边，我们搞建设有照搬苏联那一套的教条主义倾向，特别是在计划工作中，对群众积极性了解不够。他自己在苏联学习了四个月的计划工作，对自己的影响比较大。工作中有经济主义，只注意经济不注意政治，还有事务主义，尽搞数字，脱离政治。

柯庆施说他是一贯主张思想解放的，但是做得不够。为什么做得不够呢？他讲了三点原因，第一，怕不好相处，给人提意见、讲工作中的问题，怕互相之间不好处；第二，怕突出自己，自己有意见哇啦哇啦讲，怕别人认为自己是个人突出；第三，中央和地方的关系不太正常，有些话不太好说。柯庆施这么说，就是自认为自己一直是思想解放的，只是不敢说就是了，不敢说的原因有那么三个，也就是说责任不完全在他。

井泉同志讲了自己对党内思想斗争的看法，第一，因为自己过去犯过一些错误，怕再犯错误，所以说话的时候有顾虑；第二，怕碰钉子，怕意见提了被别人顶回来；第三，自己有意见，但是说不出多少道理，思想水平不高，所以有时候就不愿意多说了。李井泉同志在讲话过程中还提出，1956 年《人民日报》发表一条新闻，批评四川党代会不民主。他说，写这条新闻的，后来是右派分子，在四川影响不好，新闻内容不符合事实。

接着，欧阳钦同志在讲话时，也提到 1956 年《人民日报》的问题。他说，那一年《人民日报》发表了一篇文章，叫作《此风不可长》是批评辽宁的。这篇文章有片面性，讲得过分了。

陶铸同志讲，他自己感觉这几年党内思想不活泼，一个是新的教条主义的影响，一个是干部普遍安于现状。他接着就提出一个意见，他说，要真诚地拥护毛主席，最好的办法是自觉地学习，如果做不到这样，极而言之，盲从也是好的。历史证明正确的是毛主席，所以盲从也是好的。

先念同志的讲话，着重强调自己思想水平不高，对毛主席的思想领会不深，过分强调不要出乱子，要稳定。鉴于财政、经济情况比较紧张，也鉴于波兰、匈牙利出乱子，所以强调要稳定，现在看来是不大妥当的。

林铁同志的讲话，主要是讲自己独立思考比较差，暮气比较重，自己主动的提出问题比较少，只是主席怎么说就怎么办。

25 日上午开座谈会时，毛主席来参加了。他一开头就讲，听说这个会开得很好，我也没有什么意见，就是睡不着觉，想来讲一讲。我今天想谈的就是方法问题。他说，马克思主义的理论基础，第一是唯物论，第二是辩证法，唯物论是宇宙观，也是方法论。我觉得，有些同志首先对唯物论不那么尊重，对辩证法也不那么尊重。

关于反冒进问题，毛主席说，我看以后不需要再谈很多了，在我们这样的范围，就是谈了也没有好多人听了，比如我就不愿意再听什么自我批评这一套。但是，如果从经验教训、从方法问题上作为一个例子来谈谈是可以的。这个问题不是什么责任的问题，不是老要做自我批评的问题。在南宁我们都听过了，在北京我们都听过了，现在的问题是我们对唯物论辩证法重视不够。毛主席说，按照唯物论辩证法，我们的思想、观点、意见，只能是客观情况的反映，或者是不正确的反映，或者是正确的反映。要正确地反映客观是不容易的，要经过多次的反复比较才能够比较符合客观的实际。所以我们要听各方面的意见，反复比较、思考，才能够得出正确的意见。毛主席说，反冒进是既没有听地方同志的意见，又不尊重中央另一部分同志的意见，这就错了。

他说，我们的认识是从个别到一般，从一般到个别，要经过许多次反复才能够达到比较正确的认识。反冒进就是把个别的东西当作一般的东西了，把一个指头的东西当作十个指头的东西了，这就错了。毛主席说，有两种方法论，一种是形而上学的方法论，只看到现象；一种是辩证法的方法论，能抓住本质。反冒进只看到个别的现象，没有抓住本质。要尊重辩证法唯物论，就是要尊重不同的意见，甚至有意识地设置对立面，这样从不同角度征求意见才能够比较，才能够鉴别，才能够做到比较正确。凡是一个思想体系，都是经过多次的反复才能够形成，比如说多快好省、十大关系，就是经过多次反复才形成的。

毛主席说，我们看事情、抓问题，要抓住本质，抓住本质以后，其他问题就迎刃而解了。比方说我们提出一个十五年赶上英国的口号，这就抓住了我们经济落后的本质，抓住我们工业化的本质。但是，十大关系也好，多快好省也好，十五年赶上英国也好，这些东西究竟对不对？我说还要看几年。我倒不是要在报纸上宣传怀疑这些东西，不要这样去宣传，但是我说我们至少还要看五年。我们已经证明正确的东西就是民主革命、社会主义改造。至于建设，还没有证明，只可以说我们初步形成我们的路线，还不是完全形成。因为一个思想体系是要经过多次反复才能够形成比较正确的。

毛主席说，民主革命我们胜利了。但是，在开始的时候，拿军事问题来说，我们无论是谁都是长期不觉悟的，我这个人也是一样。开始打土地革命战争的时候有一些觉悟，但是没有觉悟到后来那种高度。我们人少，敌人人多，只好搞诱敌深入，只好搞战略上以少胜多、战役上以多胜少，因为只有这么一点人，只好如此。这是客观事实在我们头脑里的反映，但当时没有形成一套战略思想。所以，那个时候我们在井冈山搞了十六个字，叫做敌进我退、敌驻我扰、敌疲我打、敌退我追，只有这么十六个字，再没有别的了。

他说，后来“左”倾机会主义路线一来，说我们这些算什么战略，世界上打仗哪有敌进我退的呢！这个话是在当年汀州会议上讲的，不知道总理你记得不记得，这话不是你讲的，是博古、李德他们讲的。他们说，苏联的战略就没有什么敌进我退。我那个时候只有朴素的觉悟，是没有办法中间想出来的办法。后来“左”倾路线连打了几次败仗，最后被迫退出中央苏区，开始长征，事实证明他们那一套是错误的，反过来又证明我们的办法是对的。经过长征，我们总结了正反两面的经验教训，才形成一套游击战争的战略战术。运用这套战略战术，我们在抗日战争中由小到大，进一步成熟了。

毛主席说，经过解放战争，从 1948 年冬天起，我们跟国民党的力量对比倒过来，我们占优势，他们占劣势了。这时战略上不是他们包围我们，而是我们包围他们了。在战役上也是我们包围他们，我们以几倍的力量来对付他们，比方说用五个到六个师来对付他们一个师。这个时候我们就比较自觉了。我们的整个战略思想才系统地形成了。而且在实践中间得到了证明。这是经过长期反复比较，才比较正确地认识中国革命战争的规律。

毛主席说，我们的建设路线只是初步形成，还要看五年，看鼓足干劲、力争上游、多快好省这个思想究竟对不对。这是我想说的第一点意见。

毛主席说，第二点意见，我现在担心的不是别的，而是担心今年会不会来一个反冒进。今年这一年群众都发动起来了，整个建设呈现一个很大的热潮。大家都非常高兴，但是也可以想一想，大家都搞指标，都搞规划，有一些规划在报上都登了，如果完成不了怎么办？我说，讲是一回事情，做又是一回事情。已经登报的，我不是说马上要去改，可以等一等。

毛主席说，辽宁方面提出一年三自给，就是猪肉、粮食、食油三自给，也许你是对的，我是错的，你是马克思主义，我是机会主义。河南一年要办成四件大事，一是水利化，二是达到“四、五、八”，三是除四害，四是消灭文盲。你就是今年都搞成了，也要把时间讲长一点。

毛主席说，我就是有点机会主义，就是要给人家、也是为自己留点余地。我担心的就是现在这个热潮把我们一些同志的脑筋冲昏了，不清楚了，提出一些办不到的口号。也许你们辽宁是对的，你们河南是对的。到你们完成的时候，我就发表一个声明，说我是机会主义者，你们是马克思主义者。一年三自给，一年四实现，你就是办到了，我看以不登报为好，内部试试看。我看，今年看一年很有必要，因为没有经过这么大的高潮，没有经验，要谨慎一些。

毛主席说，我们在七大的时候，曾经提出我们可能预料不到的事情究竟有哪些，一共罗列了十七条，其中有一条叫作赤地千里，就是大旱。所以我们经常要考虑到有没有不可预料的危险，有哪一些，可以开一个单子。是不是请同志们在座谈的时候谈一谈这个问题，如果没有时间，你们带回去在党委内部商量商量，看有哪些不可预料的危险。比方甘肃南部的叛乱，这是我们没预料到的，发生了。又比方西藏，现在没事，但是完全有可能发生叛乱。西藏的上层阶级，心是在印度、美国和英国方面，他们跟我们是敷衍的。又比方暗杀，我们现在这些领导人都还活着，但是三十年代苏联的基洛夫给人暗杀了。现在我们还没有发生暗杀，但是不是可能呢？也是有可能的。总而言之，在高兴的时候，要想到可能会有使我们不高兴的事情发生，要想想可能有哪些叫人不高兴的事情发生。

毛主席说，我因为睡不着觉，就起来给你们谈这些，没有更多的意见了。建议你们现在不要吃饭，要继续开会，一直开到一点钟再吃饭，这样还可以开两个半钟头。吃过饭休息两个钟头再继续开，晚上再开，明天也一样，好不好？你们继续开会吧，我去睡觉了。再座谈两天，不涉及具体问题，不整人，只谈思想问题、理论问题。

毛主席讲完以后就走了。大会由少奇同志主持继续开，张德生、乔木同志继续发言，虽然主席说了不要再谈“反冒进”，但发言中仍然离不开这个问题，其后两天仍然如此。

25日又继续开会。在这次会上小平同志和王任重、陶鲁笳同志先后发言。小平同志没有参加南宁会议，在2月政治局会议上也没有发言，这是他第一次谈“反冒进”问题。小平同志说，“反冒进”不是搞不搞社会主义的问题，而是搞社会主义用什么方法的问题，问题的性质是这么一个性质。这八年的成绩是伟大的，并不因为有“反冒进”这个错误而减色，错误只是一个指头的问题，甚至比一个指头更小。我自己当时没有意识到党内有这个分歧，到莫斯科会议开会的时候，主席要修改一篇社论，修改出来以后在代表团内部读，这个时候才想到1956年反冒进有问题。书记处是我主持的，但是我总感到我们书记处赶不上毛主席的思想，所以今后的办法就是学习唯物论、辩证法，自觉地跟上主席的思想。有事情要深思熟虑，反复比较，要讲不同的意见，要交心，要反复，这样对我们做出正确的决定有好处。这是第一点意见。

小平同志说，第二点意见，中央领导是正确的，不能因为有一些同志犯了“反冒进”的错误，就认为中央不那么正确了，或者说中央基本正确，这是不对的。不能把中央个别同志的错误说成整个中央的错误。中央各个部门，成绩也是主要的，当然也有缺点。现在我们提倡权力下放，发挥中央和地方两个积极性，并不是因为中央各部门不行，而是要更多地发挥地方的积极性。地方要挑起这个担子，也可能犯错误，但是地方同志比较接近实际，改也比较容易。中央部门少管一些事情，可以多拿出一些时间来帮助地方同志。总而言之，中央、地方要互相信任、互相合作。

接着王任重同志发言，他说，我们对中央还是信任的，但是有许多事情带有盲目性，自觉性不够，所以常犯片面性的错误。对有些问题有意见，但不大敢讲话，怕搞个人突出。

陶鲁茄同志说，现在各条战线四面开花，领导上相当被动，是因为经验主义、事务主义这方面比较严重，所以关键问题是怎么样能够解放思想，领导落后于群众是我们需要经常注意的。

26日上午的座谈会由少奇同志主持。周总理又在会上谈“反冒进”的教训。他说，“反冒进”就是对主流、对本质抓不住，对生产关系、上层建筑的作用认识不足，就经济论经济，就物论物，没看到政治因素，没看到人的因素，所以忧心如焚，结果搞了个少慢差费，不是促进而是促退。以后怎么办呢？以后要经常记住想想问题、看看实际、谈谈道理，对毛主席的思想要跟好、学好、做好。

周总理发言之后，李井泉、薄一波、滕代远[①]同志发言。李井泉同志发言中说，地方同志委托他代表他们讲几句话。

① 滕代远，时任铁道部部长。

大家说我们完全同意小平同志的看法，中央是完全正确的，希望对地方多多帮助，要预防地方上做得不好，地方自己也要警惕，要防止犯地方主义的错误。

26日下午继续开会，主要是少奇同志发言，彭老总也谈了感想。

少奇同志讲了四点意见，第一，他对社会主义革命和建设思想准备不足，党内相当多的高级干部恐怕也有这个问题。第二，关于建设速度问题，他自己也希望能够快一点，能够快的时候自己也高兴，恐怕多数同志都有这种心理，但是自己对能有多快、快到什么程度不摸底。自己也懂得要依靠群众，也怕搞命令主义，但对群众运动总出毛病，总是要擦屁股，有些顾虑。其实群众真正起来以后，毛病是比较少的，至少比命令主义要少。自己反对急性病，也反对慢性病，但是慢性病不容易反。现在是社会主义时期，搞的是前无古人的新事业，我们经常落后于形势，所以右倾的危险是主要的。第三，对主席的思想，我自己是注意学的，但没有学好，如高山仰止，心向往之。主席高深、广博的学问，丰富的斗争经验，是不容易学的，但是从群众中来、到群众中去的基本工作方法、基本工作作风，是可以学的。自己也在学，但是没有学好。第四，过渡时期两个阶级、两条道路的矛盾是主要矛盾，是生产力和生产关系矛盾、上层建筑和经济基础矛盾的反映。现在这个矛盾比较集中地反映在相互关系和分配这个问题上。旧社会剥削者的思想对我们干部是有影响的，对群众也是有影响的，特别是小生产者的影响在群众中是相当广泛的。所以我们要在上层建筑和生产关系这两个方面，消除旧社会遗留下来的影响，这是一个长期的任务。

彭老总在发言中讲到，他个人政治思想长期落后，对八届二中全会的精神没领会透，思想经常处于中间状态。中央的路线是正确的，南宁会议以来，毛主席所谈到的东西对自己很有启发，怎么样跟上毛主席的思想是一个很大问题，自己要努力。

这样，成都会议最后阶段的务虚，实际上还是继南宁会议之后进一步检讨“反冒进”。

（九）抓虚又抓实

26 日晚上，毛主席主持会议并讲话。他说，这次会议开得还好，先务实后务虚，而南宁会议是先务虚后务实，这两种方式都可以。总而言之，每一次开会应该是虚实并举。这是第一点意见。

第二点意见，毛主席说，一年抓四次，三年看头年，这次连同南宁会议算是抓了两次了，但是只接触了工业，而且工业也只接触煤、电、油、地质、基建、建筑这些重工业，轻工业还没有接触，交通、邮电、铁路接触不多，商业也没有多大接触，文教历来也没有摸过，这次会文教方面的同志没有来。至于国防，自从抗美援朝以后，一直没有管。只是农业搞得比较多，但这次会没接触这个问题，过去一贯抓农业比较多。他说，这样说来，工农商学兵这五件事情抓得不一样。人有五官，叫做眼、耳、鼻、舌、身。诗经里头有首诗，讲的是六功，眼、耳、鼻、舌、身之外，还加个意，意就是思想，叫六功。所以我们也得学它那个样，工农商学兵后面再加一个思想，就是工农商学兵思，工农商学兵这都是实的，思就比较概括，讲政治、讲思想、讲理论，所以一年抓四次要抓这六个方面。

第三点意见，毛主席说，现在我们国家还存在两个剥削阶级、两个劳动阶级。剥削阶级就是帝国主义、封建主义、官僚资本主义的残余，就是我们通常讲的地富反坏，反右斗争之后又加了一个右，叫作地富反坏右，这是敌对阶级，他们是一个剥削阶级。另一个剥削阶级是民族资产阶级和它的知识分子，这个阶级的大多数人都是处在中间状态，右派是少数，左派也是少数。两个劳动阶级，一个是工人阶级，一个是农民阶级，他们过去都是被剥削的，或者是不受剥削的独立劳动者。民族资产阶级和它的知识分子这个剥削阶级是可以转变的，我们要好好做他们的工作。

第四点意见，毛主席说，希望中央一级、省市一级、地委一级这三级的第一书记，可能还要加上其他的同志，要解放一点，让他们从繁重的工作中间，抽出时间来学习，研究比较重大的问题。比方说吴冷西同志，我跟他谈过好几次，我要他学张季鸾，就是《大公报》的主笔张季鸾，同别人聊聊天，到地方上看看，到处串串门子，参加高层会议，看看政治动向。这都是张季鸾的工作方法。可惜那个时候蒋介石不请他参加他们中央会议。我们中央的报纸也好，省市的报纸也好，总编辑不能每天沉在事务里边，必须解放一部分时间出来，考虑更多的别的问题，不要被潮水一般的新闻业务淹没了。

最后，毛主席讲到，他要到武汉去听吴芝圃的汇报，再加上湖南、湖北、江西、广西、福建、浙江、江苏、安徽、山东的省委第一书记，大家一起谈一谈。中央其他同志就回北京去，但是先念和谭震林同志是不是同柯庆施同志一起到武汉去，在那里听听中南、华东同志们的意见。毛主席说，我们这次会议准备了很多文件，都是为中央政治局、中央全会准备的。文件的正式文本要等北京通过以后再往下发，现在的文件大家带回去作为参考。

成都会议是南宁会议的继续。在这次会议上，毛主席明确地提出总路线正在形成。他指出这条总路线来源于1949年3月七届二中全会的路线。新中国成立以后，党又提出了一化三改的过渡时期总路线，但是还不完全。所以到1955年底，毛主席就提出多快好省，搞了农业“四十条”，这就是当时毛主席设想中国建设可以、而且应当比苏联快一些。1956年苏共二十大之后，毛主席提出《论十大关系》，就是借鉴于苏联的经验教训，避免苏联的失误，把中国的社会主义建设搞得更快更好。1957年初，毛主席在最高国务会议上《关于正确处理人民内部矛盾的问题》的讲话，就是为着更快地建设要调动一切积极因素。经过整风反右，到了南宁会议，毛主席明确提出开始搞技术革命，这就开始在实践上把中国的社会主义建设搞得更快，也就开始了高速度发展社会主义事业的实验。在南宁会议上，毛主席一方面批判“反冒进”，为“大跃进”在思想上政治上开路；另一方面就在《工作方法六十条》中间提出第二本账，要求比过去设想的更高的速度来进行建设。在成都会议上，毛主席的鼓足干劲、力争上游、多快好省地建设社会主义总路线初步形成，同时又把1958年国民经济计划的指标提高，把钢的指标从原定的1958年钢产计划 610 万吨[①]提高到 700 万吨[②]，原定 1962 年计划 1050 万吨[③]提高到 2000 万吨。成都会议从务实开始，从搞第二本账开始，最后几天进入务虚。所谓务虚，就是进一步从思想上、理论上批判“反冒进”，无论在广度上或者深度上都超过了南宁会议。毛主席在结束时提出现在中国存在两个剥削阶级和两个劳动阶级，这又为八大二次会议修改八大一次会议决议作了垫铺。

（十）建设高潮与阶级斗争

成都会议之后，毛主席经过重庆、三峡，到了武昌。主席在武昌听取中南和华东各省委第一书记主要是河南吴芝圃的汇报，想看看这些省的建设高潮是处于一个什么样的状态，看看大跃进的实验开始得怎么样。

武昌会议是从 4 月 1 日到 4 月 9 日在武昌东湖宾馆举行的。到会的有河南、湖北、湖南、广东、广西、安徽、山东、江西、江苏、浙江、福建省的第一书记，会议每天由毛主席主持半天开会，另外半天由各省的书记看成都会

① 1957 年 11 月第六次全国计划会议上，计划 1958 年钢产量达到 610 万吨。

② 指成都会议通过的《关于 1958 年计划和预算第二本账的意见》，计划 1958 年钢产量达到 700 万吨。

③ 指 1956 年 9 月 27 日中共八大一次会议通过的周总理所做的《关于发展国民经济的第二个五年计划的建议》报告中，计划 1962 年钢产量达到 1050—1200 万吨。

议的文件。

会议的第一天，吴芝圃汇报河南的情况，当吴芝圃谈到河南现在的形势是全面大跃进时，毛主席一面称赞他们破除迷信、鼓足干劲，一面又说河南打算一年完成四件大事（粮食达到“四、五、八”的目标，除四害，实现绿化，扫除文盲）可能是冒险主义，也可能是马克思主义。听完吴芝圃汇报之后，毛主席又说，河南做得还好，不可以说他们过火。空气还是那么多，只是要压缩一下，变成液体或者固体，做得更切实一些，一些口号在登报的时候要慎重。

第二个汇报的是曾希圣（安徽省委第一书记），他着重谈了安徽的水利化。毛主席说，不要过早宣传实现水利化，否则今年说了，明年就不好再动员群众搞水利了。我们说苦战三年基本改变面貌，说的是基本改变面貌，不是完全改变面貌。苦战三年，还要再战五年，可能这个面貌改变得更好一点。毛主席说，我在2月最高国务会议上提出不是三年，而是艰苦奋斗几十年，才能改变中国的落后面貌。要想得远一点，过早宣布实现水利化、绿化、“四无”是危险。凡是有真必有假，要打折扣才可靠。

当舒同（山东省委第一书记）汇报的时候，毛主席又说，苦战三年是否就算基本改变面貌，还值得考虑，看来只能做到初步改变面貌。今年要看一年，到9月间就可以看出大体情况怎么样。如果三年内有一个大灾年、有两个是平年，那就不是基本改变面貌，而是基本没有改变面貌了。农业“四十条”中还要加上大灾年除外这样的意思。毛主席又说，《人民日报》不要随便宣传什么“化”，看来要订出各种“化”的标准。水利化要有标准，要一年下多少雨不闹水灾，要多少天不下雨不闹旱灾，要订出这样的标准。绿化不是在一个山头上种几棵树，而是在飞机上看下去一片绿，这才叫绿化。“四无”的标准如何，也应该有一个规定。毛主席强调说，今年是史无前例的一年，我们没有大跃进的经验。要看今年一年，明年我们就可以胆子大一些。

毛主席在整个听取汇报的过程中间，除了上面这些比较重要的插话以外，还对两个问题作了长篇的发言。

一个问题是今年的生产建设高潮的历史原因是什么。毛主席说，原因大概有这么几个：

一是从前有过高潮，就是1955年冬天到1956年上半年我们有过生产建设高潮。有过这个高潮，我们就可以说我们有高潮的经验，包括群众在内，都有这个经验。

第二个原因，是1956年下半年到1957年出现“反冒进”，这个挫折教育了干部和人民群众，使大家有所比较，受到反面教育。因为有“反冒进”，我们生产发展的形势就成了一个马鞍形，就在今年和1956年上半年以前的这两个高潮之间有一个低潮，就形成一个马鞍形。

第三个原因，1957年夏天的青岛会议恢复了《农业发展纲要四十条》，后来又恢复了多快好省，1957年秋天开的八届三中全会是一个促进会，就是说“四十条”、多快好省、促进会复辟了。

第四个原因，是经过整风反右，干部和群众的精神状态有了很大的改变，干劲来了，大整大改，高潮就来了。整风反右是基本的原因，我们对资产阶级右派是斗，对中间派是又辩论又团结，对干部的缺点发动群众贴大字报，这样就促成了高潮的到来。

毛主席说，1956年下半年到1957年，吹掉了“四十条”、多快好省和促进会，为什么在1956年11月八届二中全会的时候许多人看不到呢？这是因为当时国内外的情况很紧张，苏共二十大大反斯大林，后来又发生波兰和匈牙利事件。那个时候我们不能开南宁会议。那个时候我们主要的矛盾是敌我矛盾。人民内部矛盾的冒进和反冒进降到次要的地位。所以我在八届二中全会上采取防御姿态，后来才逐步转过来，重新恢复三个东西，就是多快好省、“四十条”和促进会。

毛主席说，现在担心的问题是会不会再来一个“反冒进”。现在这么大的劲头，如果今年得不到丰收，群众是会泄气的。这就势必影响上层建筑，在我们党内部、政府内部、在上层领导反映出来。那个时候会有很多议论出来。有人会出来说，我早就看到了，你看，现在证明我还是对的。另外，富裕中农、民主人士、党内有右倾思想的人，他们正在看着我们，看究竟搞得怎么样。很可能那个时候会刮台风。党内中间偏右的人，他们是观潮派，他们是“楼观沧海日，门对浙江潮”。可能会遇到这么一个反冒进，要跟地委书记、县委书记讲清楚，要有精神准备。

另一个问题是过渡时期阶级斗争的形势问题。毛主席在会上更明确地重提他在成都会议上说过的过渡时期的阶级斗争。他说，看来，社会主义道路和资本主义道路这两条道路的斗争，恐怕还有几个回合，我们现在是冷一冷、放一放，集中力量来搞生产建设，这是我们需要注意的策略。阶级斗争之所以会有反复，还会有几个回合，就是因为我们在社会主义社会中，还存在两个剥削阶级和两个劳动阶级。

他说，第一个剥削阶级是帝国主义、封建主义、官僚资本主义和它们的残余，这个阶级是反共、反人民的，对这个阶级我们采取一打二拉的方针，打是打倒他们，拉是分化他们，把他们中间一些人分化出来，化消极因素为积极因素。

第二个剥削阶级就是民族资产阶级及其知识分子，加上一部分上层小资产阶级，农村的富裕中农也包括在内，他们都属于民族资产阶级这个范畴。他们大多数是中间分子，和第一个剥削阶级不同，他们又反共又不反共，是中间状态的、动摇的阶级。这个阶级比第一个剥削阶级文明一点，我们也得用文明的办法对付他们，采取批评的方式，而不是斗争右派的那种方式。对这两个剥削阶级，我们的方针就是团结后一个剥削阶级，孤立、打倒前一个剥削阶级，也就是团结中间、孤立右派。

毛主席说，两个劳动阶级就是工人阶级和农民阶级，工人、农民和我们党、我们党的干部，他们之间的相互关系，从根本上讲当然是不同于同国民党的关系了，但是老爷作风、奴隶主作风这些残余还在我们党内遗留着。有老爷作风、奴隶主作风，只压服不说服，这种粗暴的作风在我们党内一些干部中间是存在的。当然这种关系从大鸣大放、大整大改以来有了很大的变化。但这种人与人的相互关系是生产关系中一个很重要的问题。我们整风就是要解决这个劳动阶级和我们党之间的相互关系问题。我们反右是解决我们同剥削阶级之间的关系问题。我们同劳动人民的关系是人民内部矛盾，只能用整风的方法，即说服的方法来解决。过去一年有很大的成绩，但是这个问题还没有完全解决。毛主席说，在过渡时期，阶级斗争基本战役已经打过了，基本胜利已经取得了，但是必须要估计到将来还会有长时期的反复。现在是几亿人民群众起来了，第一个剥削阶级孤立了，打倒了，第二个剥削阶级也在变化中。劳动阶级中出左派领袖人物，就是我们这些人，但是犯错误的人也会是左派领袖人物，因为他们有资本，一不小心就会犯错误。毛主席说，过渡时期的阶级斗争一定要估计到会有反复，要估计到是否还会出大问题，国际上会不会出大问题，国内会不会出大问题。

毛主席讲以上两个问题，可以说是他在成都会议上的基本观点的进一步发挥。第一个问题，就是总路线的形成，到这个时候已经比较明确了。第二个问题，也就是对过渡时期主要矛盾的估计，毛主席的观点也比较明确了。这就为后来5月间召开的八大二次会议奠定了基础。

第三章　八大二次会议

在1958年中，南宁会议之后的又一个重要会议，就是党的第八次全国代表大会第二次会议。这次会议是在5月5日到5月23日在北京举行的。参加大会的代表比八大一次会议多得多，正式代表有977人，列席代表有389人。南宁会议，以及南宁会议之后的成都会议，已经为这次八大二次会议作了充分的准备。

八大二次会议有三个议题：第一是少奇同志所作的中国共产党中央委员会的工作报告；第二是小平同志作的关于1957年在莫斯科举行的各国共产党和工人党代表会议的报告；第三是谭震林同志作的关于1956年到1967年全国农业发展纲要（第二次修正稿）的说明。

实际上，会议着重讨论的是第一个议题，就是少奇同志所作的关于中共中央的工作报告。这个工作报告的初稿，曾提交成都会议上讨论，当时没有展开。成都会议之后，根据成都会议的精神和有些同志提出的意见，由乔木同志在少奇同志指导下进行修改。这次提交会议的报告修改稿，经过政治局会议通过，也提交八大二次会议之前召开的八届四中全会通过。这个工作报告着重讲了两个重大问题，一个是关于总路线的问题，一个是关于整个过渡时期社会主义社会主要矛盾的问题。（全文见《刘少奇选集》下卷）整个八大二次会议，主要就是围绕这两个问题展开讨论的。

会议的第一天（5 月 5 日）是少奇同志作工作报告，其后即分组开会讨论这个报告，5 月 8 日开始大会发言。5 月 8 日的大会，毛主席在一开始就作长篇讲话。在整个会议期间，毛主席一共做了五次讲话，除了其中一次（5 月 18 日）是在主席团和各代表团团长会议上讲话以外，其他四次（（5 月 8 日、5 月 17 日、5 月 20 日、5 月 23 日）都是在大会上讲的。

（一）破除迷信

毛主席 5 月 8 日的讲话，他自己写了一个讲话提纲，题目是《破除迷信》。整个讲话，以及他后来的几次讲话，都是围绕“破除迷信”这个主题思想来展开的。毛主席 5 月 8 日讲话开头就说，我们同志中间有不少迷信，比方说怕资产阶级教授，因为他们读的书多。还有同志也怕无产阶级教授，比方说怕马克思，怕说出或做出马克思没有说过或做过的事，这就成为一种迷信。列宁就超过了马克思，他搞过十月革命，他写过帝国主义论，马克思就没有做过、写过。其实，在实践方面，我们已经超过了马克思，实践会出道理，马克思那个时候也搞革命，但是没有成功。中国革命已经成功了，这种实践就会反映在意识形态上，那就是理论。现在我们中国的理论水平不高，但是我们可以努力，不要妄自菲薄，不要看不起自己。他说，中国人一千多年来受封建的压迫，服从孔夫子。一百多年来，被帝国主义压迫，服从外国人。对孔夫子是“非圣无法”，就是说不同意孔夫子的意见就是违法的。后人都不如孔夫子，这也是一种迷信。

接着毛主席就提出几个问题。他问，我们是不是住在天上？我们是不是神仙？我们是不是洋人？毛主席自己回答说，我们是住在地上，但也是住在天上，在地球上来说，我们住在地上，从别的天体来看我们，我们是住在天上，我们也是神仙。我们看外国人叫作洋人，外国人看我们，我们是外国人眼中的洋人。（当时全场大笑，气氛活跃）

毛主席接着又提出一个问题。他说，是不是可以这么说（当然这还需调查研究），从古以来，发明家在开始的时候都是年轻人，都是被人家看不起的人，都是被压迫者，或者是学问比较少的人。这是不是可以成为一条规律？现在我还不能够完全证明这一点，但是不是可以讲多数情况是这样？他接着就举了一连串中外古今的名人。他说，战国时候秦国有一个叫甘罗的，他十二岁就当了丞相。孔夫子小的时候是个吹鼓手，替人办红白喜事的，后来才在鲁国当司法部长，鲁国人口相当我们现在一个县，他只算我们县政府的一个科长。他的学生颜渊，叫第二圣人，他死的时候也只有三十二岁。项羽是二十四岁起兵，二十七就占领咸阳，降服诸侯，号称西楚霸王，死的时候只有三十二岁。汉朝的贾谊，十几岁就被汉文帝一年晋官三次，他写的《治安策》和《过秦论》，很有名，是政治家、历史家，死的时候才三十三岁。孔明是二十七岁当军师的，周瑜当都督也很年轻。三国末年，晋朝有个叫王弼的，十七八岁就是个哲学家，注解《易经》和《老子》，死的时候也只有二十四岁。唐朝的李世民，他十八岁带兵，二十四岁做了皇帝。唐朝的李贺，是杰出的诗人，死的时候也只有二十七岁。外国释迦牟尼，他创立佛教，当时只有十几岁。列宁创立布尔什维克，那时是三十三岁。马克思也是青年的时候创造马克思主义的。达尔文创立他的进化论时，也是在他年轻的时候。我们中国现在的李政道和杨振宁，两人都是个大科学家，三十几岁就成了诺贝尔奖的获得者。我们国歌的创作者聂耳，他创作《义勇军进行曲》时只有二十多岁。我们的郝建秀，劳动模范，她创造一种纺纱法时只有十八岁。

毛主席说，我举这些例子，目的就是说不要被那些大学问家、权威、名人吓倒。我们要敢想、敢说、敢做。什么都不敢想、不敢做、不敢讲，那种束手束脚的状态不好。我们要从这种状态中间解放出来。我们劳动人民中间蕴藏着极其丰富的、创造性的积极性。我们现在的任务，就是揭开盖子、破除迷信，把这种创造性发挥出来。

他说，今年以来，我们已经可以看到，在我们几亿人中，这种创造性爆发出来了，形成一个大跃进的形势，我们要争取十五年赶上英国，打点保险系数，说十五年或者更多一点时间赶上英国，这是可能的。

毛主席说，我们这么想、这么说是不是狂妄呢？他说，我们不是狂人，我们是实事求是的马克思主义者，我们要把革命的气概和求实的精神结合起来，提倡革命的气概不是狂妄。我们不要大国沙文主义，但是，我们要从京戏《法门寺》里贾桂的那种奴隶精神中解放出来。有两种谦虚，一种是符合实际的，谦虚等于实际。另一种谦虚是不符合实际的，过分谦虚等于虚伪。照抄别人的东西，这种过分谦虚产生教条主义或修正主义。照抄别国资产阶级的叫修正主义，照抄别国无产阶级的叫教条主义。

毛主席说，现在我们搞大跃进。搞工业要蔑视工业，因为工业并不神秘。但是真正做起来的时候，每一件事都要十分重视不能采取粗心大意的态度。这样我们有可能在十五年或者更长一点的时间内赶上英国。

（二）敢想、敢说、敢做

5月17日大会上毛主席又讲话。他讲了国际形势、国内形势，但着重点还是敢干、加快社会主义建设的速度问题。他说，我们搞社会主义建设比苏联搞得快一点是可能的。他说，他在1956年4月讲十大关系的时候，就提出中国搞建设是不是可以比苏联快一些？他说，那个时候，我提出中国工业化的道路，就是根据苏联的经验，接受他们成功的，避免他们失误的，要比他们搞得更快更好。我们完全有理由比苏联搞得快、搞得好。因为我们有六亿人口，我们有苏联的成功的和失误的经验教训，又有苏联的技术援助，有苏联专家的帮助，这是过去苏联没有的。这些条件我们比苏联好，所以我们要敢于设想，而且应该做到比苏联搞得快，搞得好。

毛主席说，我们再把列宁的群众路线、阶级斗争这个传统发扬起来，而这个传统到斯大林的时候就不大讲究了。

我们把它发扬起来，更应该比苏联搞得快、搞得好。苏联的建设从十月革命起，二十年搞了1800万吨钢，四十年搞了5000万吨钢。从1950年算起，我们如果能够做到1959年搞到1800万吨钢，1962年搞到3000万吨钢，那样十五年就可以搞到5000万吨钢。我们搞得好，完全有这个可能。当然，要实现这个目标，不能搞华而不实、粗而不细、浮而不深。中央、省这两级领导同志，要到基层去搞调查研究，解剖几个麻雀，每年要有四个月份的时间到下边去。这样，我们头脑里才能真正反映实际，这也叫作尊重唯物论、尊重辩证法。

毛主席说，合作化运动中我们发现了王国藩办的合作社，只有三户贫农，但办成了，是五亿农民的方向。有典型就有信心，合作化就大发展起来了。现在搞大跃进，又发现一些典型，例如河南长葛县和山东大山合作社的深翻增产。长葛县委第一书记在大会发言中谈了他们县一个深翻全县耕地一尺五寸，大山合作社深翻增产百分之一百。大有希望。我们对农业大跃进信心提高了。我们现在提倡农业增产的五字经，叫做“水、肥、土、种”再加一个“密”，就是密植增产。水肥种之外还要重视土壤，重视密植。密植不是越密越好，而是合理密植。广东和湖南、湖北每亩水稻插秧三万蔸，可产800斤。北方不要照样搞每亩种三万棵玉米或高粱。但是，两年、三年、四年达到“四、五、八”是可能的。也就是说提前实现农业发展纲要是可能的。农业大跃进势必要求并促进工业大跃进。因此更需要提倡敢想、敢说、敢做的大无畏精神。

毛主席说，现在我们提出的总路线，叫鼓足干劲、力争上游、多快好省的总路线。凡事都要多快好省。要鼓足干劲，没有一点干劲，或者劲头不足，不好办事。要力争上游，就是向先进看齐。这条总路线是我们积累许多经验形成的，这里有苏联的经验，也有中国多少年的经验，包括我们搞根据地建设时的经验。

毛主席最后说，现在形势很好，但是，我们要有出乱子的思想准备，有对付大灾大难的思想准备。大灾有旱灾，就是赤地千里，有水灾，就是汪洋一片，这是自然灾害。他还说到社会的灾害。他说，反右斗争中党内发生分裂。各省的同志在这次会上谈到，有一半以上的省委内部发生了问题，有“反党集团”，现在还有“观潮派”、“秋后算账派”。所以我们全党，尤其是中央委员，要顾全大局。凡是不顾全大局、闹分裂的人，都没有好的结果。失败的都是那些闹分裂的人。还有一个社会现象，就是世界大战，现在看起来大战打不起来，但是我们也要有思想准备。

5 月 18 日这一天，毛主席写了一个批语，又作了一篇讲话，都是关于破除迷信的。

一个批语是毛主席在安东机器厂（为抗美援朝建立的一个小修理厂）试制拖拉机成功的一个材料上批的，他在批语上写了一个题目：“卑贱者最聪明，高贵者最愚蠢”。批语说，请大家收集材料，编一些世界各国发明家简明通俗的小传，看一看能否证明科学技术的发明，大多是出于被压迫阶级，即是说出于那些社会地位较低、学问较少、条件较差，开始时总是被人看不起，甚至受打击、受折磨、受刑戮的那些人。如果能够有系统地证明这一点，那将是鼓舞小知识分子、很多工人和农民、很多新老干部，打掉自卑感，砍去妄自菲薄，破除迷信，振奋敢想、敢说、敢做的大无畏创造精神。这对于我国七年（按：这是指从1958年算起，加上1950—1957年，共十五年）赶上英国，再加八年或者十年赶上美国的任务，必然会有重大的帮助。这个批语连同这个材料，都印发给了参加大会的代表。

毛主席在5月18日同大会主席团和各代表团团长讲话时提到他的上述批语，要各行各业搞一些发明家小传，来说明这些人大多数是不是都是没有多少学问的人。他在讲话中列举中国数学家华罗庚、苏联科学家齐奥尔科夫斯基，还讲到英国发明家瓦特、美国发明家富兰克林。毛主席说，我的意思是要搞一些材料来证明是不是卑贱者最聪明、高贵者最愚蠢。用这些材料来鼓励工人、农民、新老干部、小知识分子的自信心，使他们少一点奴隶性，多一点主人翁的自尊心，自己起来创造。

毛主席在 5 月 17 日大会上的讲话中说，我讲的十大关系，基本观点都是同苏联做比较的，就是说，除了苏联的办法以外，是否还可以找到能够比苏联、比东欧各国搞得更快、更好的中国工业化的道路。大、中、小结合，工农业并举，工业内部各部门同时并举，这些问题没有提到同苏联比较，实际上是同苏联比较。列宁是讲群众路线和阶级斗争的，这两条斯大林不大行。我们是列宁的学生，学了他又发展了他，所以我们搞建设应当比苏联搞得更好更快，苏联用二十年搞了 1800 万吨钢，我们可以用十一年，就是 1961 年可以搞到 1800 万吨钢。

在这一天的讲话中，毛主席还谈到有人说“跟毛泽东走就不会错”。他说，这话要修正，要又跟又不跟，对的就跟，错的就不跟。糊里糊涂地跟某一个人走是很危险的。我们跟真理走。真理在谁手里就跟谁走。他语重心长地说，“同志们，要独立思考。”他还提到九个指头和一个指头的关系一定要看清楚，重提 1956 年的“反冒进”，又说这些反冒进的同志错误只是一个指头的问题。最后毛主席又一次提醒大家要对世界大战和党内分裂等灾难的可能有思想准备。

5月20日毛主席在大会上讲话，又一次讲破除迷信、丢掉自卑感的问题。毛主席讲话一开始就提到第一机械工业部编了一本发明家的小传，这21个人里头，只有7个是工程师或者是比较有社会地位的，其他的14个都是比较穷苦出身的，或者是工人，或者是农民，或者是其他的人。毛主席说，这样的材料可以帮助我们工人、农民、小知识分子和我们一些干部，原来认为自己学问不多有自卑感的，破除这种自卑感，破除迷信。

他说，不要以为外行不能够领导内行。其实人人都是内行，人人也都是外行，外行领导内行是一般规律。比方说，世界上有一万行，一万种职业，一万门科学技术。每人做一行，对本行来说，他是内行，但对其他九千九百九十九行来说，他是外行。又比方唱戏，角色分旦、末、净、生、丑，一个人不能各个角色都精。光是旦就有老旦、青衣、花旦、武旦、丑旦，梅兰芳只唱青衣，唱得好，唱老旦就不行，得由李多奎来唱，但梅兰芳是梅戏团的老板，这不是外行领导内行吗？人们常说薛仁贵[①]精通十八般武艺，这也只是十八行的内行，其他九千九百八十二行他还是外行。他领着伙头军打败了敌人，这不也是外行领导内行吗？

① 薛仁贵，唐朝名将，著名军事家、政治家，战功赫赫，武艺高强。

精于本行，又努力学点其他，是必要的。做党和行政的领导工作的，懂一点农业，懂一点工业，懂一点商业，尽可能学习其他行业的一点知识，是必要的，但都不能算行家里手，也不可能懂得很多。外行依然领导内行。

接着，毛主席大讲插红旗、辨风向的问题。他说，世界上没有地方不插旗子的，不是插红旗，就是插白旗，或者插灰旗。与其插白旗，不如插红旗。我说过我们要学习列宁，列宁是敢于插红旗，敢于标新立异的。与其插资产阶级的旗子，不如插无产阶级的旗子。要敢于插红旗，不要做闭口道士，搞庸俗的谦虚。要挺身而出，敢想、敢说、敢做。

毛主席说，为了插旗子，就要提高嗅觉，辨别风向。要辨别现在刮的什么风，是东风还是西风。“不是东风压倒西风，就是西风压倒东风。”这是小说《红楼梦》中的苏州姑娘林黛玉说的。唐朝历史家刘知幾说过，学历史的人要有三个条件：才、学、识。才就是才干，学就是学问，识即识别，就是辨别方向。领导要有预见，预见就是辨风向。风还没有来，就知道风快来了，小风来了就是知道会刮大风，“风起于青蘋之末”，要有预见，有识别力。

毛主席又从红白喜事讲起，讲到新陈代谢是自然界和社会的一条规律。他说，老百姓常常说红白喜事，生是喜事，死也是喜事。这是合乎辩证法的。如果孔夫子不死，活到现在，那就不得了。新的产生，旧的死亡，都是好事。团结是好事，而分裂看起来是坏事，但它的结果又是好事，因为走向反面，克服分裂，又变成团结了。所以我们共产党人应该是乐观主义者，当然也不是没有忧愁，总有些忧愁，总要碰到一些不好的事情，但这是次要的，乐观是主导的。我们相信坏事会变成好事，共产党人的任务就是努力促使坏事变成好事的转化工作。新陈代谢是普遍规律，长江后浪推前浪，世上新人赶旧人。这是合乎辩证法的。

毛主席为了这次讲话，准备了一个提纲，后来他讲话时没有照这个提纲讲。但是从他的讲话，特别是从他的提纲上看，可以看到毛主席这个时候的思想非常活跃，浮想联翩，都是围绕破除迷信这个主题展开的。这是总路线以及由此引发的“大跃进”的核心思想基础。

大会结束之前，5 月 23 日毛主席又讲了一番话。他说，这次大会开得好，反映人民群众的要求，制定了鼓足干劲、力争上游、多快好省的总路线。这条总路线是根据许多经验来制定的，已开始证明正确，但是还要在以后的客观实际中去证明。这条总路线是经过好多曲折才制定出来的。道路总是曲折的，要估计到这一点，以后还会有曲折的，要有精神准备。

毛主席说，我们强调鼓足干劲、力争上游，是反映人民群众的愿望。中国是世界上人口最多的大国，但是，中国目前在世界上的地位同大国不相称。多少年来，我们心里在想，究竟要多大的规模、多少的时间，我们可以摆脱这种落后状态，这种被动状态，这种在世界上没有地位的状态呢？现在，人民群众发动起来了，他们的干劲起来了。原来我们准备实现农业“四十条”要十二年，现在看起来不需要这么长。有同志说可能五年实现。赶上英国，过去说十五年或者更多一点时间。这次大会改一个字，把“多”字改为“短”字，就是十五年或者更短一点时间赶上英国，实际上是我们再干七年赶上英国。这就是鼓足干劲、力争上游、多快好省。

从毛主席在八大二次会议期间的上述一系列讲话看来，他这时的思想最明显不过地反映了他力图加快社会主义建设的速度。1955 年提出多快好省的方针，反映了这个思想；1958 年提出总路线，更集中地反映这个思想。从这一年年初南宁会议起，他就为总路线作了一系列的思想上、政治上的准备。他在南宁会议、北京会议、成都会议上反复批评“反冒进”，为的是这个目的。他在这次会议上也多次提到“反冒进”，虽然语气比较温和，大多是正面阐述总路线时提及（如 17 日、20 日的讲话），而且还说，当年“反冒进”的同志，经过整风，已经改正错误，中央团结一致，全党团结一致了。

从这些讲话中也可以看到，毛主席把从南宁会议开始的批评“反冒进”的过程，把确立总路线的过程，看作是整风运动的最重要的部分、核心部分。因此，在这次会议过程中，被误作“反冒进”而受批评的中央同志，周总理、陈云同志以及李先念、李富春等同志都在大会上作自我批评，甚至连少奇同志和小平同志也谈到1956年的“反冒进”。这样，这次会议空气一边倒，对总路线没有任何异议。

（三）两大决议

八大二次会议到23日正式结束。结束之前通过两个决议：一个是关于总路线的决议，一个是关于主要矛盾的决议。关于总路线的决议说：根据毛泽东同志的倡议，制定了鼓足干劲、力争上游、多快好省地建设社会主义的总路线。这个总路线的基本点是：调动一切积极因素，正确处理人民内部矛盾；巩固和发展社会主义的全民所有制和集体所有制；巩固无产阶级专政和无产阶级国际团结；在继续完成经济战线、政治战线和思想战线上的社会主义革命的同时，逐步实现技术革命和文化革命；在重工业优先发展的条件下，工业和农业同时并举；在集中领导、全面规划、分工协作的条件下，中央工业和地方工业同时并举，大型企业和中小型企业同时并举；通过这些，尽快地把我国建设成为一个具有现代工业、现代农业和现代科学文化的伟大的社会主义国家。

根据总路线的精神，这次会议修改了1956年9月党的八大一次会议所通过的第二个五年计划的指标。按照八大一次会议指标，到1962年粮食的产量达到5000亿斤，钢的产量达到1050万吨至1200万吨。八大二次会议把这些指标修改为：1962年的粮食产量要达到6000亿斤至7000亿斤，钢产量要达到2500万吨至3000万吨。这就是说，八大二次会议正式提出了“大跃进”的规划。

现在看来，总路线的基本点，从表述文字来看还是比较正确的，但是，在大讲破除迷信的空气下，在会议的发言中（且不说会后的实际工作中），都过分地强调主观能动性，强调了干劲，而忽视客观的经济规律，已相当突出地反映了那种不顾实际条件、不顾客观规律的“左”的思想倾向。会议期间，中央批准了国家经委关于1958年第二本账的报告[①]，其中主要指标都超过了2月一届全国人

① 即《1958年计划和预算第二本账的意见》，但该报告所规定的1958年的计划比成都会议上通过的 该报告原稿的指标又提高一步：钢产量711万吨（原定700万吨），粮食产量4397亿斤（原定4316亿斤），棉花4463万担（原定4093万担），煤18052万吨（原定16737万吨）。这些指标成为1958年经济计划的第二本账。

大第五次会议通过的1958年国民经济计划即第一本账的指标[①]。粮食产量从3920亿斤提高到4397亿斤，棉花从3500万担提高到4463万担，钢由625万吨提高到711万吨，煤由1.5亿吨提高到1.8亿吨。许多省的代表，把南宁会议提出的“苦战三年”的口号拔高，提出“苦战三年，彻底改变（南宁会议只提“基本改变”）全省面貌”，提前完成“四、五、八”的调子越唱越高，河南长葛提出当年争取亩产800斤，安徽桐城更提出当年争取亩产1500斤。中央各工业部门，也提出更快赶上英国的设想，如煤炭部提出两年赶上英国，冶金部提出“五年超过英国”，轻工部提出五年造纸工业超英，铁道部提出五年修铁路3万公里，都超过了会议通过的“二五”计划第二本账指标。

会议通过的另一个决议，是修改八大关于社会主义社会主要矛盾的提法。

八大的决议中指出，我们国内的主要矛盾已经是人民对建立先进的工业国的要求同落后的农业国的现实之间的矛盾，已经是人民对经济、文化迅速发展的需要同当前经济、文化不能满足人民需要的状况之间的矛盾。因此，党和国家的主要任务已经由解放生产力变为保护和发展生产

① 指一届全国人大五次会议通过的1958年国民经济计划指标：钢产量624.8万吨，煤产量1.5亿吨，粮食产量3920亿斤，棉花产量3500万担。

力。八大的这个论断是正确的。

八大以后，经过1957年的反右斗争和整风运动，在9月到10月举行的党的八届三中全会上，毛主席在会议开始的时候，就提出对当前我国社会的主要矛盾，应该回到党的1949年3月份七届二中全会的提法。毛主席在全会上肯定：无产阶级和资产阶级的矛盾、社会主义道路和资本主义道路的矛盾，是当前我国社会的主要矛盾。从这个时候起，毛主席明确地改变了八大的提法。当时全会上大多数同志接受了毛主席的意见（也有少数同志持怀疑态度），但是还没有正式形成决议。

从成都会议起，毛主席不断谈到我们社会里面还存在两个剥削阶级、两个劳动阶级，谈到社会主义和资本主义两条道路的斗争还没有结束。在成都会议之后，中央工作报告初稿也反映了毛主席这个观点。在工作报告中也重述毛主席关于两个剥削阶级和两个劳动阶级的提法。在八大二次会议的发言中，有很多省委书记都谈到：1957年反右派斗争中，许多省里面出现了“右倾集团”、“右派集团”、“反党集团”。他们讲到，阶级斗争反映到党内来还是很激烈的。毛主席在这次会议上的讲话，又多次讲到阶级斗争还要继续，还要准备党内发生分裂，还要准备建设社会主义的道路还会发生曲折。这样，这次会就专门对这个问题做了决议，正式改变八大一次会议关于国内主要矛盾的提法，认为我国社会的主要矛盾仍然是无产阶级和资产阶级、社会主义道路同资本主义道路的矛盾。

很明显，上述两个决议是互相矛盾的：第一个决议谈到，特别在少奇同志的工作报告里谈到，我们国家现在进入技术革命时代，主要任务是发展经济，这是同八大一次会议相衔接的。八大二次会议关于主要矛盾的决议，则强调两个阶级、两条道路的斗争是主要矛盾，很显然，这一点和上面所讲的建设时期总路线的任务是矛盾的。一方面说主要任务是发展经济，另一方面又说主要矛盾是两个阶级、两条道路的斗争，两者同时并存。这种自相矛盾的说法，在当时并没有引起很大的注意，关于主要矛盾的观点，虽有一些不同意见和犹疑（例如有一些同志提出，社会主义建设总路线和我国社会主要矛盾的关系怎样理解，前者有没有后者强调的主要矛盾，等等），但经过“反右斗争”和“反冒进”，这种声音比八大一次会议时小得多。对当时的工作也没有发生多大影响。当时大家关心的焦点在总路线的多快好省，在破除迷信、敢想、敢干，在“大跃进”，在超英、赶美。只是到后来1959年的庐山会议、1962年的北戴河会议中，在“四清”运动中，这种以阶级斗争为纲的“左”倾指导思想才造成重大的失误，且不说后来发动的“文化大革命”。

这种自相矛盾的提法，在这次会议最后通过的关于中共中央工作报告的决议中也有反映。决议写道：

“会议一致同意党中央根据毛泽东同志的创议而提出的鼓足干劲、力争上游、多快好省地建设社会主义的总路线。会议号召全党同志同心同德、团结全国人民，在继续完成整风运动的基础上，贯彻执行这条社会主义建设总路线，在继续完成经济战线、政治战线和思想战线上的社会主义革命的同时，积极地进行技术革命和文化革命，争取在十五年、或者在更短的时间内，在主要的工业产品产量方面赶上和超过英国，争取提前实现《全国农业发展纲要》，为尽快地把我国建成为一个具有现代工业、现代农业和现代科学文化的伟大社会主义国家而奋斗。”

从这段历史看来，八大二次会议，完成了从南宁会议开始的发动“大跃进”的思想上、政治上和组织上的准备，是“大跃进”全面发动的会议。

第四章　“大跃进”和人民公社化

（一）“大跃进”初潮

八大二次会议，可以说是发动“大跃进”的会议。但是毛主席的大跃进思想，可以说早在1955年农业合作化高潮中就萌发了。

1955年11月10日的七届六中全会上，毛主席在讲话中提出，用三个五年计划建成社会主义，再加十个到十五个五年计划的时间赶上美国。就是说，从1953年第一个五年计划算起，我国要用六十五年到九十年（到2043年）赶上美国。

在这以后，苏共二十大、苏波纠纷事件、匈牙利事件，我们党在国际上威望大大提高，也触发毛主席考虑我国建设速度可以加快，可以比苏联搞得更快更好。

1957年的整风和反右派斗争，更使毛主席认为有必要也有可能加快建设速度。当时中央政治局常委也倾向这样。

于是，在 1957 年十月革命节在莫斯科召开的共产党和工人党国际会议上，在苏共提出十五年赶上美国之后，毛主席宣布：中国要在十五年或者更长一些的时间内赶上或超过英国（即 1953 年算起，到 1968 年或更长一些时间赶超英国）。

1958 年从南宁会议开始为“大跃进”作思想上、政治上和组织上的准备，直到八大二次会议完成。这次会议制定了总路线，而且提高了“二五”计划的各项指标，号召提前完成农业“四十条”。毛主席在会议上提出了加快超英赶美的口号：“七年赶上英国，再加八年到十年赶上美国”（即 1964 年赶英、1974 年赶美）。

八大二次会议后，“涨风”迭起，而且越刮越大。毛主席在会议提出的“破除迷信”、“敢想敢说敢干”、“敢于标新立异”、“鼓足干劲”、“力争上游”等已传遍全国。

会议结束后不到一个月，毛主席 6 月 21 日在军委扩大会议上说，近来行情看涨，早晚时价不同，八大二次会议规定的速度要改变，不是七年超英、再十年超美，而是三年赶上英国，再七年赶上美国。粮食指标不是“四、五、八”，不是应举社的 800 斤，而是已经出现亩产小麦 4500 斤（按：指《人民日报》当天发表的新闻中报道河南辉县一个村一小块地亩产达 4535 斤）。这是谁也没有料到的。今年粮食总产量可能达到1万亿斤。

为什么毛主席的说法改变得这么快呢?

这可以从八大二次会议后6月发生的一系列前所未有的情况来看:

6月1日，《红旗》1958年创刊号发表了毛主席4月15日写的《介绍一个合作社》一文，连同河南封丘县应举农业合作社改变落后面貌的报告。这篇文章和报告是毛主席4月15日批给少奇同志、小平同志、周总理和陈伯达、胡乔木和我的，建议《人民日报》发表。后来陈伯达硬要先在《红旗》创刊号上发表，《人民日报》转载。毛主席6月14日在颐年堂接见了商丘县委的同志，《人民日报》7月1日发表新华社写的接见通讯，其中说到应举社今年亩产800斤。

从6月初起，《人民日报》开始接连发表粮食高产新纪录（当时叫做“放卫星”）：6月8日，发表河南遂平县卫星农业合作社5亩小麦试验田平均亩产2105斤，（6月12日又有2.8亩小麦亩产3530斤）；6月11日是河北魏县一块试验田亩产2394斤；6月16日是湖北谷城红光社一亩试验田亩产4353斤，先锋社亩产4689斤；6月18日是河南商丘一个社试验田亩产4412斤。也在这个时候，农业部向中央报告，“二五”计划中粮食和棉花产量都争取翻一番，即 1962 年粮食达到 8500 亿斤，棉花达到 8000 万担。

与上述农业“放卫星”报道同时，工业和计划部门也看涨。

6 月 7 日冶金部给中央的报告中提出，1958 年钢产指标为 820 万吨（比原定第二个五年计划草案的指标提高了 200 万吨），1962 年争取超过 6000 万吨。

6 月 15 日，李富春代表计委、经委和财政部向中央提出“二五”计划《要点》，其中各项指标都比八大二次会议决定的提高了。钢的指标，1958 年为 850—900 万吨，1959 年为 2000—3000 万吨，1962 年为 6000 万吨，1967 年为 10，000 万吨；粮食 1959 年争取超过 6000 亿斤。口号是“五年超英，再十年超美”（按：当时估计，英国钢产量 1962 年可能达到 2600 万吨，美国钢产量 1972 年可达 1 亿吨）。

过了两天，6 月 17 日，薄一波在政治局会议上又超过富春同志，提出“两年超英”。他提出的钢产指标，当年争取 900 万吨，1959 年争取 2500 万吨；粮食指标，当年争取 4200 亿斤，1959 年争取 6000 亿斤。他认为这些指标是可能达到的。他把富春同志的期成数（也叫第二本账）改为必成数（也叫第一本账）了。

6月18日，毛主席在政治局常委会上提出：1958年的钢产索性提高到比1957年535万吨翻一番（即1070万吨）如何？薄、李和王鹤寿都赞成。虽然还不是最后决定，但是，以上这些变化，就像毛主席后来所说的“头脑发热”、“冒冒失失往前闯”，已铸定了一个月后的北戴河会议的“大跃进”。

（二）冀、豫、鄂三省行

还在八大二次会议的时候，毛主席在大会主席团休息室同中央常委谈话时，曾问我到地方上看看没有？因为从南宁会议起毛主席就多次要我经常到地方上跑跑，一面加强同省委联系，一面作调查研究，写点东西。武昌会议时更指定我在八大二次会议之前下去一两个月，再回来参加会议。我因主持贯彻南宁、成都、武昌会议精神的宣传工作，一直没有抽出时间下去，所以当场只好实说还没有下去。毛主席又一次要我挤时间下去，八大二次大会后就下去两个月，报社的事情一概交给第二把手，一心一意下去调查研究。因此会议一结束，我传达、布置宣传之后，即去河北、河南、湖北调查研究。

我是在河南遂平卫星农业社、河北魏县一小块试验田、湖北谷城红光社先后“放卫星”之后离开北京，6月17日到河北保定附近的清苑县。我是同新华社英籍顾问夏庇若一起去探望在那里“下放锻炼”的对外新闻部干部，然后单独去安国。

当晚，我同安国县委书记谈该县农业情况。谈话中我直率地问他，对遂平的高产卫星（亩产2100斤）怎么看？他也坦白地回答说，不是没有可能，可是他从未看过，也没有想过。我再问他，河北魏县放的高产卫星（亩产2300斤）如何？他更坦白地说，魏县的情况他了解，同安国差不多，他不相信能这么高产。我又问湖北谷城一亩试验田亩产4300斤如何？他更气鼓鼓地说，根本不可能，4000斤麦子把一亩地都铺满了。这位县委书记朴素无华的谈话，使我很震动，对放卫星是真是假发生很大怀疑。第二天他陪我到他们县的一类社区考察，这个社今年小麦平均亩产370—380斤（比过去60—80斤增加多了），但明年计划只定为1000斤。以后5天连续参观了几个社，高产地块最多的有4亩亩产1140斤，40亩亩产805斤；明年计划全年粮食亩产最高指标的为1500斤，争取2000斤。

6月23日我到定县，当晚同在北京的《人民日报》编辑部通电话，一面告诉他们放高产卫星可能虚夸，一面建议新华社和《人民日报》通知所有记者，遇有高产卫星，一定要省委第一书记、至少是农业书记签字才能发表，发表前还要征求农业部部长廖鲁言同志的意见。我从电话中得知，这些天报上发表高产卫星是谭老板（我们这样惯称主管农业的谭震林同志）打招呼的，而且要放一版通栏标题。

我在定县同县委书记谈了这个县工农业生产的情况，着重谈农业，因为这个县工业规模很小。据他说，定县1958年计划小麦平均亩产指标是275斤（1957年只有92斤）。为了争取全年粮食多增产，他们还学习邻近的徐水县的“经验”，大种红薯（叫做农业“高产化”）。我又参观了几个农业社，其中一个一类社亩产小麦600斤，其中有11亩单产1000斤。县委书记说，已经发现有虚报高产的现象。他不知道魏县用什么办法使亩产小麦达到2000多斤。在定县这几天，倒是全县教育发达给我印象甚深。

6月25日我从定县乘火车到达郑州，开始河南之行。我首先拜访了副省长赵文甫同志，请他介绍全省情况。当时《人民日报》已在6月8日、12日、18日、21日接连四次报道了河南省的遂平、商丘、辉县的小麦高产“卫星”。文甫同志说，这些都是经过省委验收的。他还说今年夏秋二季完成农业“四十条”“四、五、八”指标的有14个县市（全省共122个县市），全省夏收可达188亿斤（1957年只有92亿斤），连同秋收全年粮产将达570亿斤，全省粮食平均将提前十一年完成“四十条”指标（原定十二年内完成）。在他看来，一年实现“四、五、八”已不在话下，所以还眉飞色舞地大谈乡镇工业大跃进，小高炉遍地开花，今年将达1万个，产生铁100万吨（1957年只有7000吨）。

在河南，我还去登封参观，倒不是因为想看看有名的少林寺，而是那里也大办五小工业，并且还有一个以办“农业大学”名声鹊起的三官庙。这是省委同志推荐的。三官庙的农业大学虽规模比较简陋，五小工业采矿、冶炼、制造，都土法上马，但人们那股敢想敢干的劲头很使人感动。出乎意料，当我同该县委农村工作部长谈话时，他却向我大讲前半个月这里出现瞒产现象很严重，县委在全县展开大检查、大辩论，才“发现”小麦普遍“大丰收”。我当时很纳闷，怎么报上天天发表高产卫星喜报，而这里却“瞒产”呢？后来细想，因反“瞒产”而出现“高产”，可能不是隐瞒实情，而是弄真成假，原报的产量是真的，没有隐瞒，反“瞒产”后的“高产”不是真的，是假的，是上面压出来的。

少林寺我去参观了，只见一片残垣破壁，荒无人烟。

领我去看的乡长少年时曾在这里当和尚，说这寺已破落多年了。我从旧小说得来的香火兴旺的古刹名寺的印象了无踪影，只能说是一片废墟而已。

7月4日，我跨嵩山而抵偃师。这县是历来以小麦高产称著河南全省。我看了有名的岳滩乡。据乡长说，今年小麦空前大丰收，全乡亩产571斤（历史最高的1956年为274斤，1957年受灾为228斤）。他的丰产经验没有什么奥秘，就是：深翻地，多上肥。我问他：遂平、商丘、辉县的高产纪录如何？他笑着说：“这不好说”。我理解他言外之意，没有再问。这个县的县委书记很朴实，话不多但很实在。他的县整个夏收没有放过一个“卫星”。倒是我半月前参观过的河北安国县，当时县委书记对高产卫星很怀疑，但我到达偃师时看到《人民日报》6月30日刊出了安国县卓头村放了一个小麦单产5100斤的“卫星”！看来，要顶住一股风潮是很困难的啊！

湖北之行是7月8日至14日。这时湖北已经放过了襄阳、谷城、光化等县的好几颗小麦高产“卫星”。省农村工作部长同我谈话时，注意力已经转移到早稻高产上去了。他说，全省夏收72亿斤，比1957年增产32亿斤；估计秋收可达330亿斤，加上杂粮和夏收，全年粮食产量可达450亿斤。全省去年早稻单产440斤，今年可达800斤以上。他给我算账：过去水稻一亩插3万蔸，长10万多株苗，只产三四百斤；现在一亩密植10万蔸，50万株，每穗40粒谷，就可以收1000斤（2万粒合一斤）。我想这是纸上的推算，而植物生长不是土木工程。他特别举出蕲春县的15万亩晚稻争取亩产1万斤。后来8月间麻城一个社果然出现“天下第一田”，亩产高达35900斤！

我专门去孝感参观，这个在云梦泽鱼米之乡名声颇为显赫的县，不但农业办得好（1957年粮食全年亩产过千斤），而且五小工业也办得有声有色。据县委书记介绍，全县五小工业有3800多个工厂，钢铁、农具、建材、食品、电力星罗棋布，当然绝大多数是乡社小厂或小作坊，县镇工厂只有50多个。据县委书记谈，他们的小铁厂可以炼出铁，但质量不好，炼不成钢，只能做小农具用。他特别向我推荐大冶西镇办工业很可以看看。我去那里参观，这个村镇明清两代办过小矿山，后来中断了，现在大搞钢铁、水泥、砖瓦生产，许多青年人都是边学边干的，全镇日夜炉火通明，人欢马跃，景象确实动人。至于他们的产品质量如何，我当时也没有深究。但我预感到，一个大办工业的浪潮正在兴起，可能全国许多乡镇都会卷进去。因十五年超英的口号已传遍全国，虽然提前七年以至五年超英，当时还是“内部掌握”，但今年钢产计划已翻一番，那就非全国动员不能完成。

我回到武汉，同省委同志谈湖北工业情况时，他说，全省今年可炼 80—150 万吨铁，15—35 万吨钢，明年计划 400—600 万吨铁，150—350 万吨钢。但是他感到困难在于大多数小铁厂技术不过关，炼不成铁，不待说钢了。大钢铁厂——武钢 1957 年开始基建，1961 年才能建成。他也为钢产翻番犯愁。我想，湖北还算是有冶炼传统的省，汉阳、大冶开我国钢铁冶炼之先河，而今尚且如此，县乡的小铁厂技术还不过关，这势必炼铁不成铁，勉强算数，那钢产翻一番就要大打折扣了。这是我三省之行产生的又一顾虑。

三省之行历时近一个月，回到北京，另是一番景象，大办钢铁还在升温，而水稻高产卫星继小麦卫星之后又纷纷腾空！据报载，由南而北，7 月 26 日江西鄱阳 1.3 亩试验田亩产达 3000 多斤；7 月 31 日湖北应城 6 亩早稻亩产 9195 斤；8 月 3 日安徽舒城三个大队亩产突破 10，000 斤。我虽然在三省之行中有所怀疑，但中央各部委说得有根有据，我也就信多于疑了。

这时，6 月间创刊的《红旗》接连在第三、四两期发表陈伯达的两篇文章，既鼓吹工、农、商、学、兵组成的一体的人民公社，又鼓吹“一天等于二十年”的“大跃进”。

（三）多事之夏

我从武汉回到北京，中东就出了大事：美国军队入侵黎巴嫩，武力威胁伊拉克革命。这事引发了中央考虑支援阿拉伯人民革命斗争的问题。

差不多同时，苏联提出建立中苏共同舰队问题，这又引发了中苏两党之间的激烈争论。

这两件大事开始只在毛主席召开的政治局常委会会议议论。我没有参加那几次会议，只从小平同志主持的中央书记处会议中听到小平同志简单谈及。后来在7月底我参加在毛主席家里召开的一次常委会，并看了中苏两党会谈记录，才知道赫鲁晓夫秘密来华讨论中苏共同舰队的详情。

原来，在这之前，1958年春，苏方曾要求中国允许苏联在华北建立一个长波无线电台，供莫斯科与苏联太平洋舰队联络使用。当时我党中央答复苏方，长波电台可以建，但由中方建，苏方技术援助，主权归中国所有，可供苏方使用，并请苏方考虑帮助中国海军建设。接着苏方又提出建立中苏共同舰队。苏方大国沙文主义的行径，遭到中国党的顽强抵抗。在赫鲁晓夫7月秘密访华期间，双方发生激烈的争论。赫鲁晓夫这一企图控制中国的计划虽然未能实现，但这一事件加强了我党中央自立自强的决心。（详细情况，见拙著《十年论战——中苏关系回忆录》）

至于我国支援阿拉伯人民的革命斗争，毛主席同中央领导同志在7月中旬即酝酿，除了政治上声援外，还要乘蒋介石叫嚣的“光复大陆”并紧急部署备战之机，在军事上采取某种行动，既打击蒋介石的气焰，谨防他袭击大陆，又支援阿拉伯人民，牵制美国。这就是后来实施的炮打金门。我是8月中旬到达北戴河后才知道的。（详见拙著《忆毛主席》一书）

由于上述两件大事，毛主席在七八月间用很多时间和精力放在国际问题上，并把他长时期以来关于国际问题的看法加以发挥。他在北戴河会议期间以及9月初回京后召集最高国务会议时，接连发表有关国际问题的若干著名观点，就是这样形成的。

综合他在北戴河（8月17日和8月27日）和北京（9月5日和9月8日）的几次长篇讲话，毛主席关于国际问题的著名观点如下：

1、总的国际形势还是东风压倒西风。有的时候帝国主义似乎很嚣张，但那是虚张声势。例如黎巴嫩，美国出兵了，但登陆后又犹豫不决，没有敢到伊拉克去镇压人民革命，伊拉克王朝还是被推翻了。又如美国人调集海空军到台湾海峡，我们视若无睹，不打美舰，只打蒋舰，美舰和美机也不敢打我们。我们炮打金门，一天几万发地打，美国军舰就在附近，一声不吭。美舰给蒋舰护航，我一打炮，美舰调头逃跑。总的形势仍然是东风压倒西风，对我们有利，但对每一具体事件，我们必须谨慎应付，“相机而行，三思可以”。

2、世界大战会不会打起来？有帝国主义，就有打起来的可能，现在大家嘴里大讲裁军，但实际上都在扩军，准备打仗，但是也不一定打得起来，至少近十年打不起来。不过我们要把底牌放在他打起来的基础上，要有打仗的思想准备，准备打仗，但争取不打，我不发动战争，争取时间搞和平建设。我在北京同赫鲁晓夫讲过，要争取十五年和平，你们超美，我们超英。十五年后，我看帝国主义想打也打不起来。我们社会主义阵营更加强大了，民族运动也更加壮大了。但是，打起来也不怕，索性打完了再建设也好。我们不是美国的参谋长，打不打的主动权不在我们手里，我们怕也无用，帝国主义不会因为你怕就不打你，你越怕就越有可能打起来。与其怕打，整天丧魂失魄，不如不怕，相机行事。

3、帝国主义和社会主义，谁怕谁多一点。现在世界存在帝国主义阵营和社会主义阵营这两大阵营的对立。双方都在扩军备战，可能都有点怕。说帝国主义怕社会主义，我看有点道理。因为他们理亏，正义不在他们方面，他们四分五裂，相互争斗不息。正义在社会主义方面，社会主义阵营团结一致，他们怕是有道理的。但说社会主义一点也不怕帝国主义，这就太绝对了，我看也有点怕，否则苏联为什么力争把原子弹、导弹搞得比美国快一点、多一点呢？我们也要搞一点原子弹呢？问题在于谁怕谁多一点，我看帝国主义怕社会主义多一点，不然为什么他们组织了三个集团包围社会主义阵营呢？一个是北大西洋公约组织，一个是巴格达条约组织，一个是马尼拉条约组织，这三个集团是什么性质呢？当然从一方面看它们是侵略性质的，但从另一方面看它们又是防御性的，就是说防止社会主义的“细菌”扩散到西方世界去，它们是“钙化组织”。而且，在大仗打不起来的情况下，帝国主义利用这三个组织首先是向中间地带侵略，压迫和剥削中间地带的人民，特别是亚、非、拉那些落后国家的人民。现在的情况正是这样。

4、世界紧张局势对谁有利？苏共二十大后的反苏反共浪潮，匈牙利事件，还有英法出兵中东，美军登陆黎巴嫩，一时黑云压城城欲摧，局势非常紧张。这些都是帝国主义制造的，似乎都对我们不利。当然，不能说对我们一点不利都没有，但是，从实质上看而不是从表面上看，从事态的发展及其结果看，并非完全对我不利，而是对帝国主义也不利。你看，最近美军登陆黎巴嫩，结果引起所有阿拉伯人民和世界各国人民反对，大大激发了反帝热情，使各国人民特别是阿拉伯人民认识帝国主义是他们不共戴天的敌人，这不是对我们有利，对帝国主义不利吗？国际紧张局势有两重性，一方面给我们制造困难，另一方面又引起世界人民警觉起来，至少会使他们想一想这是为什么，会想到帝国主义尽干坏事，侵略成性，这就提高了觉悟，对帝国主义不利。我们反对国际紧张局势，争取和缓紧张局势，这是对的，但是也不要把紧张局势只看作有利于帝国主义，还要看到还有对帝国主义不利的一面。应当说，紧张局势，对我们有利有弊，对帝国主义也有利有弊，归根结底对它不利。所以，对于美军登陆黎巴嫩，我不希望他早点撤出，而希望他晚点撤出，甚至最好不撤（按：后来事实表明，在全世界人民包括美国人民的反对下，美军从黎巴嫩撤退了），待在那里当阿拉伯人民的反面教员。蒋介石是这样的反面教员，日本帝国主义也是这样的反面教员，现在美帝国主义也是这样的反面教员。当然，宣传上我们不说紧张局势对我有利，不说美军最好待在黎巴嫩，那样我们就成了好战分子了。

5、现在美国在世界各国有几百个军事基地，包括海陆空和后勤基地。这些基地是什么？我说是绞索，几百个基地就是几百个绞索。绞索是美国人自己套在自己脖子上的，绳子的另一端拿在各国人民手里。台湾是个老绞索，美国在那里驻扎海陆空军，这是套在美国人脖子上的索子，绞索的绳子拿在中国人手里。最近蒋介石又想让美国人把金门也包下来，美国也有人想包下来，但看来艾森豪威尔和杜勒斯还不想包。我看最好他们包下来，这样我们多了一个套在他们脖子上的绞索。我们想什么时候勒紧这绞索就使劲勒紧一点。炮打金门是我们自己决定的。外界盛传赫鲁晓夫7月底来华时中苏共同商定的，根本没有这回事。我们同赫鲁晓夫会谈，完全没有谈及炮打金门，谈过一句半句也算是谈了，但一句也没有谈，连半句也没有谈。所以炮打响了赫鲁晓夫大为恐慌，急忙派葛罗米柯来探听究竟。总理和我都跟他谈了，交了底了，赫鲁晓夫才放心，趁机给艾森豪威尔写了一封警告美军不要闯祸的信，貌似气壮如牛，其实是不要什么本钱也不承担什么责任的一纸声明而已。黎巴嫩是一个新绞索，是美国人自己钻进去的，结果让阿拉伯人民套住了。如果美国人不赶紧逃脱，迟早有一天会被阿拉伯人处以绞刑。美国也有些人稍为聪明一点，看出到处派兵不是好办法，提出所谓脱身政策，即从有些地方撤兵，不再背这些包袱了，不再让这些绞索套在自己脖子上了。曾经有从朝鲜脱身之说，但到现在为止只脱了半个身子，撤了一点兵，还有半个身子仍被套在朝鲜。现在又有从台湾脱身之说。脱身也可以，把所有美国海陆空军撤走就是。台湾是中国一部分，这涉及国家主权，绝对不能让步。其他方面让一点步也可以。比如说，解放台湾我们可以采取比较文明的办法，五年之内不使用武力；五年不行，七年也可以；七年不行，那就以十年为限，再也不能多了。这只讲台湾，这是我们可以作主的。至于美国在别的国家搞的军事基地，这些绞索由那些国家的人民决定如何执行绞刑。其实，美国赖在别国不走的时间越长，越对美国不利，这个道理，恐怕要再多几次教训美国人才能懂得。

6、民族主义对谁有利？现在全世界到处出现民族主义运动，这是第二次世界大战后国际形势的突出特点。现在世界有三大主义，一是社会主义，二是帝国主义，三是民族主义。民族主义夹在帝国主义和社会主义之间，帝国主义要进攻社会主义，要经过广阔的中间地带，首先要把中间地带压服，要把民族主义压服，把广大的中间地带（不仅亚非拉，还有西欧、北欧、南欧）的人民压服，使他们成为帝国主义阵营向社会主义阵营进攻的后备军。现在的情况正是帝国主义到处压迫民族主义，民族主义运动越发展，越对帝国主义不利，越对社会主义有利。社会主义国家应当把民族主义国家当作自己反帝事业与和平事业的同盟军。我国和印度共同倡导的和平共处五项原则，首先是我们同民族主义国家打交道的对外政策，也是我们对其他所有国家的外交政策。

7、美国对中国实行封锁禁运、不承认政策、不让恢复中国在联合国席位，应该怎么看。我看对这些问题应该有全面的、长远的眼光。美国的封锁、禁运，当然不是好事。这是由美国实行的，不是我们中国搞闭关锁国政策。现在我们对外贸易，同西方国家只能偷偷摸摸地做点小买卖，绝大部分贸易是同社会主义国家，这是不得已而为之，当然对我们建设速度有影响。但是，封锁、禁运也有两重性，一方面固然对我不利，另一方面又迫得我们非实行自力更生的方针不可，使我们要千方百计建立独立自主的经济体系，主要依靠我们自己的力量建设社会主义，同时也力争外援。美国不承认中国，似乎世界上并不存在一个拥有6亿人口和960万平方公里土地的中华人民共和国。西方有人叫这是鸵鸟政策，我看是瞎子政策。你不承认，于我无损，我国人民照样生活下去，而且会生活得一天比一天好。

其实，说心里话，我倒希望美国人晚一点承认中国比较好。因为现在我们的房子还没有打扫干净，旧社会遗留下来的残渣余孽不少，我们新社会还不够富强，最后到我们把房子打扫干净了，国家强盛起来了，到那时美国才承认我们比较好。恐怕到那时，问题已经不是美国承认不承认我们，而是我们接受不接受它的承认了。至于进不了联合国，也不见得是很不好的事。现在联合国受美国控制，居然干出让美国打着联合国的旗帜武装侵略朝鲜的事，我们还是不沾这个边为好。况且我们国内事情已经够忙了，要花很大精力、财力，先不忙到联合国去较为有利。现在我们是“和尚打伞，无法无天。”但我可以断言，如果五十年内不行，一百年内肯定联合国要请我们去，恢复我们的合法席位。

8、法国戴高乐上台好不好？法国大选的结果，戴高乐当选为总统，法国共产党等左翼党派受到挫折，这当然不好。但是从全局看问题，不仅在国际上而且在法国国内，戴高乐上台利大于弊。我是比较拥护戴高乐的。因为他上台有两大好处。他这个总统喜欢跟美国人和英国人闹别扭，闹独立性，在第二次大战中就如此，战后更是这样。法国是一个伟大的民族，要处处向美国人低头是不可能的。戴高乐就有强烈民族自尊心的气派。法国在二战中为德国法西斯铁蹄蹂躏，退到英伦三岛又寄人篱下，这种屈辱的日子现在一去不复返了。现在法国民族主义情绪高涨，高举民族自尊自强的旗帜最受欢迎。戴高乐正是凭借这点上台的，他对美国的独立性也是自然而然的。这种情况对整个国际形势有利。至于对内，法国人民现在还迷信戴高乐，他也确有值得人民爱戴之处，大多数还看不清他的资产阶级面目。他是法国资产阶级最杰出的代表，也是法国人民不可缺少而且大有裨益的教员。蒋介石曾经是中国人民最好的反面教员，是他逼得中国人民最终走上把他拉下台的革命道路。当然历史不会重复，中国和法国的国情不同，但辩证法的规律古今中外概莫能外。戴高乐或法国资产阶级其他代表人物都不可避免地要走向反面。

毛主席以上这些观点，主要根据8月27日晚在北戴河毛主席住处对陆定一、胡乔木、陈伯达和我谈话的记录整理的（同时也参照了他在8月底、9月初的多次讲话）。那天晚上，毛主席是从《人民日报》编辑部对国际问题要经常研究讲起，要求我们用马克思主义的方法分析错综复杂的现象，并广泛同别人和有关部门交换意见，形成比较符合实际的观点，遇到适当时机就借题发挥，以免临时抱佛脚，即兴随意发表感想式的议论。别的报纸也许可以这么办，《人民日报》绝不能这样。

毛主席特别对我说，上面说的这些道理，在8月17

日的会议上也简略谈过。那时你还没有到北戴河来。这几天炮打金门，前后又想了许多次，今天乘兴讲了一通。目的是交流意见，活跃思想。你们觉得不对的可以反驳，不要以为我讲的就是天经地义。这些道理，在北京同赫鲁晓夫会谈时，在大吵一顿之后，也平心静气地跟他谈过，似乎他也同意，至少他没有反驳。所以最后发表一个公报，其中说到双方就一些国际问题交换了看法，一致认为如何如何，没有把上述内容全部公开。因为有些看法在内部可以讲，公开不能讲。如果公开说紧张局势对我们有利，人家马上骂我们是战争贩子。如果我们公开讲不参加联合国，也会使那些支持恢复我在联合国席位的友好国家和友好人士为难。《人民日报》和新华社应在宣传上注意内外有别，讲究策略，不可大而化之。

（四）北戴河三箭齐发

北戴河会议是一次中央工作会议（有时毛主席也称之为中央政治局扩大会议），8 月 16 日—30 日举行。其实，从 7 月初起，中央各部门和一部分省委同志即先后到达北戴河讨论两大问题：一个是具体落实八大二次会议关于修改“二五”计划的决定，特别是 1958 年和 1959 年国民经济计划的各项指标；另一个是农村人民公社问题。前一个问题内容庞杂，包括有关财经贸的二十几个文件要在会议前由有关方面讨论和提出草案。后一个问题包括起草近十个文件，主要是关于人民公社的决议，也要事先征求各方面意见。

这两个议题已经很繁重，但会议期间又增加了一个更严峻的炮打金门问题，实际上是三箭齐发，不是两件大事，而是三件大事。毛主席后来在10月间派我和田家英去豫北调查时说，今年中国的大事不只是大跃进和人民公社这两件大事，还有一件大事是炮打金门。毛主席说，他在夏秋间很大一部分精力放在炮打金门上。因为这不仅是国内问题，而且更重要的是涉及中美关系的重大国际事件，不能不认真对待，反复考虑，慎重决策。

我事先已得到参加会议的通知，但因为没有被指定参加会议文件的具体起草工作，7月间没有去北戴河，甚至在会议开始后仍留在北京处理《人民日报》和新华社比较重要的未了事宜，主要是《人民日报苦战三年工作纲要》的修改定案、具体落实（这是武汉会议时毛主席指示要做的）和报、社两个单位的协作问题（这是中央书记处决定的要办的）。再加上胡乔木8月17日从北戴河给我打电话，说彭真同志和他都认为：《人民日报》和新华社要加强对农业高产“卫星”的宣传，放“卫星”的报道在第一版用红色标题刊出，造成敢想、敢说、敢做的气氛，大大破除迷信。乔木还说，自毛主席视察河北、河南等地后，这些地方纷纷建立人民公社，也要着重报道。我据此同两个单位的编委会讨论和布置加强宣传。于是，8月18日《人民日报》用“人民公社好”的大标题发表了河南信阳地区大办人民公社的新闻，报道中说，“在祖国全面大跃进鼓舞下，一个由社会主义迈向共产主义的伟大社会变革——建立人民公社运动，正在河南信阳地区蓬蓬勃勃地展开。”这种错误的宣传，助长了“大跃进”和人民公社运动中的“左”的偏向。

这样，直到中央办公厅8月20日夜通知我，毛主席要我立即到北戴河参加会议，我才在8月21日清早乘中办的交通班机飞北戴河。

我到达北戴河的当天，毛主席在全体会议上讲话。他开门见山，说中央决定今年钢产翻一番（达到1100万吨）有完不成的危险。他说，问题是我提出的，实现不了我要作检讨。有些同志不懂得，如果不完成1100万吨钢，是关系全国人民利益的大事，因此要拼命干。中央作出的决定，各部门、各地方一定要努力完成，否则要执行纪律。对搞分散主义的，一警告，二记过，三撤职留任，四撤职，五留党察看，六开除党籍。从今天起到年底还有19个星期，133天。我看中央，中央各部党组，各省省委，每星期抓一次，拼老命也得完成钢产翻一番。大跃进以来，我三四天中有一天不睡觉。毛主席又说，这个会议之前，从8月初起他到河北、河南、天津、山东考察，人民情绪很高，风格很高，共产主义风格大为发扬，有些地方办起了人民公社。人民公社有共产主义萌芽。办公共食堂，吃饭不要钱，就是共产主义。将来产品大大丰富了，道德非常高尚了，可以在吃、穿、住上实行共产主义。河南嵖岈山卫星公社试行简章要在《红旗》杂志上发表。各地不一定都照办，可以自己创造各种形式。总之要提倡共产主义风格，要破除资产阶级的法权制度。不要马上提倡废除工资制，但将来要取消。

毛主席在讲话中提出这两大问题，我感到形势很紧迫。虽然我会前早已知道钢产翻一番和人民公社已经中央常委肯定，但像毛主席今天讲的这样紧张，还是始料不及。

会后回到我与胡乔木同住的别墅，我对他说了我的印象。他说从会议开始就是这样，你新来初到，感到突然也不奇怪。他接着谈到毛主席8月17日和19日的谈话。他说毛主席在17日的预备会上提出：时间紧迫，会议只开两星期，搞完决议后大家赶快回去抓工作。“书记挂帅，全党全民办钢铁”。19日毛主席和中央常委同各协作区主任谈话时提出第一书记要亲自抓工业。主要是今年完成1100万吨钢，明年完成2700万吨钢。冤有头，债有主，一个省只能有一个头，就是第一书记。主席还说，各地现在纷纷组织公社，他的意见可以都称人民公社，一大二公，这仍然是社会主义性质。

乔木随即把主席这两次谈话的记录给我看，还要我看看会议简报和各个起草小组提出来的文件初稿，考虑会议公报的起草。

我看了这些文件，觉得现在起草会议公报为时尚早，因为许多文件还未经会议讨论，主席确定24日召开的各省工业书记会议还没有开，陈伯达主持起草的关于农村人民公社的决定还没有拿出修改稿来。于是我把我的意见告诉乔木，他也认为先不忙动笔。鉴于财经贸问题比较复杂，我也不熟悉，我在第二天到陈伯达主持讨论人民公社的小组去听听讨论中的各种意见。

过了一天，福建前线我军炮轰金门。当晚毛主席要我去参加中央常委会议，议论炮打金门问题。这以后，8月25日和27日毛主席接连召集会议，讨论炮打金门后的各方反应，并要我同北京新华总社密切联系，把台湾和国际上的反应随时传到北戴河来。这样我大部分时间就用在炮

打金门事件上去了。（详情见拙著《忆毛主席》一书中第六节《武仗与文仗》）

北戴河会议的正式议题，仍然是钢产翻一番和农村人民公社。炮打金门问题只在政治局常委小会中讨论，工作会议上没有讨论。8月24日，毛主席在全体会议上讲话，集中讲人民公社问题。他说，人民公社的特点是一大二公。他1955年在《中国农村的社会主义高潮》一书的几个按语中，就提出办大社好。今年成都会议作出了小社并大社的决定，要把许多小社合并为一个大公社。社大力量大。一个社包括二三万人，这样就可以搞农、林、牧、副、渔，工、农、兵、学、商。办公共食堂，吃饭不要钱的办法可以逐步实行，时间不定，明年可否实行，明年再看。穿衣是否也可以不要钱，时间也不确定，但不一定要等到第三个五年计划时才实行。这是我们在二十二年战争中搞供给制的传统，是军事共产主义，只在部队和机关中实行，农民中不实行。资产阶级法权有些要破，但不能完全废除。河北徐水县搞的军事化、战斗化、纪律化，这“三化”的口号，各地可提可不提，也不一定像军队那样搞团、营、连、排、班，叫大队、中队、小队也可以。这次会议搞的农村人民公社决议草案发下去后，每县搞一两个试点，不一定马上铺开，要有领导、有计划地去规划逐步实行。河南嵖岈山卫星公社的试行简章（已在会议上分发），各地可以参照实行，不一定全部照办。

毛主席还谈到钢产翻一番问题。他说，这个任务要努力完成。他前几天说的必须完成钢产翻一番的纪律，是搞神经战，无非要吓一下你们这些一把手，不要坐牢，大家不搞分散主义就好了。为了调动全国各方面的积极性，这次会议搞了许多文件，总的精神是“大权独揽，小权分散”，把许多权力下放了。有死又有活，钢产今年1100万吨、明年2700万吨是定死了的。没有“死”不行，但统得太“死”也不行，还要有活，一点不死也不行。“死”和“活”的斗争，集中和分散的斗争，一万年也有。

毛主席这次讲话，我感到形势更为紧张，当天晚上打电话给《人民日报》编辑部，传达这次讲话的精神。看来，编辑部的同志由于同样的情绪，在8月27日发表中央办公厅干部在山东寿张了解情况的来信，用的大标题是“人有多大胆，地有多大产”，并加编者按语，宣传了唯意志论的思想，错误地批判所谓“条件论”。我在北戴河看了这天的《人民日报》，只觉得过分了一点，并不认为根本不对头。倒是田家英同志遇到我时说这“大为不妥”，只是他没有提到理论高度来批评。当时大家都头脑发热，只是温度不等而已。少奇同志批评《人民日报》反“条件论”

的错误，那是三年后（1961 年）的事情了。

在这之后几天，全体会议上有十多位同志发言，主要是政治局委员和各大协作区主任。

少奇同志谈到，人民公社规模大小、建社快慢可由各地根据不同情况自行确定。要根据社员觉悟，酝酿成熟才成立，不要勉强，不要性急。否则，一口气建成，也可能一阵风吹掉。他认为公社即使实行全民所有制，也还不是共产主义，还是社会主义。他提共产主义的三个条件：一是社会产品极大增加，二是共产主义思想觉悟、道德品质极大提高，三是高等教育普及和提高。他说，这样就可以消除三大差别：工农差别、城乡差别和脑力劳动与体力劳动差别。也只有这样，才能消灭资产阶级法权，然后国家消亡。这是很长的历史过程。三个五年计划能否做到吃、穿、住不要钱，现在不能做决定。有的地方可以试验，但不能登报。

小平同志谈到，人民公社势在必行，但写成文件时要留有余地。总的看来办社速度可能很快，但要讲群众路线，周到一些，迟一年也不是什么了不起的问题。扎实一些总比粗糙好。他说，人民公社办起来了，还是社会主义性质，为向共产主义过渡作准备。他认为，公社建立初期，还有集体所有制成分，但一部分是全民所有制，以后逐步增加，最后全是全民所有制，这是逐步过渡的办法，这还不是共产主义。实行供给制不能太快。实行全民所有制太快，公社积累太多，会引起农民造反。

周总理和陈云同志主要是讲计划和体制问题。周总理还协助毛主席处理炮打金门及中美关系问题，并多次离开北戴河接待西哈努克。

毛主席在会议结束时（8月30日）讲话。他一上来就说，他一夜没有睡着觉，反复想这次会议讨论的问题。然后他一口气讲了六七个问题，议论风生，浮想联翩。

毛主席讲的第一个问题是人民公社。他说，人民公社这个事情是群众自发的，不是我们提倡的。由于我们提倡不断革命，破除迷信，敢想、敢说、敢做，群众就干起来了。我们在南宁会议没有料到，成都会议也没有料到，八大二次会议也没有料到。群众自发搞起来了。共产主义这个东西本来是群众自发的。有群众自发的因素，先有历史上那些共产主义因素，有空想社会主义，有古典辩证法，有古典唯物论，有古典经济学，然后由马克思、恩格斯总结成科学共产主义。我们的人民在农业合作社的基础上搞起人民公社，不是空想的，这是社会主义方向的大趋势。

他说，人民公社有两个特点，一为“大”，二为“公”。“大”这个东西可了不起，人多势众，人少办不到的事人多可以办到。河南人想搞全省平均2500户的大社，那就是搞万人公社。北方已出现万户的大社，个别的有几万户的大社。我看万人万户最好。当然也可以少于万人，也可以少于万户，也可以多于万户。人多社大，就可以农林牧副渔并举，工农商学兵并举。人多了，有些地方提出“组织军事化、行动纪律化、生活集体化”，我看这三个口号很好。过去称工人是产业军，现在农民也要成为产业军。

他说，“公”就是比合作社更加社会主义，可以把资本主义残余（比如自留地、自养牲口）逐步搞掉。办公共食堂、托儿所、缝纫组，全体妇女都解放了。实行工资制，一人一份。这就破除资产阶级法权、资产阶级等级制度、家长制。

他说，最近在很短时间内出现这个新问题，全国各地纷纷建立起人民公社。我们这个会议关于人民公社的决议一发表，嵖岈山卫星公社的章程〔按：嵖岈山卫星公社是全国第一个放小麦高产卫星（6月8日）的河南遂平县的一个农业生产合作社，陈伯达看中了这个社，在北戴河会议之前即帮助它草拟第一个人民公社章程，并亲自修改后送交毛主席。毛主席也作了修改，在北戴河会议后9月1日在《红旗》杂志第七期上发表〕在《红旗》一登载，很可能在几个月内，今秋到明春，全国农村都建立起人民公社。（按：毛主席这时的想法同24日讲的每县先搞一两个试点大不相同）当然，实行粮食供给制、工资制，还要有个过程，明年还要苦战一年，有些地方也许要苦战三年，有些地方还要五年或者更多一些时间。

他还说，农村人民公社决议案上有些话是否妥当，请大家再考虑考虑。比如说，全国各省，快的两三年，慢的四五年，或者更多一点的时间，由从前合作社的集体所有制过渡到全民所有制，就是说跟工厂差不多，这样说是否妥当，要研究研究。

毛主席这些关于人民公社的特点和发展速度的看法，显然是不符合马克思主义的，但是，后来实际情况的发展，还超出了毛主席的意料。

毛主席讲的第二个问题，是粮食问题。他在讲到人民公社住宅问题时提出减少耕地面积、实行耕地三三制（即耕地三分之一种粮食、三分之一种树、其余三分之一休耕），着重谈了粮食问题。

他在8月初视察河北省徐水县时曾说过粮食多了怎么办，相信这个县的县委报告粮食高产卫星，现在仍然不疑。他说，过去河北小麦亩产一般为一百几十斤，南方水稻亩产一般有二百几十斤。现在，假如亩产就像那些什么卫星、什么亩产五千斤、什么亩产一万斤，还要那么多耕地干什么？现在全国平均每人三亩耕地，至少可以改为一亩种粮、一亩种树、一亩休耕。我是这样想的，也许不行。现在要作规划，后年开始实行。他说，今年粮食产量一说6000亿斤，一说7000亿斤，一说8000亿斤。去年（1957年）粮食产量为3700亿斤，今年看来6000亿斤不止，至少可能是7000亿斤，还可能是7000多亿斤。明年翻一番，不就是15000亿斤吗？明年计划可以定这个指标。

毛主席谈的第三个问题是今年全国就翻一番。他说，今年钢产翻一番首先是我提出的。那是6月19日出的题目。南宁会议以后，今年钢产指标一直看涨，开始是600万吨（去年是535万吨），第二本账是700万吨，后来又增加到800万吨，900万吨。我说，你索性翻一番吧，搞一千多万吨，那么拖拖拉拉干什么？王鹤寿同志说行。我又问那天所有在场的人，都说是今年有希望。从我8月21日讲全党全民办钢铁起，到今天又过了十天。那天我说今年还有十九个星期，要每周抓一次，抓十九次。现在已没有十九个星期了。相当危险，同志们。我们在这里开会就是紧急动员。能不能翻一番，我总是怀疑。我是观潮派，也是算账派。研究搞得到搞不到，我总是十五个吊桶，七上八下。如果搞不到，那么，一是我的工作没有抓紧，二就是这个题目出错了，不应该提出1100万吨这个数目。这个1100万吨，总要拿到手才算数。现在时间紧迫，看来首先是我抓迟了，不是8月而是7月，最好是6月抓起来就好了。6月中我只出了题目，没有抓措施。请同志们努力奋斗，套用孙中山先生一句话：钢铁尚未成功，同志仍需努力。（这时全场大笑）

他还说，我前几天说的六条纪律，是搞神经战，是精神上的惩罚。惩罚这种事，在我们工作中的位置只能是一个指头，其余九个指头还是靠开会，靠说服，靠政治，靠马克思主义，把事情调查清楚，把道理讲清楚，把方针、政策研究清楚，提出问题，解决问题。老靠惩罚会把事情搞坏的，而且惩罚必须合乎情况，不能冤枉人。惩罚只能作为最后手段，也只能对少数人，也不搞坐班房。对大多数人还是靠说服。

他又说，至于明年，钢产争取达到3000万吨，后年再增加1000万吨，就是苦战三年，为达到5000万吨打下基础。第二个五年计划后两年，看能搞到多少？一说可以搞到8000万吨，一说可以搞到10000万吨。那不是接近美国了吗？现在是谁也不晓得我们这个国家需要多少钢。现在全国人口有7亿，搞7亿吨钢怎样？粮食就不要这样多，可减少一半，35000亿斤。明年先搞15000亿斤。要多搞细粮，不要都是苞谷、番薯。

毛主席接着谈的第四个问题向共产主义过渡问题。他说，搞共产主义第一个条件是产品要多，第二个条件是精神要好，就是要有共产主义精神。他接着大讲要破除资产阶级法权。他说，我们党过了二十二年军事共产主义生活，搞供给制；1953 年起才搞工资制。现在有人把工资制说得那么好，把过去的供给制说成是“游击主义”、“落后办法”，不能促进积极性。怎么不能呢？二万五千里长征是靠发工资吗？七年土地革命战争，八年抗日战争、三年半解放战争，都不是靠发薪水取得胜利的。靠的是路线正确，官兵一致、军民一致、拥政爱民，是在党的一元化领导下取得的。那时根本没有什么“花”（按：指实行军衔制后肩章上的标志级别的“星”），一个“花”都没有，可是把日本人打走了，把蒋介石打垮了。在朝鲜打美国人的时候还没有“花”。自从兴起将、校、尉，搞几个“花”，还没有打过仗。发工资以来倒是缺点不少，什么衣分三色，食分五等，坐椅子、办公桌都分等级，这就脱离群众。

他接着大讲打掉官气和破除资产阶级法权。他说，现在当官的有一千多万人，有党官、政官、军官、学官、商官、工官。官这么多，就出官僚主义。官气多了，政治少了。去年以来，一整风，把官僚主义整了一下，打击了官气。今年中央军委开会，决定把军衔取消，没有什么“花”

了。不要怕人家说我们“农村作风”、“游击习气”。我们就是要破除资产阶级的思想作风和法权制度。我提议：所有干部除年老、有病的外，只要能劳动的，统统下去参加劳动，每年至少一个月；所有军长、师长、团长、营长、连长、排长，统统下连队到班里去当兵，每年至少一个月。

他又说，关于人民公社的决议中，谈到第三个五年计划（1963—1967年）就向共产主义过渡，我看还是说活些好。我加了“第四个”三个字，即第三个、第四个五年计划向共产主义过渡，不然太短了。（这时少奇同志插话说，第三个五年计划开始过渡。毛主席说，加个“开始”还可以。）

毛主席谈的第五个问题是抓工业问题。他说，这次会议讨论的问题工农商学兵都有，但重点是工业。我们全党要认真办工业，各级第一书记要亲自抓工业。从这次会议起，多少年内，全党工作重心要偏到工业上。我这个人过去偏向农业，不偏向农业不行，几亿人民要吃饭。现在农业比较上轨道了，而工业还没有完全上轨道，所以要偏向工业。

他又说，明年是决战的一年，主要也是指工业。抓工业首先要抓钢铁和机械，发展了这两个行业，其他行业都好办。这是工业两个元帅，加上粮食这个元帅，这三个元帅升帐了，什么都好办了。各省第一书记，一定要把钢铁抓紧，抓而不紧等于不抓。今年要完成1100万吨钢，少一吨也不行；明年要完成2500万吨，一吨也不能少。我们的口号是：各级办工业，全党办工业，全民办工业。

毛主席最后讲到除四害。他说，老鼠、苍蝇、蚊子、麻雀（按：后来根据科学家的建议，麻雀是益鸟，把它排除“四害”之外）这四害一定要除掉。最近似乎大家不大注意，开完会后希望大家回去抓一抓。今冬明春抓三个节日：国庆节、元旦、春节，大搞除四害，讲卫生。这是《农业发展纲要》规定的。有些地方把蟑螂、血吸虫、臭虫等也列为除害的对象，统统把有害人民群众健康的东西除得越多越好。这是人类一件大事。

毛主席结束讲话前要大家明天（8月31日）再留一天，把会议搞出的37个文件再一次斟酌定稿，并宣布下一次中央工作会议11月召开。

当天下午，胡乔木和我修改会议公报时，接到薄一波从毛主席处打来电话，说毛主席和生产钢铁有关的几位同志商量后，同意在会议公报中写上今年钢产翻一番。我们有些踌躇，但又觉得既然已经毛主席同意，还是写上了。我们感到，钢产翻一番，看来十分吃力，1月到7月底才生产380万吨，还差700万吨，只有四个月的时间，非公开动员全国人民大办钢铁不可。会议公报写上奋斗目标，可以起公开动员作用。我同乔木下午赶忙修改公报并决定《人民日报》写社论，动员全党全民大办钢铁。我随即赶写社论，连同公报于当夜分送毛主席和刘、周、邓，他们很快审定退回。第二天早上，胡乔木和我即乘火车回京，公报和社论9月1日在《人民日报》上发表。社论的题目是《立即行动起来，完成把钢产量翻一番的伟大任务》。

（五）一虚两实的大施展

北戴河会议是“三面红旗”在全国展开的总动员，一场史无前例的如醉如狂的群情奋发遍于中华大地，历史上没有哪个国家曾经动员群众达到如此巨大的规模，并造成了如此巨大的变化和破坏。

三面红旗是一虚两实。总路线是“虚”，鼓足干劲、力争上游、多快好省，核心是多、快。“两实”就是“大跃进”和人民公社化，这两者从1958年上半年开始，实际上延续与扩展达三年之久。

1958年上半年，“大跃进”从农业开始，大放高产“卫星”已见前述，同时还有“小社并大社”，这是农业生产合作社上升为人民公社的第一步。成都会议对此加以肯定，其后即到处推广。

1958年下半年，北戴河会议后，以“全民大办钢铁”为标志的工业大跃进，使农业大跃进大为逊色，农业服从于“以钢为纲”。

从《人民日报》上反映的情况来看，由于北戴河会议上毛主席讲了六条戒律，各省和中央各部的第一把手都发誓：“拼老命”也要实现钢产翻一番。《人民日报》从9月1日发表总动员的社论后，接连在9月5日、18日、23日、24日、25日，10月1日、4日、13日、17日、23日，11月3日、17日、25日发表了十多篇社论，为钢产翻一番鼓劲。因为北戴河会议决定1958年钢产达到1070万吨时，距年终只有4个月，来日无多，时不待我，只能快马加鞭。这些社论的核心思想就是用大搞群众运动的办法（称之为“全民炼钢”）来实现钢产翻一番。我这时正是这样来理解北戴河会议精神的，当时我已接替邓拓[1]同志主管《人民日报》的社论工作。不仅有“大跃进”和人民公社问题，而且还有当时正是热点的炮打金门问题，评论都是由我主持撰写的。

与此同时，国家经委和冶金部还不断召开内部电话会议，督促钢铁、煤炭的生产进度。9月25日富春同志视

① 邓拓，时任《人民日报》社长

察鞍钢时勉励正为年产钢450万吨苦干的职工时说：谁有更多的共产主义思想，谁就会创造奇迹。10月30日一波同志发表谈话，讲全民炼钢的十大好处。

在此情况下，神州大地上就掀起了如火如荼的大办钢铁运动。高峰时全国有7000万人在山上挖铁矿石和煤炭，平地办起上百万个小高炉、土高炉、小煤窑，甚至城市也大搞“后院炼钢”，在机关、学校、部队都收集废铁炼“钢”，这些“小、土、群”日夜苦战，共生产了300多万吨“铁”，后来证明绝大部分都是不能炼钢的“烧结铁”。

这期间，《人民日报》和新华社大放钢铁卫星和煤炭卫星，《人民日报》第一版、第二版几乎全是钢铁、机械、煤炭工业新闻，农业新闻放到第三版去了（按：这是毛主席在北戴河会议期间向我和胡乔木指示特别安排的——详情见拙著《忆毛主席》）。报纸上评论、新闻、标题和版面安排是鼓劲、鼓劲、再鼓劲，读者从报纸上可以感到温度和压力直线上升，全面紧张，全国紧张。整个9月份和10月份都是如此。

《人民日报》在9月22日报道河北武安县铁产已破千吨时，还号召“创造一个又一个生铁千吨县、万吨省，向国庆献礼”。可是隔了两天，就发表河南商城日产生铁6000吨的新纪录。到了国庆节，全国月产生铁千吨的已有73个县，月产万吨生铁的已有9个省。后来，报上宣传更到了“天方夜谭”的地步，10月20日，广西鹿寨县日产生铁20万吨（后来广西自治区党委特意来电说明此报道未经党委同意，显然是弄虚作假了）。从9月到11月，报纸上第一版发表的钢铁、煤炭高产“卫星”达31个。10月下旬我从北京到新乡，又从郑州到武汉，沿路简直是千里火龙，千军万马，场面壮观，感人至深，未曾想到后来的发展竟然到大破坏！

“全民办钢铁”成了龙头，接着就在全国出现了许多令人眼花缭乱的“全民”、“大办”。一时间“全民办小煤窑”、“全民办铁路”、“全民办铜”、“全民办铝”、“全民办统计”、“全民办大学”、“全民办科学”、“全民学哲学”、“全民办体育”、“全民办文艺”、“人人当诗人”等等，总计不下五六十项，“全民办”的口号飞遍全国，使许多人既振奋又惶惑，贻害极大。

另一“实”人民公社化运动，是北戴河政治局扩大会议做出决议的。这是会议之前毛主席8月上半月接连视察河北徐水、河南新乡、山东时提倡“人民公社好”的必然结果。这个决议在8月29日通过的，但到9月10日才发表。个中因由，是毛主席考虑再加修改，主要是对决议的第五节亲自动手增加了一大段文字，即第五节第二段：“人民公社建成以后，不要忙于改集体所有制为全民所有制，在目前还是以采取集体所有制为好……由集体所有制向全民所有制过渡，是一个过程，有些地方可能较快，三四年就可以完成，有些地方可能较慢，需要五六年或者更长一些的时间。”他明确写明那时的全民所有制还是社会主义性质，还是各尽所能，按劳取酬。他还提出了从社会主义过渡到共产主义的必须具备的五个条件，即1、社会产品极大地丰富了；2、全体人民的共产主义的思想觉悟和道德品质都极大地提高了；3、全民教育普及并提高了；4、社会主义时期还不得不保存的旧社会遗留下来的三大差别（工农差别、城乡差别、脑力劳动和体力劳动的差别）都逐步地消失了，以及反映这些差别的不平等的资产阶级法权的残余也逐步地消失了；5、国家职能只是为了对付外部敌人的侵略，对内已经不起作用了。毛主席写道：“在这种时候，我国社会就将进入各尽所能、各取所需的共产主义时代。”

从这里可以看到，毛主席在这里提出了两个过渡问题。一个是从集体所有制向全民所有制过渡的问题，显然是过早了，并且在过渡时间上提的也过快，在“五六年”之后的“或者更长一些的时间”是他最后修改时加上的。他后来（在1960年11月在一个批语上）承认在这个问题上犯了错误。至于另一个过渡，从社会主义到共产主义的过渡，他提出必须具备五个条件，是有远见的。他后来再三重申这五个条件，不具备这些条件绝不能过渡到共产主义社会。但是向共产主义过渡问题既已提出，后来在不少同志看来，“敢想、敢说、敢干”，竟把“提前进入共产主义”当作当前的行动口号。

北戴河会议后，人民公社化运动向全国铺开。本来在北戴河时，《人民日报》在头版头条发表河南全省公社化的新闻，我就听到各省第一书记议论纷纷，向我探听虚实。随后他们纷纷紧急打电话回本省，督促快搞人民公社，先搭起架子来再说。这样，到了9月底，全国就有12个省、市、自治区100%农业合作社（多数是初级社或刚转成的高级社）社员加入了人民公社，有10个省、自治区85%的社员加入了人民公社，还有4个省、区即将基本实现公社化。只有云南于10月底才基本实现公社化。

毛主席说，人民公社的特点是一大二公。关于“大”，北戴河会议后新建立的人民公社规模普遍偏大。全国平均一个公社合并28.5个农业生产合作社，河南等省到9月底已有94个县建立了县公社或县联社。毛主席曾称赞徐水县人民公社，要中央农村工作部帮助这个县公社办好。

至于“公”，这是人民公社的核心。当时农民群众说，

“公社公社，只有公才有社”。“公”的内容很多。北戴河会议决议中第一条就提倡“打破社界、乡界、县界的大协作，组织军事化，行动战斗化，生活集体化”，认为这是“农民共产主义觉悟”的提高；提倡大办集体福利，开列了“公共食堂、幼儿园、托儿所、缝衣组、理发室、公共浴堂、幸福院、农业中学、红专学校等等”项。这就导致后来农村人民公社普遍实行许多“包”，即实行供给制，“衣、食、住、行”、“生、老、病、死”，完全由公社“包”起来，有的“七包”、“八包”，甚至有“十几包”的，当时都被称为“共产主义的萌芽”。它们根源于人民公社的“公”，也同当时“大办钢铁”有关。那一年从9月到12月，农村中几乎所有青壮年男女都上山挖矿炼铁去了，入冬又大办水利建设，整个秋冬季没有空闲，可以说是“全民总动员”，因而首先是公共食堂、托儿所、养老院应运而生，其他所谓生活集体化的举措也纷纷出台。“包”得越多越好成为时尚，有的甚至竟然实行荒唐的男女老少分开集体住宿。当时最响亮的口号是“吃饭不要钱”，这是贫苦农民千百年来梦寐以求的，如今实现了，由此引发一系列的“不要钱”。

由中央农村工作部一位副部长负责“办试验田”的河北徐水县公社，竟然变成“共产主义试验”。按照制定的

“试行草案”,各级党政机关以及工商企业都取消工资制，农村社员也取消按劳分配的工分制，全县所有人都实行供给制，举凡吃饭、穿衣、住房、鞋袜、毛巾、肥皂、灯油、火柴、冬季烤火、燃料、洗澡、理发、看电影、医疗、丧葬，都由公社包起来，一共十五项之多。

如果说“共产风”起于嵖岈山青萍之末，到了徐水试行“共产主义”可以说是泰山之巅。至于山东范县[①]提出“两年过渡到共产主义”，那简直是“空中楼阁”了。

（六）所谓“破除资产阶级法权”

从理论上说，“共产风”是所谓“破除资产阶级法权”论在实践中的表现。

北戴河会议开始，毛主席从打掉官气讲到生产关系中人与人在生产过程中的关系，讲到分配关系（分配制度），从理论上提出破除资产阶级法权。起初只是批评争地位、争级别等资产阶级法权思想的残余，继之即直截了当地提出资产阶级法权要破除，这在 8 月 21 日的讲话中，明显地表现毛主席把资产阶级法权作为社会主义社会中还存在着应当加以破除的一种社会制度，而不仅是“思想残余”。

① 山东范县，1952 年属于山东省，1964 年划归河南省。

他把等级制、工资制以至按劳分配都看作是资产阶级法权。虽然他说到有些资产阶级法权还要保留（如上下级的领导与被领导的关系），但他着重点是破除资产阶级法权，并且同人民公社的特点“公”联系起来，说人民公社的建立使我们走上了开始破除尚存留的资产阶级法权的道路（毛主席最后修改关于人民公社的决议时用词为“资产阶级法权残余”）。毛主席在8月24日、30日讲话中都谈到这个问题，并赞扬上海市委第一书记柯庆施同志提倡的“吃饭不要钱”。从此，不但“吃饭不要钱”传遍全国农村，而且“破除资产阶级法权”也传遍全国，尤其是在思想理论界引起了震动。

北戴河会议后不久，上海市委机关刊物《解放》杂志在9月15日发表了张春桥[①]根据柯庆施授意撰写的《破除资产阶级的法权思想》一文。当时北京理论界对此文议论纷纷。《人民日报》恰在9月中旬成立了理论部，以加强理论宣传。这个理论部获悉首都理论界对张文意见不一，因而召开了座谈会。会上发言的理论人士纷纷指出张文有很大缺点。尤其不赞成该文指责工资制弊端甚大，是“钞票挂帅”，而赞扬供给制是“共产主义性质”的分配制度。发言的同志认为张文提出“彻底破除资产阶级法权思想”

① 张春桥，时任中共上海市委宣传部副部长。

是理论上重大错误，混淆了社会主义和共产主义的差别，会导致在当今社会主义阶段实行共产主义的政策。有鉴于此，《人民日报》迟迟没有转载张春桥这篇文章。

国庆节后，10月初，毛主席把张春桥的文章批交给我在《人民日报》上转载，并写了一个编者按语。我预先知道理论界对张文有争议，感到按语对其过分肯定。于是我同报社刚成立不久的理论部同志商议，他们也觉得资产阶级法权问题是学术界当前议论焦点之一，发表此文引起学术争鸣是可以的，但编者按语不宜对此文过于肯定，要留有各方面发表不同意见的讨论余地。根据商议的意见，我写了一封信给毛主席，说明目前理论界对张文有不同意见，发表此文以展开学术讨论有好处。我在信中大致说了上述对张文的不同意见，请主席考虑编者按语可否说得活一些，以便在报纸上展开讨论。毛主席在10月11日给我复信，并将按语略加修改。毛主席的信是这样写的：

冷西同志：

信收到，既然有那么多意见，发表时，序言应略为改一点文字，如下：

《人民日报》编者按：张春桥同志此文，见之于上海《解放》半月刊第六期，现转载于此，以供同志们讨论。

这个问题需要讨论，因为它是当前一个重要的问题。我们认为张文基本上是正确的，但有一些片面性，就是说，对历史过程解释得不完全。但他鲜明地提出了这个问题，引人注意。文章又通俗易懂，很好读。

请你看后，加以斟酌。如有不妥，告我再改。再则，请你拿此给陈伯达同志一阅，问他意见如何，并将你们讨论的详情给他谈一下。

毛泽东

十月十一日上午十时

我收到此信后，感到编者按语虽然基本肯定张文，但已指出其有片面性，留了讨论的余地，可以转载了。我同理论部的同志商量，又约陈伯达谈此事。陈当时认为张文是正确的，其中观点基本上是毛主席在北戴河会议上的谈过的，可以转载，也可以讨论，在报上发表不同意见，将来再写一篇带总结性的文章。他也在研究这个问题，对编者按语没有意见。之后，我把报社同志和陈伯达的意见都告诉林克同志（他当时是毛主席办公室的秘书，是经我推荐从新华社调去的，毛主席当时需要一位英文教员，最好也懂得一些国际问题。林克正合乎这个要求），并说明《人民日报》即将转载，请他报告毛主席。这样，《人民日报》

在10月13日转载张春桥的《破除资产阶级的法权思想》一文并刊发编者按语。

第二天，10月14日，《人民日报》在理论版发表了一篇不同意张春桥观点的文章，题目是《工资制在解放后势在必行》，主要答复张文中否定工资制的进步意义的观点。这是我同理论部同志预先计划安排的，为的是要表明《人民日报》认为张文是可以讨论的。在这以后，《人民日报》陆续发表支持和反对张文的文章，有长有短，两方旗鼓相当，但总的倾向是依据编者按语进行，即大前提是赞成破除资产阶级法权，意见分歧在于什么是资产阶级法权（按：当时和“文革”中一直沿用这个名称，也有说“资产阶级式的法权”，还有说“资产阶级法权的残余”，“文革”结束后才改译为“资产阶级权利”），破除什么和保留什么，如何破除，也涉及如何看待“按劳付酬”的分配原则，以至国家的职能和法制。由于指导思想是破除资产阶级法权，因而发表的文章大多数支持张文观点，而且有些比张文观点更加片面、偏激，越讨论下去越增加思想混乱，越助长“共产风”。

整个讨论，从1958年10月至1959年4月。这中间毛主席曾多次过问此事：

第一次是11月郑州会议时毛主席在讲话中说到：资

产阶级法权要破，一部分要保留。他在同我和田家英谈话时还说到《人民日报》关于资产阶级法权的讨论，他提出，不同意张文片面性的意见还可以多发表一点文章。

第二次是紧接其后的武昌会议上，毛主席在明确讲到“要划两条线”（按：指在集体所有制和全民所有制之间和在社会主义和共产主义之间要严加区别，不能冒冒失失往前闯、急于过渡）时，更多地强调资产阶级法权不能乱破。会议期间，他找我和胡乔木、田家英谈话时，又说到张春桥文章的片面性在于过分强调破除一面，没有讲到要保留一面，对从供给制改为工资制没有说明历史条件的变化，有必要也有可能实行工资制，不单纯是让步的问题。他问我《人民日报》关于这个问题的讨论怎样。我扼要地汇报反应不怎么好，赞成张文的意见讲不出多少道理，读者来信中有表示不服的。毛主席说，他过去一直主张打掉官气、官兵一致，反对等级森严、不以平等态度待人、脱离群众、争等级、争待遇等资产阶级以至封建主义的思想作风。北戴河会议上提出破除资产阶级法权是由此而来的。张文本来就有片面性，你们发表支持张文的文章片面性更大，应设法使讨论引上正道。两方面的文章都应摆事实、讲道理，要以理服人，不能以势压人。编辑部应当准备写篇总结讨论的文章，说得尽可能全面些，以补讨论的不足，但又不要给人以“定论”的印象。一时写不出来，也不要勉强，等一个时候再说。他要乔木将这些意见告诉小平同志，由小平同志主持讨论写总结性的文章。

在这以后，小平同志在1959年2月间主持书记处会议，陈伯达和张春桥、康生、陆定一都参加了。乔木同志传达了毛主席的意见，我谈了《人民日报》讨论的情况。会上陆定一和胡乔木强调不能笼统地提出破除资产阶级法权，在整个社会主义时期，对这个问题要十分慎重，否则会动摇按劳分配的原则并且会削弱民主集中制和国家政权的职能。陈伯达和康生认为张文基本观点是对的，其片面性可以弥补，但仍应明白提出破除资产阶级法权。陈伯达因在郑州会议上主张取消商品交换而实行产品调拨和称赞山东寿张县“提前进入共产主义”而受到毛主席批评，这时发言比较过去完全肯定张文的态度有些改变。张春桥抓住《人民日报》发表的不同意他观点的某些文章的另一方面的片面性，大加指责。小平同志最后发言时说，总结性文章应当着手准备，要张春桥和《人民日报》搞理论的同志（后来我指定为理论部主任林韦同志）共同起草，拿出初稿供书记处讨论。在这以后，张、林两人一起住在北京饭店，因两人意见不同，边起草边争论，直到3月中还拿不出一个稿子来。我向小平同志报告，小平同志主张思想酝酿不成熟，可暂时搁置一下，过些时候再写。他要我在上海会议见到毛主席时报告请示。

上海会议（1959年3月底到4月初）时，毛主席在会上讲话中谈到要坚持“吃饭不要钱”，同时又说要想办法“适合于按劳分配的原则”。我趁便在一次常委的小会上向毛主席扼要报告书记处讨论的情况，并请示可否暂时不写总结性文章。毛主席当时表示可以考虑。会后我随周总理、小平同志等从上海到杭州讨论将向全国人大常委会提出的政府工作报告定稿。在一次小会上小平同志向主席提出，书记处倾向于暂不写总结性文章。他说，四个大秀才（指陆、胡、陈、康）对张春桥一文意见不同，2比2，看来暂时可以不写总结性文章，也写不出来，以后看看再说。毛主席表示同意。

关于破除资产阶级法权问题的讨论，至此告一段落，平息下来了。

第五章　艰难的纠“左”

1958年国庆节，《人民日报》发表了毛主席巡视大江南北的新闻。这是毛主席自己写的，字里行间，表达了他对“丰盛的农业”、大搞钢铁生产的“人流”，兴高采烈。新闻稿的形式，是他对新华社记者发表谈话。毛主席把这篇新闻稿交给我时，一面称赞农业大丰收、大办钢铁的群众运动和各地纷纷建立人民公社，一面又说他在巡视大江南北中发现许多新问题。当时他没有细说那些问题。后来的情况才逐渐表明他发现和思索的问题是什么。

（一）打开纠“左”理论之门

国庆节过后，10月26日，毛主席找我和田家英同志谈话，要我们两人各带一个调查组去河南的修武县和新乡的七里营人民公社，了解这两个地方现在的情况，然后在11月5日在新乡搭上他坐的专列，到郑州开一个小会。他说，他在北戴河会议上说过人民公社的特点是“一大二公”。现在看来似乎许多地方认为越大越好，越公越好。究竟情况怎样，要我们下去调查，回来向他汇报。

毛主席在北戴河会议前去过七里营公社，在会议上也谈到修武成立了县公社。他还说他已另派陈伯达和张春桥去河南遂平嵖岈山卫星公社调查。他在北戴河会议后即要中央农村工作部帮助河北省徐水县办人民公社。我和田家英10月27日晚即离京赴新乡和修武调查。（详情见拙著《忆毛主席》一书）

11月5日，我们完成对修武和七里营的调查后回到新乡，乘上毛主席的专列去郑州。在到达郑州后的当天晚上（11月5日晚上），我和田家英在专列上向毛主席汇报调查的主要情况。我主要谈了修武成立县公社后县委书记集中考虑两个问题：修武一县一社，政社合一，从县到基层生产组织，不仅政令统一，而且经济上也打成一片，统收统支，是否可以叫做全民所有制。如果是全民所有制，县委书记有两个顾虑，一个是在丰收年景，国家是否可以收购除自给以外的全部农产品，并供应全县所需的工业产品；另一个是在灾年，国家是否可以供应全县所需要的全部农用机械、燃料、材料、化肥、农药等生产资料和日用工业品，并且保证全县人民的口粮供应。田家英主要汇报七里营公社实行的供给制，社员不分男女老幼，由公社统一供给的有十六项（称“十六包”）之多，其中包括在公共食堂吃饭不要钱，一人每年发12尺布、2斤棉花、两双鞋，医药费、学费、婚丧费、产妇补助费以至看戏、看电影，都由公社统一“包”了，但标准都比较低，类似我们在革命战争年代在军队和党政机关中实行的供给制。毛主席边听、边问、边议论。（详见拙著《忆毛主席》）

11月2日到10日毛主席主持召开郑州会议。开始是在毛主席专列餐厅里召开，有几位省委书记参加。从11月6日起，郑州会议在郑州河南省委第二招待所继续进行。参加的有刘少奇、邓小平、李井泉、谭震林、陶铸、杨尚昆和几位省委书记等（周总理留守北京，同陈毅、彭真等处理炮打金门事件未了的问题和外交问题，没有与会）。这次会议通称第一次郑州会议，为随后在武昌召开的中央工作会议和八届六中全会作准备，起草两个文件，一个是《关于人民公社若干问题的决定》，一个是《十五年建设纲要（1958——1972年）》。

毛主席在11月6日的会上讲话，他在听了几位同志对上述两个文件初稿的意见后提出两个问题：

第一个问题是《十五年建设纲要》还未细看，只想到现在以只提十五年赶超英国为好，不宜提赶超美国。我们条件不具备，让苏联去赶超美国好了。

第二个问题是农村人民公社，各地可以从一乡一社逐渐搞到一区一社以至一县一社。但即使像修武那样一县一社，还不能说是全民所有制，只能是大集体所有制，或者叫小全民所有制也可以。但要明确国家同这样的县社还是实行等价交换，不能搞产品调拨。不要把集体所有制同全民所有制混淆起来，修武不是鞍钢。

当天夜里，毛主席看到了中宣部编印《宣教动态》上《山东范县提出1960年过渡到共产主义》的材料，认为“很有意思，是一首诗，似乎也是可行的。时间似太仓促，只三年，也不要紧，三年完不成，顺延可也。”他把这个材料批给陈伯达和张春桥、李友九（当时任《红旗》杂志的常任编辑），要他们前去看看。

11月7日下午，毛主席在会上讲话时再次谈到农村人民公社。他一方面仍然认为人民公社是实现从集体所有制过渡到全民所有制和从社会主义过渡到共产主义的“最好形式”（这是北戴河会议决议中的提法），但另一方面又明白指出，人民公社现在是集体所有制，不能搞调拨，不能取消商品交换，价值法则仍然起作用。他还指出，大跃进中有些地方大放“卫星”不实在，要反对浮夸，要实事求是，不要虚报。

毛主席在8日的会议上又进一步发挥他的意见。

他首先提出，北戴河会议决定人民公社从集体所有制过渡到全民所有制的时间是否太短了。决定中说三四年或五六年甚至更长一些时间可以过渡，是他最后修改时加上去的。他说，当时怕太快。在那以后，我有时感到这样规定还可以，有时又感到还是太快。现在看来，这个修改还是太快了。现在许多干部（他说不是所有干部）都想早些过渡。范县县委书记提出“三年过渡到共产主义”，徐水县委书记虽然没有这样“敢想敢干”，但也提出“1960年建成社会主义，1963年建成共产主义”，就是说要苦战两个三年搞成共产主义。可见人们害急性病到什么程度。他说，现在范县书记忘乎所以，修武书记发愁，我是站在修武书记一边的。你们怎样？

毛主席说到这里又讲历史。他说，我国历史上有两个皇帝搞无偿调拨劳动力最厉害，一个是秦始皇征伕筑长城，另一个是隋炀帝征伕开运河。这两个朝代都不能持久，很快就灭亡了。可见无偿调拨不能长久。武王伐纣是成功的，可以说是全民军事化，是官（纣王）逼民反，是不得已而为之，但时间很短。我们大办钢铁据说动员了7000万人上山采矿，这样大跃进会走向反面。现在搞全民所有制，就是搞调拨，不搞商品交换。现在这样想的人很多，甚至我们的理论家也有这样的主张。

毛主席说，我不是凭空说的，我这次抓到了证据。这就是陈伯达起草的人民公社决议草案。通篇稿子讳言商品，讳言商品交换，但到处讲产品调拨，这不是把人民公社等同于鞍钢吗？我们这些马克思主义理论家的马克思主义哪里去了？我看吴芝圃（按：当时任河南省委第一书记）不要跟陈伯达搞在一起。他的“马克思主义太多了”。

据我所知，人民公社决议草案是陈伯达主持起草的，他同张春桥从遂平卫星公社调查回来就在郑州写出一个稿子（实际上在毛主席到达之前，郑州会议在11月2日就在小平同志主持下开始工作了）。我和田家英随毛主席到达郑州（11月5日）后看了这个稿子，曾向陈伯达提过意见（主要是修武县委书记提出来的两个问题）。胡乔木同志也表示可考虑修改。但陈伯达固执己见，向我们宣传遂平和寿张（都是要提前进入共产主义的）的经验，在毛主席批示他和张春桥去范县看看之后，似乎更有恃无恐，根本没有料到当天受到毛主席这样尖锐的批评，范县之行也作罢了。

毛主席接着说，究竟几时可以过渡到共产主义呢？北戴河决议提出五个条件，现在看来，许多同志想抢先过渡，不讲五个条件，这危险得很。吃饭不要钱早在一千多年以前，在东汉末年就有张道陵[①]（其子张鲁继之）的五斗米道，我们在战争时期也实行过战时共产主义，但只在机关、部队，老百姓基本上还是自然经济，还是商品交换。我曾在徐水说过粮食多了怎么办。这次路过河北，省委同志说，全省有三个县不够吃，十几个县勉强够吃，其余的县稍好一点，可见粮食并不富裕，大家都敞开肚皮吃饭尚有困难，不宜还搞其他许多“包”。轻率取消按劳分配，全都平均分配，这不是共产主义。向共产主义过渡切不可以冒险，否则要闯大祸。北戴河的五个条件是硬碰硬的，条条都得充分成熟，缺一条也不行。没有什么低水平的共产主义。

毛主席在9日上午的会议上又作长篇讲话，他先讲，人民公社不要拆散家庭，还是男女老少团聚一起，不能砍头去尾（意即老人进敬老院，小孩进幼儿园。毛主席这样说是因当时有些人民公社这样做了，而且个别中央同志还提倡共产主义社会不要家庭。当时国内外大为震动）。他还讲人民公社还是搞商品交换，不能搞产品调拨，要利用价值法则为社会主义服务。这些都是重申他前几次讲话的道理。他说，我这些意见可能触犯许多人，因为现在许多左派实在不同意。

---

① 张道陵，（公元34—156年），别名张天师，东汉时期创建了正一盟威道，简称正一道，因信奉其道者须出五斗米，当时又有称之为五斗米道。

毛主席这次讲话中有两点意见很突出。一是他说资产阶级法权还要保留部分，只取消一部分，比如等级森严，脱离群众，不以平等态度待人，形同猫鼠关系或父子关系，这些官气、官僚作风一定要取消。要天天破除，破了又生，生了又破。但应承认实行工资制基本上是对的，必要的。

这是毛主席在北戴河会议提出“破除资产阶级法权的残余”后，第一次讲资产阶级法权还要保留一部分。

还有一点是他对《十五年社会主义建设纲要（1958—1972 年）》（当时也称《新四十条》）有怀疑。这是他在 6 日讲话中没有讲透的。他说，我对“纲要”中许多问题不清楚。我不知道你们根据什么这样提出来的。为什么要搞四亿吨钢？ 1962 年能搞到一亿吨吗？再搞五年就增加三亿吨，怎么增法？（小平同志说，按人口平均赶上英国，就要四亿吨）毛主席说，今年初我们说是按年产量赶上英国，现在说按人口平均赶上英国，两者大有区别，因为我国人口比英国多十几倍，能做得到吗？这时有几位负责经济工作的同志说，今年我们已做到翻一番，苦战三年，经验更多，基础更好，比较乐观。毛主席说，这是估计，没有实在的根据。今年翻一番已经天下大乱，再翻四十番怎么得了，不但国内受不了，而且还要考虑一旦公布，把外国人也吓坏了。美国人最近就议论对中国发动预防性战争，要打原子弹，先发制人，我们怎么办？你还没有建设好，帝国主义就把你打烂了。我早在成都会议时就讲过不要务虚名而得实祸。我看一旦宣布我们要搞四亿吨钢，就大祸临头。这时有位搞农业的书记竟然说，苦战三年我们也可以搞出原子弹。毛主席说，你先进，我保守！

毛主席最后提出要反对谎报，无论成绩和损失都要如实报告。他特别提出《人民日报》宣传要冷一点，不要虚夸。他对着我说，你不是叫吴冷西吗？冷对西方是好的，但东方不是任何时候都要热，现在需要冷一点。（按：毛主席在11月5日晚上听取我和田家英汇报豫北调查时，除了议论修武和七里营的情况外，还提到他对目前宣传上有些意见，待以后有空再谈。后来直到武昌会议时，11月22日晚才同我们谈。）

讲完这些意见后，毛主席提出要读书。毛主席说，现在人们头脑发热，缺乏冷静的理论思考。要读两本书，一本是斯大林的《苏联社会主义经济问题》，一本是《马恩列斯论共产主义社会》。从明天起就开始读斯大林的。

会后，杨尚昆同志要河南省委同志从郑州新华书店把这两本书买来在会上分发，后来发现郑州的书店只有几本这样的书，又打电话给北京在明天上午用专机把书送来，人手一册。

这两本书是毛主席几个月前就关心的。我和田家英去豫北调查时他就要我们随身带上这两本书，边调查边读。他要陈伯达和张春桥去遂平卫星公社调查时也带这两本书去。早在 1958 年 4 月中筹备八大二次会议时，少奇同志要陆定一同志（他当时任中央宣传部长）把马恩列斯关于共产主义社会的言论编成一本书，供研究时阅读。定一同志把这任务交给中国人民大学，8 月间书成出版。少奇同志当时还要编一本关于空想社会主义的书，这书没有编成。至于斯大林著作的《苏联社会主义经济问题》一书，是斯大林对苏联经济学界讨论政治经济学教科书时提出的问题的系统答复（也可以说是总结性的意见），附有三封给苏联学者的信，写于 1952 年，中译本 1952 年 11 月初版。

11 月 9 日清晨，毛主席写了一封信给中央、省市自治区、地区、县这四级党委，正式建议大家都来读这两本书。信中说，这两本书要用心读三遍，随读随想，加以分析，哪些是正确的，哪些说得不正确，或者不大正确，或者模糊。要联系中国社会主义经济建设去读这两本书，使自己获得一个清醒的头脑，以利于指导我们伟大的经济工作。现在很多人有一大堆混乱思想，读这两本书就有可能给以澄清。这封信 9 日上午就印发到会同志。

这样，从 9 日下午起，毛主席就带领参加会议的同志读斯大林的《苏联社会主义经济问题》。9日下午到10日下午，由田家英念，大家逐段议论，一连读了三个半天，读了该书的第一、二、三章。毛主席讲了许多意见，要点如下：

1. 此书内容正确方面是主要的，也有些不很妥当，也有看来是错误的，或许斯大林本人也未弄清楚，但也不可轻易否定。我们要联系中国的经验和当前的情况来学，认真读，认真分析，认真议论。

2. 斯大林说，订经济计划要符合客观经济规律，这个观点是正确的，但他们恐怕未必真正懂得并掌握了经济规律，同时也低估了主观能动性。人的认识是无穷尽的，能够也只能逐渐接近绝对真理。我们提出的总路线这一套，是否符合客观规律，是否会栽筋斗，还有待证明，至少还要看十年。

3. 斯大林肯定商品生产、商品交换和价值，是正确的。尽管他对如何利用这些建设社会主义还不怎么清楚。我们一些理论家想否定这些，离开马克思主义十万八千里。现在我们有些人只想搞自然经济，自给自足，误认搞商品经济不光荣，这不对；有些人既不喜欢自然经济，不喜欢自给自足，但也不喜欢商品经济，想消灭商品交换，搞产品调拨。我们现在“左”派很多。毛主席说，我提议读两本书，就是想用“死人”压“活人”。斯大林也借助恩格斯和列宁压“活人”。

4. 什么叫建成社会主义，向共产主义过渡？斯大林讲了三个条件，我们在北戴河会议关于人民公社的决议中讲了五个条件。现在我们有些同志不讲条件了。现在流行批判“条件论”，但马克思主义是讲时间、地点、条件的。毛主席说，依我看，我们要讲条件，要划线，划两条界线。一条是集体所有制和全民所有制的界线，一条是社会主义和共产主义的界线。有些同志不赞成划这两条线，这不行。社会主义和共产主义的界线是大线，集体所有制和全民所有制是小线。这两条线必须划清楚，不可以轻易超越。看来有些秀才不赞成划这两条线，是不是秀才要造反？范县是不要划线的，要三年过渡到共产主义；修武主张划线，顾虑一县一社成了全民所有制，这比较稳重。徐水是不要划线，急急忙忙往前闯。

5. 斯大林主张从集体所有制向全民所有制过渡，但他没有提出如何过渡的办法，反而主张不能把拖拉机站交给集体农庄。我们有了农村人民公社，这是从集体所有制向全民所有制过渡以及将来从社会主义向共产主义过渡的最好形式（按：毛主席一直坚持这个观点）。但现在有些同志把农村人民公社捧上了天，说农民共产主义觉悟高，是大哥，工人是二哥。你们看，鞍钢是大哥，还是徐水是大哥？我看鞍钢还是大哥。我们的理论家忘记了我们的政权是无产阶级领导的以工农联盟为基础的人民民主专政，农民是小生产者，它不能当领导阶级。

6. 斯大林和列宁都说不能剥夺农民，城乡只能进行商品交换。我们有些同志一方面把农民捧得那么高，另一方面又反对商品交换，主张产品调拨，这不是剥夺农民吗？我国现在经济基础还很薄弱，连工人都得按劳分配，不能按需分配，哪里有商品能满足农民的所有需要呢？你不能做到按需分配，却要把农民的产品全部调去。调拨者，剥夺之谓也，这不是明摆着吗？我们在三大改造时对资本家采取赎买政策，不是搞剥夺，现在怎么可以剥夺农民呢？苏联搞了四十年建设，现在还没有在全国范围实行全民所有制，还只能同农民进行商品交换。我们建国才九年，就要搞全国范围的全民所有制，就要过渡共产主义，这不是冲昏了头脑吗？

毛主席在读完《苏联社会主义经济问题》第三章时，宣布读书告一段落，希望大家自己继续读完这本书，还要读《马恩列斯论共产主义社会》一书。要同党委、党组同志一起读，边读边议论。毛主席最后说，大跃进使人昏昏沉沉，很有必要使自己坐下来读读书，洗个冷水澡，使头脑清凉清凉。这样才能把工作做好。苦战三年不是要人特别是高级干部每天都劳劳碌碌，昏头昏脑，而是有张有弛，有热有冷，有时间冷静下来思考问题。读书是思考问题的方法，我们现在建设社会主义，就要经常看看经典作家对社会主义、共产主义怎么讲的，对照想想我们现在怎样做的，这中间有什么不对头的地方。我不是要大家一切照搬书本，而是要大家经常作理论思考。我们现在做的，是马克思主义奠基人过去未曾碰到过，也未曾说过。我们的实践比他们复杂得多，遇到了许多新问题，要靠我们自己动脑筋。列宁这样做过，斯大林也这样做过，现在我们自己也得这样来考虑问题。但是，马克思主义的基本原理是不能违背的。我们必需把老祖宗的基本原理同我们的具体实际结合起来，指导我们的实践。

郑州会议实际上 11 月 10 日结束，少奇同志和小平同志等 11 日即返回北京。只有少数几位同志留在郑州，根据毛主席对这个草案讲的上述意见（其中有些问题说的比北戴河会议时清楚些，有些还不很清楚），对关于农村人民公社问题的决议草案作较大的修改。

关于《十五年社会主义建设纲要》，郑州会议并没有讨论，但毛主席在会议期间作了些修改。他在 8 日夜作了修改，主要是说明这个十五年规划纲要，是根据 1958 年的经验对若干问题所作的回答，“带有很大的估计性”，“只能在高级干部范围内研究”，到 1960 年或 1961 年才在全党全民中讨论。就是说，毛主席在修改时对纲要内容是有很大保留的。

在这之后，11 月 13 日，毛主席又从郑州给回北京的少奇同志和小平同志打电报，请他们召集在京的政治局、书记处的同志再加若干同志，开几天小范围的会，一是讨论郑州会议的两个文件，当作问题，征求意见；二是讨论斯大林的《苏联社会主义经济问题》一书第一至第三章，为武昌会议作准备。两个草案是当作问题提出，即对每一个问题都可以提出正反两面意见，文件草稿并非定论。当日晚，毛主席即乘专列离开郑州去武昌。我和田家英随车前往，同车的还有王任重等。

毛主席 14 日在列车上同大家漫谈时再一次强调：

（1）两个过渡必须划线，否则会犯大错误。人民公社从集体所有制过渡到全民所有制，至少要十年，还是社会主义性质。从社会主义过渡到共产主义，更是遥远的事。

（2）我国仍然有亡国和不亡国的两种可能性。我们搞社会主义搞坏了，就可能亡国。我们刚搞起大跃进，美国人就害怕了，杜勒斯等人就设想对中国实行“预防性战争”。我们切不可以忘乎所以。凡事要看到缺点，要从坏处设想。

（3）我国目前还很落后，生产要大大发展，但也只能逐步发展，不能一步登天。我总觉得十五年建设纲要不踏实，总感到搞快了可能成为克郎猪[①]。可考虑索性暂不作决定，连草案也不搞，等工作一个时期再看。

（4）关于人民公社的决议初稿北京可以议论，但政治局可暂不批准，到武昌会议征求更多同志的意见后再说。

（5）建成社会主义究竟需要多少时间？从苏联经验看，他们宣布建成太早了。我们要有高标准，比苏联高，完全达到了才算建成，即使达到标准了也不要马上宣布建成，可以推迟几年，看看后果如何再说。至于过渡到共产主义，我们会迟于苏联，即使早于苏联，也在苏联宣布之后我们才宣布。总之力求稳当，不要抢先。现在大家头脑太热，思想混乱，要撒点明矾。我在会议上说的一些话，是有意泼冷水的。

毛主席在赴武昌途中，列车时开时停，不断请沿路县委、地委的同志上车汇报，一批汇报完了下车，另一批上车汇报。豫南和鄂北的一些地委和县委书记都来汇报了，主题是围绕人民公社和大办钢铁问题。

---

① 克郎猪是指仔猪去势以后到催肥以前的阶段。克郎猪分大、小，出生到 4 个月的仔猪叫小克郎猪，5—8 个月的仔猪叫大克郎猪。

郑州会议，是“大跃进”中第一次反思。毛主席从纷繁的现象中提高到理论思索。他提出两个过渡问题触及总路线和“大跃进”的关键。这次会议虽然没有对“大跃进”和公社化中“左”的倾向展开充分的检讨，但为其后8个月中的纠“左”工作打开了理论之门。从这个意义上看，郑州会议在我党历史上占有重要地位。这从以后的武昌会议、北京会议、上海会议以及颐年堂会议可以看得出来。

（二）划线和降温

武昌会议包括两段：一段是11月21日至27日的中央工作会议，是为八届六中全会准备文件草案的，就是继续修改郑州会议的草案；另一段是11月28日至12月10日的八届六中全会，正式讨论和通过文件。武昌会议，可以说是郑州会议的继续。

在中央工作会议开始的第一天，毛主席宣布会议议程时，提出会议的议程为：（1）讨论关于人民公社的决议草案，由邓小平同志主持起草；讨论关于《十五年社会主义建设纲要》（毛主席宣布中即提出这个纲要有无必要现在搞，可否两年后再考虑）；（2）讨论和通过1959年国民经济计划草案，由陈云同志主持起草。会议的结果，只通过了关于人民公社的决议草案和1959计划草案，关于十五年建设纲要被搁置起来了。毛主席原先考虑，关于人民公社的决议，只作为党内文件，不公开发表。会议只发表一个公报，内容以1959年计划为主，只附带说会议也讨论了人民公社问题，但后来除公报外还发表了关于人民公社的决议。

毛主席在郑州会议结束后，于11月13日晚即乘专列离郑州南下，沿途边走边停，陆续听了河南、湖北十几个县委的汇报，主要是谈人民公社和大跃进的情况，到武昌以后，又要王任重和张平化（两人当时分别担任湖北省委的第一书记和第二书记）召开湖北十几个县委负责人的座谈会，主要也是由各县委书记汇报前述两个问题。毛主席在开始时参加座谈会，其后大多数情况是由我和田家英听汇报后向他作简要综合报告。这些座谈会直到工作会议开始前两天才结束。这期间已经先期到达武昌的中央和地方同志，即根据毛主席的意见重新起草关于人民公社决议草案。陈云同志先在北京后在武昌主持计委、经委和有关各部部长起草1959年计划草案。

在武昌会议过程中，参加会议的同志对议程上三大问题各抒己见，议论相当热烈，不仅在小组会议中，而且在会外，也争得面红耳赤。议论集中以下三个问题：

（1）关于社会主义社会和共产主义社会之间是否划界线问题。这个问题是由于山东寿张和范县县委提出两三年进入共产主义社会引起的，在郑州会议时已议论纷纷，有赞成，有反对。在武昌，有不少同志认为，在社会主义社会和共产主义社会之间，没有不可逾越的万里长城。现在人民公社就包含共产主义的因素（或叫“萌芽”）。建成社会主义之日，便是进入共产主义社会之时。他们还有一个“理论”，认为在经济落后的中国，比较容易进入共产主义，大约人均产值达到150元——200元（当时有人估计，全国农民每年人均收入大体在50元到70元之间），就可以进入共产主义。他们还振振有词地说，农民较穷，比较容易接受按需分配，富了就比较难过渡。当时流行一种叫做“穷过渡”的说法。这些同志很欣赏河南新乡县七里营人民公社十六“包”的做法，有的县（如范县、寿张和徐水）甚至要赶超七里营，认为“包”得越多，共产主义因素越多，越容易过渡。

（2）关于一县是否可以率先进入共产主义社会问题。这个问题是从讨论寿张、范县等县委的主张引起的。首先是有些同志提出，修武一县一社，毛主席在北戴河会议时就提到，郑州会议时也没有完全否定修武一县一社。其实，不仅修武，全国已有许多县实行一县一社（或者叫做“县联社”），一县之内已实行统一经营，统收统支，统一实行水平较低的“按需分配”。这些同志由此推论，毛主席在郑州会议时曾说一县一社是“小全民所有制”。既然是“小全民”，将来生产发展了，供给制按需分配的内容丰富了，就进入共产主义的全民所有制了。一个县不是可以率先进入共产主义吗？有的同志由此引申出一个更大的问题，即认为既然一个县可以率先进入共产主义，现在中国比较落后，但 1958 年证明可以大跃进，按目前十五年建设纲要，1972 年可以生产四亿吨钢，超过苏联，也超过美国，应该可以设想，当中国经济已赶上苏联时，可以率先进入共产主义。这个论点，在武昌曾轰动一时。

（3）《十五年建设纲要》可否发给全党以至全国讨论问题。郑州会议中，《十五年建设纲要》草案没有讨论，但在会议之后，曾在中央机关负责同志和各省委中征求意见。据国家计委汇报，对这个建设纲要，少数同志认为不忙制定，搁几年再说，多数同志主张应当有远景规划，以便各部门和各省对奋斗目标心中有数，鼓舞士气，增强干劲，制订实现方案。实际上中央不少部门和不少省份已据建设纲要提出 1959 年的计划。此事同毛主席 1958 年 10 月 30 日对冶金部部长王鹤寿同志关于钢铁问题报告的批示有关。毛主席在批示中认为“此件很好”，要彭真同志印发中央各单位负责同志，并带到武昌会议上印发。毛主席在批示中还点名要赵尔陆（机械工业部部长）和煤炭、石油、化学、森林、建材、铁道、交通等部门的负责同志也写出这样的报告。因而到武昌会议时，已有11个中央部门的部长写出了报告，并在会上印发。

从这些议论来看，郑州会议上毛主席亲自同大家一起读斯大林的《苏联社会主义经济问题》，并号召所有干部党员也来读，还没有解决思想混乱问题。高级干部尚且如此，其他干部可想而知。

可能是这个缘故，毛主席在武昌会议上一再重申并进一步发挥他在郑州会议讲话中的观点。毛主席先在工作会议上，后在八届六中全会上，一连讲了三次长篇讲话（在小会上插话还不算），都涉及上述问题。

在11月21日武昌会议开始的第一天，毛主席劈头就讲了过渡问题、划线问题、《十五年建设纲要》问题、1959年任务问题等。毛主席说，我这次唱低调，有右倾机会主义之嫌，无非是想压缩一下空气，不是泼冷水，而是下明矾。希望我们的干部，首先是高级干部，头脑清醒些、冷静些。

毛主席说，向共产主义过渡，有两种办法，一个搞得快些，一个搞得慢些。我们搞社会主义建设，可以搞得快些，因为有苏联的经验（对的错的都可以借鉴），有我们自己的优势。但是我们还是一个穷大国，今年搞了1000万吨钢，而且其中只有800万吨是好钢。苏联搞了四十一年，我们才搞了九年。大家可以读读赫鲁晓夫11月15日的报告，他们订了一个十二年赶上美国的远景规划，先搞七年规划，目标是准备向共产主义过渡的条件。同志们注意，他说是“准备条件”，还不是过渡到共产主义。我看赫鲁晓夫比较谨慎，不像我们中国人包括我在内是冒失鬼。我们有些同志想苦战三年进入共产主义，这不是冒失鬼是什么？在过渡到共产主义问题，无论如何一定要苏联先过渡，我们后过渡。这不是想不想的问题，而是我先过渡不但使十月革命的第一个社会主义国家脸上无光，国际无产阶级脸上无光，而且更重要的是做不到，是异想天开。现在中国大概有几千万人要抢先，先有寿张，后有范县，现在又有遂平、徐水。幸好还没有哪个省委提出要抢先过渡。我们的同志不想一想，除了物质实力，苏联还拥有强大的科技文化实力，不但比我国大多少倍，而且比美国还强大，第一个卫星上天是苏联的，便是一个标志，我们现在一穷二白，工人平均工资每月只有60—80元，农民收入每年平均只有50—70元，苦战三年能够进入共产主义吗？抢先的想法不对头，也不可能。

毛主席又说，《十五年发展纲要》使人高兴，又使人担心，我就是这样。十五年搞到年产4亿吨钢、25亿吨煤、32亿吨石油，说是天下第一，但都还在纸上。有无必要，我怀疑；有无可能，我更怀疑。今年搞1070万吨钢，闹得6000万人上山，天下大乱。要搞4亿吨钢，比今年多40倍，要多少人上山，能不闹翻天吗？我们搞成钻天杨，不能当木材使用。因此会前我跟常委们商量，这个建设纲要草案（也叫《新四十条》，农业发展纲要原称农业“四十条”）不作为这次会议的主题之一，议一下可以，但不作决定。也许再苦战几个三年，可能摸到一点边，那时再来考虑。我在成都会议时曾说过，不要务虚名而得实祸。现在真有可能大祸临头。说搞4亿吨钢，谁相信？但倒会把别人吓一大跳，叫人害怕。美国人现在已议论对中国发动所谓“预防性战争”，即先发制人，不等你搞到几亿吨钢就把你炸个稀巴烂。我在郑州会议时就印发了新华社《内部参考》上刊载的关于美国政府官员注意我们大跃进和人民公社的报道。这次会议也印发了杜勒斯11月14日在西雅图的演说，这表明美国人眼睛是盯着我们的。我看我们还是谨慎一点好。你们说要搞到4亿吨钢。我问谁需要这么多钢？真的能搞到吗？你们拿不出足以说服我的根据。我看还是摆一摆，几年后再说吧。

毛主席说，还有一个划线问题。社会主义和共产主义之间要不要划界限。北戴河会议时我在修改人民公社决议中提出五条标准，达到这五条标准才算从社会主义社会过渡到共产主义社会。那五条标准是硬碰硬的，不能弄虚作假，不能打折扣。要真正完全充分达到了才能过渡。这不是说空话、写计划就行的。现在有些同志把一个县建成全民所有制就叫进入共产主义。我看，第一，一个县不能建成全民所有制，只能是大集体所有制，不能同鞍钢一样实行产品调拨，只能搞商品交换；第二，分配制度的十几“包”，标准很低，不能叫做“按需分配”，只能叫“平均分配”，从理论上说是平均主义。我们在革命战争时期实行的供给制，当时美其名曰“战时共产主义”，其实是不得已而为之的“相对平均主义”（不是绝对平均主义），因为日本人和蒋介石对我们实行经济封锁，物资来源困难，只能实行供给制，而且只在军队和机关中实行，不是在老百姓中实行。因此，不但在社会主义和共产主义之间，而且在集体所有制和全民所有制之间，都有一个划线问题，切不可以把两者混淆起来，否则要犯大错误。

毛主席说，苏联曾经提出建成社会主义的标准，只有两条：一是消灭剥削，二是实现工业化（工业产值占国民生产总值70%）。斯大林就是根据这两条宣布苏联已建成社会主义社会，颁布新宪法的，那是1936年的事情。现在赫鲁晓夫宣布的十二年远景规划，也只是说为向共产主义过渡准备条件。你看，从1936年起，在宣布建成社会主义之后，经过了三十二年（其间经过四年的反法西斯战争），赫鲁晓夫还只说准备条件，没有宣布要进入共产主义。（按：苏联在1958年公布十二年远景规划时只说准备条件，但1959年苏共二十一大时则改为“全面展开共产主义建设时期”，1961年苏共二十二大时又改为“在二十年内即到1980年将基本上建成共产主义社会”）看来斯大林宣布建成社会主义社会太早了。他认为消灭剥削也就是消灭阶级。他1936年提宣布消灭阶级，1937年却大搞肃反。可见宣布建成社会主义还是要谨慎一些，与其宣布过早，不如晚一些宣布。进入共产主义更是如此。毛主席讲到这里时提出，他认为不能把消灭剥削等同于消灭阶级。消灭剥削只是在经济上消灭阶级，不是在政治上和思想上消灭阶级。后两者并未做到。毛主席说，这是1957年他在反右斗争中发现的。

毛主席谈到1959年计划时说，我首先提议要让工人农民吃饱饭，睡足觉。这是不是泼冷水？说泼一点冷水也可以。前几天印发给大家的新华社《内部参考》（11月11日）关于河北邯郸地区伤寒疫病流行的报道，你们看了没有？苦战几个月，吃不好，睡不好，抵抗力下降，就容易生病。所以我今晨在修改人民公社决议时特意增加了一定要保证每天有 8 小时睡觉，4 小时吃饭、休息，8 小时劳动，忙时可以增加两小时，至多 4 小时，但不能常搞，以为持久之计。为此，我提议 1959 年任务要减轻。

毛主席说，现在提出的明年计划，要修水利工程 1900 亿土石方，比去冬今春的 500 亿方翻了将近三倍，任务太大，完成得了吗？我看要减少。又如钢的产量，计划明年达到 3000 万吨，比今年翻两番。今年只翻一番已闹得人仰马翻，再翻两番又要增加几个 6000 万人上山？中国总人口估计有 6 亿，但能调多少个 6000 万人上山呢？这两项任务定下来，我看可能要死一半人，没有二分之一也有三分之一或四分之一，至少有十分之一，这还得了！你们可以照样当官，我这个主席非撤职不可。还有粮食，谭老板（按，这是当时对谭震林同志的戏称）说要搞到 1 万亿斤，他是按全国人均 2000 斤计算的，就是要一年解决粮食问题，能否完成值得怀疑。因为 1958 年粮产没有 7500 亿斤那么多，我不相信那些亩产几千斤的卫星。

（这时场上许多人插话，有中央同志，有地方同志，都说 7500 亿斤是打了折扣后的今年产量，明年 1 万亿斤可以完成，但也有人说相当紧张，个别的说完成不了。）

毛主席说，7500亿斤是比1957年翻了一番，1万亿斤又翻了半番多，这可能吗？我这样唱低调，是想压缩空气，把气体变成固体，使人的头脑不要过分膨胀，清醒些，冷静些，把任务订得实在些。如果上半年真的搞得很好，下半年再加任务也不晚。不要一开始就把弦拉得太紧，太紧了会断弦的。凡事要估计有两种可能性，一种是现实可能性，能够做得到的；一种是非现实可能性，是头脑想象的，不具备成功的条件，结果失败了。但要我现在说出多少是能够实现的，我也心中无数。只想请大家冷静想一想，认真算一算。

接着毛主席把话题转到人民公社。他说，人民公社是在3个月中搭起架子，今冬明春要用4个月的时间花大力气整顿。各省要派出万人检查团去帮助县委和公社把大架子调整、充实起来。公共食堂、托儿所、睡觉等问题究竟办得怎样，怎样才能办得好一些。供给制、工资制等等问题一大堆。现在大家都追求“一大二公”，规模太大，公得太多，我们的基层干部缺乏经营这样大集体经济的经验，从初级社到高级社到人民公社，前后不过三年，干部的本事要在实践中成长，要有一个过程。我们的人民公社是未经试点就全面铺开的，存在许多问题是必然的，没有问题才是奇怪的。我们省委、地委要派人去帮助整顿。

毛主席又说，人民公社要有个章程，北戴河决议画了一个大框，但很快就框不住了，本身也太急。郑州会议起草的决议，我看就不行，因为那个初稿反映了比北戴河时更急的情绪，“左”得很。现在已重新起草了一个决议草案，请大家认真讨论，多出主意，务必把人民公社搞好，否则就要亡国。我不是危言耸听，杜勒斯、蒋介石那些人就这么说的，我们要看到亡国和不亡国两种可能性，我们要争取不亡国，而且国泰民安。当然，按照马克思主义的规律，亡国是暂时的，最后胜利还是我们的。

毛主席最后说，近来我头脑里一直翻来覆去，十五个吊桶打水，七上八下。刚才提出的那些问题，请大家多多考虑，看这样好还是那样好。将来还要征求基层干部和群众的意见。

毛主席这样苦口婆心地讲了这番话之后，当天晚上就召开一个小会，除常委外还找中央主管经济的负责同志参加，请大家考虑 1959 年能否搞到 3000 万吨钢。谈来谈去，多数同志认为现在不是能否搞到 3000 万吨钢的问题，而是 1800 万吨有无确实把握的问题。

第二天（11 月 22 日）下午，毛主席和常委又找各大协作区主任（相当于后来在 1960 年成立的中央局书记）开会，征求他们对明年钢产指标的意见。按毛主席的本意，是想说服他们降低钢的计划指标。但讨论过程恰好相反，多数协作区主任不赞成只搞1800万吨，要求无论如何要搞到2200万吨以上，而且再三想说服毛主席同意他们的意见。

当天晚上，毛主席找我和田家英谈话，要《人民日报》和新华社在宣传上采取压缩空气的方针。他先谈下午同各协作区主任谈话的情况，情绪激昂。他说，我开会本想吹点冷风，说服各地方降温。但在会上他们还想搞高指标，想说服我，但又提不出有说服力的理由。毛主席要我明天飞回北京，下令新华社和《人民日报》的记者要实事求是，压缩空气，不搞浮夸，记者自己作第一手调查研究，独立思考，不要道听途说，人云亦云。毛主席讲了许多观点，一直谈到深夜。这些观点，有些是在11月21日讲话中讲了，有些则在第二天（11月23日）才讲的，但同我们谈话时词锋要尖锐得多。我第二天早上飞回北京，传达毛主席的指示，第三天飞返汉口。（详情见拙著《忆毛主席》第106—114页）

（三）务实与浮夸

毛主席在11月23日又召开工作会议并讲话。看来他是针对前两天的情况，鲜明地批评“左”的倾向。

毛主席说，1959年计划钢的生产指标，北戴河会议时预定为2700—3000万吨。我赞成，甚至搞更多一些也可以。问题是能否搞到。1958年我们翻了一番，明年搞3000万吨就是翻两番。这可能吗？前天晚上，中央主管经济的同志认为2700—3000万吨的指标肯定完不成，现在的问题是力争完成1800万吨的问题。昨天下午，我拿这个想法同各大协作区主任商量，他们大多数不赞成，反而想说服我明年再翻一番。他们说，今年翻一番做到了，有了今年的经验，加上增加新设备，再翻一番能够做到。你说我服可以，你打我通也可以。但你们缺乏根据，不足以说服我。他们自报的单子使我大吃一惊。毛主席指出，按照各大区自报的明年钢产的计划，东北增长幅度不到半倍，是各大区中最小的，可能是因为他们的基础本来就很大（今年产钢500万吨），还因为他们有经验，不会冒然说大话，事非经过不知难。西南、西北则增长最大，有十几倍，华东有两倍多，华北一倍多，华中和华南是五倍到十倍。

毛主席说，这些数字，合起来是2200万吨，表明你们都不是右倾机会主义，右倾机会主义是我毛泽东。

毛主席又说，我刚才提出1800万吨钢的指标，如果完不成，只搞1500万吨也可以，我不怕当右倾机会主义。因为这是好钢，1958年实际上好钢只有800万吨，完成1500万吨差不多是翻一番了。如果完成2200万吨，我更高兴。问题是你们并没有说明完成任务的根据是什么。你们只说作很大努力，要过好多关。什么关？有几个关？什么时候可以过？比如说原材料关，什么时候可以过？又比如说运输关，什么时候可以过？又如冶炼关，什么时候可以过？如此等等，是你们自力更生过关呢？还是依靠别人提供条件呢？你们都没有说明，是否你们心里也不踏实呢？

说过地方，毛主席转过头来说中央各部。毛主席说，中央有十一位部长分别写出自己的报告，都是好文章，有总路线多快好省的气魄。问题是你们指标太大，连我也吓了一跳。拿铁道部长的报告来说，他提出明年要修两万公里铁路。同志们知道，1956年八大时周总理作的第二个五年计划报告，原定1958—1962年总共要修两万公里铁路，我们的铁道部长解放思想，要在明年就提前完成。修铁路首先要有钢轨，其他且不说。谁能供给他钢轨？王鹤寿能供给吗？不能。地方能帮他一把吗？也不能。（这时会场上七嘴八舌。有人说，他们能自己掘矿石，自己炼铁炼钢，自制钢轨，也许能办到。有人还说，中央部门经常出题目，要地方来做文章，地方负担不起。）毛主席说，原来中央与地方有供求矛盾。铁道部长比周总理更进步，自己解决两万公里的铁轨行不行？不行吗？那怎么办呢？我看不仅铁道部，其他几位部长的报告也有这个问题，不能空口说大话，把自己的高指标建筑在别人提供不了的条件上。否则最后大家都去找李富春和薄一波，他们两位也难为无米之炊。

毛主席说，我们应当采取老实的态度，就是削减任务，降低指标，不搞 2700—3000 万吨钢，也不搞 2200 万吨，争取完成 1800 万吨，只搞到 1500 万吨也可以。我这么想，也许是机会主义，也许不是。这些天我总是翻来覆去想，北戴河会议时设想苦战三年，1959 年搞到 3000 万吨，1960 年搞到 6000 万吨，太冒失了。是不是今年只搞 1800 万吨，后来再搞到 3000 万吨，可能实在些？但仍然存在做得到做不到的问题。如果苦战三年达到 3000 万吨，位列世界第三，能说是机会主义吗？如果说我是机会主义，将来见到马克思的时候，他会给我申冤。我劝同志们还是冷静些，头脑不要发热。索性把第一本账定在 1800 万吨，第二本账定在 2200 万吨，是期成数目。这只是我的建议，请你们考虑决定，说不定这两个指标还是太高了。

毛主席接着又说，我想到十五年经济发展纲要草案中有处说到作假的问题，我感到说得轻飘飘，没有给人留下深刻的印象。我建议加重分量，只说两句不够，要写七八十句，或专门作个指示，不准作假，要如实报告。过去打仗，要求战报如实上报，敌我伤亡，枪支弹药收缴，不许多报一人一枪，也不许少报一人一枪。现在搞建设，也要求这样。今年卫星放了许多，争名誉，没有就撒谎，这个风气要刹住。要老老实实，否则后患无穷。扫盲，有说一年完成，有说两年完成，有说三年完成，我都不信。如果能在六七年完成，那就是很大胜利。还有绿化，有说苦战三年完成，我也不信。每年说绿化，但山上的树还是没有增多，地上也不见绿树成荫。横直是上面规定要完成，下面没有完成也只好作假，虚报完成。这样的现象现在很多。要坚决反对作假，省委要向县委和公社党委严肃地提出这个问题。共产党人要做老实人，有就说有，没有就说没有，完成就报完成，没完成就报没完成，老老实实。

说到这里，毛主席直接指名问谭震林同志：谭老板，你是元帅（按：当时的提法是农业以粮为纲），今年粮产究竟有多少？去年才3700亿斤，今年你说过有9000亿斤，后头又压缩到多少？（谭说，7500到8000亿斤）究竟有没有这么多？（谭：这是七折八扣后的数字，恐怕有这么多）如果不打折扣，照报上来的数字，一共有多少？（谭：那就有 1 万多亿斤）这还了得，中国人有那么大的本事，一年增加粮食两倍？现在说 7500 亿斤，也翻了一番，是不是照搬钢产翻一番的办法计算？这样你们就超额完成了北戴河会议的计划，那时只规定比去年增加 60% 到 90%。真的有这么多，我也高兴，我怕的是这里也有作假。粮食在中国是带根本性的问题，增产太少不行，作假太多也不行。如果按作假的数字作明年生产计划，肯定完不成，如果据此作销售计划，那就危害太大了。我看我们的经济工作应当越做越细，越合乎实际。这跟作诗是两回事，不能搞浪漫主义。安徽人说，“端起巢湖当水瓢，哪里有旱哪里浇”。我就没有端过，大概你曾希圣（安徽省委书记）端过，那个巢湖怎么端得起来呢？这是作诗。要懂得办水利和作诗有很大区别。我希望中央一级、省一级、地委一级，这三级有清醒的头脑。现在有一种空气，只讲成绩多，脸上有光彩，又能得到奖励。一讲实话，比如讲牛尾巴生在牛屁股后面，这是个老实话，就没有人听了。如果说尾巴长在牛头上，那就是新闻。看来，要慢慢经过若干年，我们的工作才能逐步步入轨道，比较踏实。我看苏联比较踏实（这时有几位同志说苏联也有作假，还有保守）。毛主席说，作假到处有，有真必有假。我看苏联没有我们有些同志那样夸张。他们也有些保守，留有余地也有好处，不留余地反而不好。

毛主席又重新提出第二个五年计划草案的指标过高的问题。他说，第二个五年计划草案，是北戴河会议拟定的，现在想来盘子还是放低一些为好。那时原拟到 1962 年钢产达到一亿吨。现在看来，以降低为 5000 万吨为宜。就是说我们用十三年的时间搞到苏联用四十年时间（从 1921 年国内战争结束算起，中间扣除四年反法西战争）达到的目标。我们有我们的优势，人多，有总路线和群众路线，又有苏联的经验，应当搞得比苏联快些，但又不能太快。5000 万吨可能有点右倾机会主义，但不多，可能比较切实，也可能还是不切实。5000 万吨是个大数目。苏联计划 1962 年达到 7000 万吨。我们搞 5000 万吨，不但美国人会吓破胆，苏联人也会又惊又喜，喜的是我们搞到 5000 万吨，惊的是快接近他们的 7000 万吨了。我看这个计划只在内部讨论为好，不宜公开发表，过两年再看。

毛主席又谈起向共产主义过渡问题。他说，有些同志一不考虑可能不可能，二不考虑国际影响，硬要抢先过渡。现在大概有几十万人要抢先，要跑到苏联前面去。这无非是想到马克思那里去领奖赏。这会犯大错误，国际影响也不利，而且问题在于不可能。退一万步说，即使可能，也不应该。要苏联先过渡，我们后过渡。我今年六十五岁，到死我也不宣布过渡。

毛主席说，成都会议以来，我不断提倡破除迷信。所有迷信都要破除，这是对的，问题在于有些事情不是迷信，也就不能乱破一气。现在有许多同志说要破除迷信，结果连科学也破除了。比如说，人要吃饭，要睡觉，这是最普通的科学。苦战一昼夜还可以，两昼夜很勉强，三昼夜肯定不行。我从郑州到武昌，一路上同许多县委书记谈话，反复宣传人要睡觉这条科学。你吴芝圃、王任重能够三天三夜不睡觉吗？不行吧。

毛主席还专门谈到破除资产阶级法权。他说，是我在北戴河提出要破除资产阶级法权的，后来又提出要发表张春桥的文章，让《人民日报》组织讨论。这个案子还没有了，还想跟《人民日报》同志谈谈。现在人们脑子里想的是一切资产阶级法权都要破掉。我认为这不妥，郑州会议时我提过，现在我再次申明，资产阶级法权有些是要破的，但有些不能破，还要加以保存，加以利用。三风五气、老爷架子、猫鼠关系、工资过分悬殊等等，这些一定要破，有多少破多少，今后还要继续破。但是，工资等级、上下级关系、国家强制等等，这些还是需要的，不能破除，要加以保护，使之为社会主义服务。如果我们把这些也破得体无完肤，总有一天我们要赔礼道歉，把它们再扶起来。

在这以后不到几天，毛主席找我和胡乔木、田家英谈起草会议文件时，谈到了《人民日报》组织关于资产阶级法权的讨论。毛主席说，张春桥的文章的讨论是我要你们组织的。张文发表时加的编者按语，我参照你们的意见作了一点修改，基本肯定，又指出它有片面性。后来你们组织的讨论，对张文持反对的和赞成的意见都有，但赞成的占多数，而且有的意见比张文更片面。学术讨论本来可以这样，不过你们报社应当在适当时候对这次讨论写一篇总结性的文章，但又不能给人以“定论”的印象。讨论现在还在进行，郑州会议和这次武昌会议后，讨论的情况可能有些变化，总结文章可以稍晚一些时候再发表，但要先作准备，酝酿不成熟也不要勉强写。毛主席要胡乔木把这个意见告诉小平同志，在书记处会议上议论一下。（这以后的情况，见第四章第六节）

在工作会议后期，会议集中修改将提交八届六中全会的文件草案。关于人民公社若干问题的决议草稿修改较多，1959 年国民经济计划的指标也反复权衡，十五年发展纲要则搁置一边，不再议论修改了。根据毛主席的提议，还准备一个关于毛主席不再担任下一届国家主席的决定草案和一个会议公报草案。

（四）整顿人民公社

八届六中全会11月28日开始，先分组讨论工作会议起草的几个草案。小组讨论中涉及的主要问题，还是前面讲到的那三大问题。由于在工作会议期间毛主席有两次讲话，小组会上的争论已比前一段缓和了，但也可以看出，有些同志、特别是没有参加工作会议的同志，思想上仍然比较激进。

毛主席在这段时间里，一面自己亲自动手修改各草案，特别改得多的是关于人民公社决议草案，一面准备在全会上讲话的提纲。他起草了两个讲话提纲。有一个提纲是从肯定1958年成绩是主要的讲起，讲了全国大部分公社可能在第三个五年计划期间建立全民所有制、不忙于宣布消灭阶级、全国一盘棋和地方积极性相结合、条件论、国际形势等问题。这个提纲后来没有用。他在12月9日讲话时用的是另一个提纲。在这期间，毛主席还批发到会同志阅的不少文件，有些文件还写了批语，加了标题。这些文件主要有两类：一类是关于农村发生浮肿病、伤寒、痢疾等流行病，要求各地党委要注意抓社员生活问题，制止基层干部强迫命令和粗暴作风的；一类是关于国际问题的，其中有我驻外使馆和中央有关部门关于西方世界矛盾、欧洲局势的报告、美国国务卿杜勒斯两次反华演说、美教会领袖谈对中国政策、苏联学者的议论、美国评论家李普曼的论文、外国对中国大跃进和人民公社的反应等等。毛主席可能是由于这些国际问题的材料，引发他对世界形势的总的看法，专门写了一篇题为《关于帝国主义和一切反动派是不是真老虎的问题》的著名论文。在这篇论文中，毛主席发挥了他嘱我和田家英编发的《毛主席同志关于帝国主义和一切反动派都是纸老虎》一书中的论点。此书是他自1946年同美国著名女记者斯特朗谈话以来关于这个问题的言论集。

毛主席12月9日讲话时首先说明，他这讲话，不是做总结，所以在全会结束之前一天讲。他一共讲了十一个问题：

第一，人民公社最早出现于今年4月，就是河南遂平县的卫星公社，一直到8月才知道，在北戴河会议立即作出决定，4个月在全国搭起架子，看来太匆促了，现在需要充实内容，要整顿。

第二，大跃进和公社化中出了不少乱子，主要是强迫命令和作假，对犯错误的干部90%以上采取说服教育的办法，对极少数违法乱纪的要处分，两者都要保护广大干部和群众的积极性。

第三，我们最早提法是“苦战三年，初步改变面貌”，后来又改为“基本改变面貌”，现在我怀疑是否想得太急了。什么算作“基本改变”？是否超过英国（也许要五年）才能叫“基本改变”，超过美国（也许要十五年）才叫“彻底改变”？请大家考虑如何是好？这是否是右倾机会主义？我们不要勉强去做，还是从容一点好。

第四，现在党内有争论，有几十万干部性急一点，有几万干部要谨慎一点，怕搞得太急，他们不是观潮派、算账派，两者都是好同志。我们这次会议主要锋芒是对着那些性急的人。为此要作出决议，澄清一些混乱思想。比如社会主义和共产主义之间要划线，从马克思起已讲了一百多年，我们一些同志迄今仍然糊里糊涂，提出一些不适当的口号。国内议论纷纷，国外也议论纷纷，亟需加以澄清。

第五，全党干部首先是高级干部要学习政治经济学，要读三本书：斯大林的《苏联社会主义经济问题》、苏联最近编出《政治经济学（教科书）》（第三版），还有一本是我们自己编的《马恩列斯论共产主义社会》。要结合我国实际来学，这有特别重要的理论意义和现实意义。

第六，要研究辩证法。1958 年，我们有许多辩证法的新提法。郑州会议和这次会议提出“大集体、小自由”，既抓生产又抓生活，有劳有逸，这些我们叫做两条腿走路，从理论上讲就是辩证法的对立统一规律。过去我们也提过在优先发展重工业条件下，工农业并举，重工业和轻工业同时并举，大中小同时并举，土洋并举，中央和地方两个积极性，这也是辩证法。还有，集体所有制中包含全民所有制的成分，社会主义社会中包含共产主义的因素，破除迷信和尊重科学，雄心壮志与实事求是相结合，冷热结合，等等，诸如此类的提法是合乎辩证法的。问题在于我们是否把两个对立面掌握得好。如果掌握得好，我们就不至于在大跃进和人民公社化中提出一些不切实际的缺乏根据的想法。现在要压缩空气，这也是辩证法，过去想得太玄，做得太急，说得太夸张了。

第七，十五年发展纲要（1958—1972），因为没有根据，这次全会没有讨论，摆一个时候再说。可能不可能，需要不需要，这两大问题都缺乏根据，不仅充分根据缺乏，而且初步根据也缺乏，空谈何益？中央在郑州会议时曾经请各省议一下这个十五年纲要，结果大家受了影响，这次在武昌工作会议上也很留恋，所以常委确定六中全会上索性不讨论了。可能有些同志失望，这也不必。

第八，军事工作，今年做了四件事：一叫整风，二叫官长当兵，三叫参加生产，四叫大办民兵。还有正常训练，也要搞好。

第九，教育制度要改革，要实行教育同生产劳动相结合的制度，这是件大事。现在又发生一些问题，比如学生不想读书了索性劳动去好了，这也不好。对这个问题要开个会议一议，把方针具体化，搞得周到些。

第十，凡事有两种可能性。一种可能性是搞得好，巩固下来了；一种可能性是没有搞好，垮掉了。公共食堂、托儿所以至人民公社，都有巩固或垮掉的可能。要估计到有许多要垮掉。我们这次写出一个决议，目的是少垮掉一些，只是部分地、暂时地垮掉一些。我们党也有两种可能性：或者巩固，或者垮台。党在历史上就有几次垮台的危险。至于部分分裂，几乎天天都有，像人体内的细胞一样，天天有些死亡，有些生长，这是自然规律，也是社会规律。我们要有思想准备，准备小规模的分裂，中等规模的分裂以至大规模的分裂。国家也是这样。当然，分裂并不等于灭亡，即使灭亡了也会复兴，按照马克思主义，我们相信最后胜利是属于我们的。我们现在在世界上名声很大，其实是虚名很大，名不符实。我们还是一穷二白，既穷又弱，手无寸铁，有也只有那么1000万吨钢，没有原子弹、氢弹。敌人发疯，硬要发动对华战争，我们怎么办？只好三十六计，走为上计，再像过去那样回延安去打游击。不过，现在我们的国力，比延安那个时候强多了。讲了这么一些倒霉的事情，无非是要同志们常想想可能发生不高兴的事，不要以为我们事业一定是一帆风顺，万事如意。要经常从坏的可能性想想，有思想准备，临事不致张惶失措。“天有不测之风云，人有旦夕之祸福”，记住这两句话是不会吃亏的。“沉舟侧畔千帆过，病树前头万木春”。这也是至理名言。

第十一，关于共和国主席，这次全会要作正式决议，希望同志们同意我退出第一线，在第二届全国人代会选举时不再提名为国家主席候选人，由少奇同志为候选人。此事酝酿已久，现在时机成熟。请各省委同志在三天内向各地委打个招呼，再由地委向县委打个招呼，再由县委通知公社党委，使公社以上干部有精神准备，可用开电话会议的形式，把通知传出去。三天以后，这次全会的公报将发表，那时免得突如其来。全会以后还要回去解释，不要使人误以为我临阵退却。

第十二，关于国际形势，可以用两句话来概括，即：“敌人将一天天烂下去，我们将一天天好起来。”前面我讲了那么多丧气的话，但真正丧气的是资产阶级、帝国主义，它们那里那么烂，那么乱，矛盾重重，四分五裂，它们的事业将烂下去，直到死亡。我们的事业越来越好，当然要估计到有曲折（包括战争的可能性），但经过长期的曲折的斗争，将取得最后胜利。

（五）纠“左”但不彻底

八届六中全会最后一天（12 月 10 日）通过三个决议和会议公报。

全会通过的《关于人民公社若干问题的决议》，肯定了北戴河 8 月会议的决议，进一步对当时已经发现的问题作出规定。它的内容包括 1958 年人民公社的成就和意义，两个过渡问题，生产、交换、消费与积累问题，分配制度、生活资料个人所有以及家庭小副业问题，抓思想、抓生产、抓生活问题，民主集中制问题，加强党的领导问题，整社工作问题，一共八个问题。决议虽然仍肯定北戴河决议所说人民公社是逐步实现两个过渡的最好形式，但指出目前公社性质是社会主义的，也包含共产主义的萌芽，是集体所有制，也包含全民所有制的成分。决议的主要锋芒针对在公社问题上存在的“左”的倾向，批评急于向全民所有制过渡、急于“进入”共产主义，强调两个过渡都应以生产力发展为基础，重申向共产主义过渡必须具备的五个条件，批评把共产主义庸俗化和平均主义的倾向，批评要消灭商品生产和商品交换，强调实行按劳分配原则、批评供给制的范围过宽，提倡群众路线、批评强迫命令和粗暴作风，提倡实事求是、批评浮夸倾向，提倡革命热情应与科学精神相结合。决议中有两段文字驳斥杜勒斯之流帝国主义者污蔑和攻击人民公社，是毛主席修改时加上的。但从决议中也可以看到，好些地方仍然反映出过急、图公、贪大的一些“左”的思想倾向。例如：要在十五年、二十年或更多一些时间实现四个现代化，又比如全国各地分别要用三四年、五六年或者更长一些时间从集体所有制过渡到全民所有制（这是北戴河决议）；虽然提出公社、管理区（大队）和生产队三级管理制度，并给大队和生产队必要的权力，但仍然提倡组织“县联社”，强调公社一级统一领导和统负盈亏。这些都同毛主席在工作会议和六中全会上三次讲话中的一些提法和想法有关。毛主席这三次讲话虽然着重纠“左”，但其中仍有过左的想法。如五年赶上英国，十五年赶上美国；又如他虽然批评想抢先进入共产主义，但仍然提出“即使超过苏联”也不要宣布进入共产主义，一定要苏联先进，我们后进，这就使人想到有可能比苏联更早进入共产主义社会。又如公社办公共福利事业，他偏重于如何办好，没有提出要量力而为，不可勉强。他在此后两三年间一直执意办公共食堂即由于此（他在会上印发《张鲁传》）。其他如决议中提出争取在较短期内做到全国粮产值人均2000—3000斤，解决粮食问题，耕地实行三三制等，也是如此。当然，总的来说，平心而论，这个决议主旨是纠“左”的，虽然不彻底，但在当时普遍头脑发热的情况下，在理论上有重大意义，是明智的、果敢的。

全会通过的《1959年国民经济计划的决议》，总结了1958年的成就，拟定了1959年计划指标和应采取的措施。按照这个决议，1959年钢产为1800—2000万吨，比8月北戴河会议的2700—3000万吨降低了，但规定煤为4.2亿吨，比北戴河决定的3.7亿吨提高了，粮食10500亿斤，比北戴河会议的1万亿斤略有增加，棉花（1亿担）的计划指标仍保持北戴河的决定，既未增加，也未减少。这是因为会议上空气仍然很热，中央各部和各省的负责同志都拍胸脯保证完成任务，指标降不下来。毛主席本人也说究竟多少为宜他也心中无数。但陈云同志建议这个决议只作为内部文件，不公开发表，执行中看情况再加调整。他是在大家提出钢材指标太低（1500万吨）时这样说的。他特别指出决议最后部分提出的措施务必真正落实，说这是硬碰硬的，不真正落实就完不成全年计划。可以说，这个计划是一种折中，各项指标仍然偏高，尤其是农业方面，以致后来一直被动，不得不再三降低。这个计划决议，全会同意陈云同志的意见，没有公布，当时主要的理由是还要等待拟在 1959 年春召开的第二届全国人民代表大会第一次会议通过。

全会通过的关于毛泽东同志不作下届中华人民共和国主席候选人的决定，是毛主席自己提出的建议。此事是毛主席在几年前提出的，1956 年八大酝酿党中央设名誉主席即由此而来。到了 1957 年整风开始时毛主席曾在 4 月 30 日首次向党外民主人士谈及此事，事后黄炎培[①]和陈叔通[②]联名写信给少奇同志和周总理，力陈不赞成毛主席不当国家主席。毛主席为此写信给中央政治局，说明他不当国家主席的理由。政治局于 5 月 8 日开会正式讨论此事，一致同意毛主席信中的意见，并建议少奇同志接替。此后中央在多次会议上都曾提及此事。直到这次武昌中央工作会议时，毛主席在中央常委会议上提出在八届六中全会上作出决定，以便在 1959 年初召开第二届全国人民代表大会第一次会议时提出正式建议。会上通过的决定说：中央全会认为毛主席的提议完全是一个积极的建议。“因为毛泽东同志不担任国家主席的职务，专做党中央的主席，可

① 黄炎培（1878—1965 年），字任之，中国著名的爱国民主人士，时任全国人大常委会副委员长、全国政协副主席、中国民主建国会中央委员会主任委员。

② 陈叔通（1876—1966 年），中国政治活动家、著名爱国民主人士，时任全国人大常委会副委员长、全国政协副主席、中华全国工商联合会主任。

能使他更能够集中精力来处理党和国家的方针、政策、路线的问题，也有可能使他腾出较多的时间，从事马克思列宁主义的理论工作，而且不妨碍他对于国家工作继续发挥领导作用。这样对于全党和全国人民都更为有利。”

全会还通过会议公报。在起草这个公报的过程中，在中央书记处讨论时，对公报中1958年完成计划的四大产量（指钢、煤、粮食、棉花）预计数是否公布，特别是1959年这四大指标是否公布，有不同意见。大多数同志主张两者都公布，写入公报中，少数同志认为应采取慎重的态度，会议最后决定在全会公报中正式公布。主持拟定1959年计划方案的陈云同志，既在正式会议上建议不公布这个计划方案，也在私下向胡乔木同志表示不赞成公报中宣布1959年四大指标。乔木同志在同我修改公报时提及此事，但认为书记处既已决定，还是公布为好，也不必再向毛主席请示（因中央书记处的决定已向毛主席和常委们报告过）。我也觉得有道理，没有料到后来胡乔木因此事多次受到毛主席批评。

武昌会议和八届六中全会，对当时“左”的思想倾向的最突出的表现，例如在人民公社问题上混淆社会主义和共产主义界限、集体所有制和全民所有制界限，急于实现两个过渡的想法，贪多贪快的不切实际的十五年经济发展纲要草案，比较坚决地纠正了。这连同郑州会议的纠“左”，是一大进步，具有重大的理论意义和实践意义。但是，对于许多具体方针、政策问题上“左”的表现，仍然采取肯定的态度；在经济建设上，1959年的计划指标，较之北戴河会议决定，只有小的调整，尤其是农业的各项指标，离实际可能差得很远。这是在总路线的大前提下的局部纠“左”，局部调整。

（六）北京的犹疑与曲折

1959年1月26日至2月2日，中央在北京举行政治局扩大会议。这次会议是为了按照八届六中全会决定的四大指标具体落实全盘计划。各大区书记和主要省份的省委书记和中央有关部门负责同志参加了会议。

在北京会议之前，毛主席和中央常委的思想状况反映在宣传问题上。

在北京会议之前的一次政治局常委会议上，我趁常委讨论准备这次会议的机会，向毛主席汇报了他在武昌会议要我向新华社和《人民日报》记者下达“压缩空气、实事求是”的紧急指示的情况。我说记者们都拥护主席的指示，检讨过去虚夸的错误，并订出今后改进的办法。毛主席说，知错就改，改了就好。不要泄气，还是鼓劲。

毛主席这个想法，在这之后一两天审改中央宣传部起草的《中央关于目前报刊宣传工作的几项通知》时表现得更清楚。他在修改《通知》第一段（关于目前宣传上必须继续注意鼓足干劲的一段）时加上：“鉴于1956年反冒进时期，对工作的缺点，宣传过多，给群众热情以很大打击，造成了马鞍形。所谓缺点，事后检查，不过是十个指头的一个指头，或者还不到一个指头。那时有些人却大惊小怪，惊惶失措，是一种右倾情绪的表现。这个教训，千万不要忘记。”这个《通知》在1月22日发出。

当时的情况是：武昌会议（批评当时发现主要“左”的倾向连同工作中的部分错误）的决定传达后，一方面地方和中央下属部门有不少同志开始讲了一些老实话，指出“大跃进”中的一些失误，批评一些不切实际的想法和做法；另一方面也有一些同志认为“大跃进”成绩巨大，这些批评不符合总路线的精神，造成松劲、泄气，不利于1959年继续跃进。这反映到会议上来，这种思想情绪上的反复，影响到计划的具体落实。北京会议开始一段跟武昌会议明显不同，只务实不务虚，而务实又多争取别人提供有利于本部门和本地区的条件，少承担支持别人的义务，时而激烈陈词，时而空气沉闷，延续达一周之久。陈云同志在发言中除同意武昌会议决定的四大指标维持原议外，还说到他有时对这四大指标有怀疑、动摇。

会议开始一段，毛主席一直没有讲话，直到会议结束时（2 月 1 日下午）才谈了几点不甚明确的意见。他说，对总路线发生怀疑年年有。怀疑有两种，一种是敌对分子散布的论调，这是不可避免；一种是好同志心存忧虑，这是可以理解的。大跃进动员了全国干部和群众，又出了这么多缺点，要大家不讲坏话是不行的。我们对两种怀疑应加分析，区别对待。武昌会议既然要压缩空气，势必要泄一点气。但总路线的鼓足干劲、力争上游、多快好省还是要坚持的，干劲还是要鼓足，上游还是要力争，多点快点总是好的，只要照顾好省就行。这是一。

第二，毛主席说，应该承认，目前已可以看到有几方面失调，城市供应紧张，菜少了，肉少了，陈云同志特别强调油也少了，总之，副食品供应少了，不能不承认，应赶紧想法解决。听说城市粮食销量很大，供应不足，有危险。还有日用百货也少，女同志用的头发夹子也买不到了，也应想法解决。据彭涛（化工部长）的报告，他那部门动力和设备供应不足，难为无米之炊。恐怕原料、材料、燃料供应都有个供少于求的失调问题，都得承认，都得想法解决。这几方面的失调，是否影响今年计划的完成？经过努力能够做到的，应努力做到。经过努力还是难以做到的，就得改。

第三，毛主席说，去年大跃进是事实，具体跃进多少，可以估计不同，也不好争论不休。问题在于是否已形成跃进的局面，可否年年大跃进，跃进有大、中、小不同，不可能年年大跃进，是波浪式的，我看可能是这样。我们曾经提过不适当的指标，包括我自己在内。我想这在一个时候是难免的。武昌会议我们改了一些。要承认我们有过失算，有些不实在，也要看到我们有跃进的有利条件（他列举了六个条件）。

毛主席还强调大家要注意研究新问题，也讲了国际形势是好的。

下午毛主席讲了这些话以后，晚上不能入睡，总感到意犹未尽，没有畅所欲言。凌晨倚枕写了一封信，建议会议延长一天，地方的同志留下，不忙赶回过春节，2 日上午务点虚，议一下同大跃进有关的当前实际问题的辩证法，下午开大会，他要说一说没有说完的话。

2 月 2 日下午，政治局在怀仁堂召开扩大会议。毛主席开门见山，说革命尚未成功，同志仍须努力。他说，会议开始以来，本来有些话想同同志们谈一下，但大家都务实，务得那么厉害，水都泼不进，我插不进去，压下来了。

但又过意不去，只好要大家多留一天，同大家谈一点工作方法问题。

毛主席说，所谓工作方法，就是看问题的方法，做工作的方法，也就是辩证法，它是同形而上学相对立的，我们要提倡辩证法，反对形而上学。形而上学看问题是片面的而不是全面的，孤立的而不是同周围环境相联系的，从静止中看而不是在运动中看，从现象上看而不是从本质上看。

毛主席接着说，现在有些人一讲起去年，尽是缺点，一无是处，大跃进没有了，头脑只记着几十条甚至更多的关于缺点的材料，成绩、优点这方面的材料记得很少，甚至没有，这就是否定了大跃进。这也是一个看问题的方法问题，分不清一个指头与九个指头的关系，只记住一个指头，看不见九个指头。新华社的《内部参考》，我赞成出这个刊物，它的方法就是孤立地、片面地看问题，专门反映缺点。这刊物不可不看，但不可尽信。孟子说，尽信书不如无书。我们全国几亿劳动人民和成千万干部，在座的衮衮诸公，难道都是尽干坏事的吗？不好这么看、这么讲罢？有做错的事，至多只有一个指头，其他九个指头是好事，有的是好心做了错事。当然，我们去年自己大吹牛皮，这也不好。

毛主席说，去年在北戴河做的那个关于人民公社的决议，大方向是对的，缺点是急了些，我加了五六年或更多一些时间完成从集体所有制到全民所有制的过渡，又没有删去“共产主义不是遥远的事”那句话，只加了五个条件。人们只记得不是遥远的事，把五个条件忘记了。结果平均主义大泛滥，根子是贫下中农总想揩富裕中农的油，因为他们没有油，清汤寡水，一有机会就打富裕中农的主意，土改时就发生过，去年又发生了。我们知识分子出身的人对农民感情一无所知，对他们有些行动难以理解，我是上了井冈山以后才慢慢感受农民的感情，那是在打土豪分田地的过程中。但感情不等于政策，不能允许搞平均主义，不容许剥夺富裕中农。

毛主席说，大跃进不是一塌糊涂，只有一个指头坏了，有的地方和部门可能是两个或三个指头坏了，其他还是好的。我们党的历史上有过多次经验教训，凡是想否定一切的人都没有好结果。总之要保护群众和干部的积极性，否则像《三国演义》说的那样，“曹营的事不好办”，这是蒋干说的。

毛主席说，订计划，还是要用两条腿走路的方法，这也是辩证法。去年我们订过好几次计划，从南宁会议起就着手订，但那时我心不在焉，意在务虚，其后几次会议都是如此。北戴河会议算是抓了一下，武昌会议又算抓了一次。这次北京会议听说计划比较全面些。如果能够落实，那是你们的功劳。因为我实际没有怎么抓。你们好像已经一块石头落地，可以放心回家过春节了，但我心里还是不踏实。城市供应不好，蔬菜只有四两，肉也少了，还有陈云同志说的油也少了，糕点铺太不像样子，百货商店货架也零零落落，肥皂、牙膏、毛巾也少了，我就是不放心。还有这次会议谈论最多的原材料、燃料、电力供应，听说互相扯皮的事不少。你们就那么放心？工业和农业连锁反应，工业内部也连锁反应，要认真调查研究，动脑筋、想办法。《水浒传》中说的三打祝家庄，就是充分调查研究，暴露矛盾，认识矛盾，想法解决矛盾，一而再，再而三，最后才取得胜利。这也是采取里应外合的两条腿走路的方法。

主席说，你们常讲有计划、按比例，其实这也是按辩证法办事，处理好各个对立面的关系。在座有些同志可能比我懂得多，我现在老实说不甚了解，怎么才算是有计划、按比例。因为我比你们迟了几年才抓建设，去年起才抓工业，是新手。各级党委第一书记亲自挂帅抓工业，也只有半年的时间。我摸农业比较早一些，但对明年搞 10500 亿斤粮食，1 亿担棉花能否搞到，心里仍然没有把握。农业方面的土、肥、水、种、密是辩证关系。究竟能否完成指标，看我们如何处理好这几方面的关系。

主席说，现在的计划，你们说得比较实在，但还是纸面上的，是可能性，还不是现实性。完成不了怎么办？有两种主观能动性，一种是主观主义的，一种是合乎实际的。要区别两种可能性。我们做事要符合实际，不符合实际，脱离客观规律，就要失败，目前的情况表明我们的计划有一部分不符合实际，生活资料和生产资料都有一个供求失调的问题。应当承认，向自然界开仗，我们在战略上和战术上就是不懂，就是不会。要正面承认由此带来的缺点和错误。

这时会上议论纷纷。小平同志说，总的说大多数失调是发展过程中不可避免的，可以总结经验教训，但不能保证以后就不会犯错误。少奇同志说，比例不是固定的，经常在变化中，主观能动性经常落后于客观。比例失调有些可以预见，有很多难以预见。陆定一同志说，搞建设如同人们走路一样，总是一脚在前，一脚在后。柯庆施说，现在都是事后诸葛亮。彭真说，大搞水利、大办钢铁、公共食堂，农民吃得多了，这是没有、也很难预料的。陶铸说，城市人口增加了，消费力增长了，这也是没有料到的。如此等等。

毛主席说，我提出上述一点意见，供同志们研究，可以修改，不作任何结论，也不要传出去。可以在省委、书记处范围内研究研究，说在一些问题上注意不够或者注意不足（小平同志插话：不要提什么错误）。我在讲话提纲里只在括弧内写了“劳动力浪费，副食品、材料供应不足，基本建设上马过多”。如果说得不对，你们将来统统驳掉，我也赞成，并不坚持。但是无风不起浪，一点错误也没有，也不好讲。

这时会场上又议论纷纷。曾希圣[①]说，事前诸葛亮可以作，但不能全部做到。李先念说，我说过现在市场供应上有点问题，也不是讲有什么错误。我是在全国人大常委会上讲的，不讲不行。柯庆施说，在上海，我们同资本家说，现在东西少了，就是农民吃得多了。你们是让农民多吃一点，我们少吃一点，还是农民少吃，拿来给你们吃？资本家没有话说。李先念说，应当说，购买力是增加了，但是我们工作上也有一点缺点。我看不讲也不好。

这时毛主席接过来说，可以讲，讲有什么要紧？人家一讲就把我们讲垮啦？我不信。我再重复两句：武昌会议所定的四大指标是基本合适的，这是一种可能。但是还有一种可能是不完全合适的。这点要讲清楚。经过努力，硬

① 曾希圣，时任中共安徽省委第一书记。

是做不到，我们就统统要推出午门斩首吗？我看也不会。只搞到 90%，我看就行了。但是不要松劲。我是破除迷信的。好话也讲，坏话也讲。一个人只能讲好话，不能讲点坏话吗？我偏要讲。我们的总路线是对的，还是要鼓足干劲、力争上游、多快好省。但我们是最高领导机关，我不赞成搞迷信。凡事要估计两种可能。我们订计划、搞建设，有若干部分不符合实际是难以避免的，我向来是“难免论”。武昌会议我们批评了一部分，可能还有一部分不适合的，将来发现了，改就是。到苦战三年了，矛盾展开了，暴露了，我们经验多了，那时不合适的可能少一些。总之，有计划、按比例，我，或者可以说我们，还没有真正懂得这个客观规律，只能在实践中积累经验。今天把你们留了一天，想说的就是这些。

北京会议没有把武昌会议的纠“左”方针向前推进一步，仍然维持武昌会议制定的不符合实际的四大指标，而且对武昌会议制定的纠“左”发生摇摆、犹豫，甚至把“不能否定大跃进”同纠“左”对立起来，以致在一定程度上形成一种空气，似乎认为连“大跃进中犯了错误”也不能讲，只能说“注意不够”或“有些缺点”。这些明显地反映出纠“左”工作步履艰难。

（七）郑州紧急会议

北京会议对1959年计划指标没有降低。毛主席在会后便将注意力转移到人民公社。根据武昌会议的决定，各省从1958年12月起即开始整顿人民公社。他2月23日离京去天津，同中共河北省委书记处书记、河北省省长刘子厚等座谈农村人民公社和农业生产问题；2月24日抵济南，停留两天，听取山东省委第一书记舒同和一些县委、公社党委书记、生产队长等的汇报；2月26日到郑州，先听取河南省委第一书记吴芝圃等省委同志汇报。到郑州当天毛主席即建议中央在郑州召开紧急会议，致电少奇、小平由京来郑，并在深夜草拟了讲话提纲。毛主席当时感到，春耕在即，必需抓紧解决人民公社的问题，否则耽误全年农业生产。第二天上午毛主席又同新乡、信阳、许昌、洛阳等县委书记座谈（当时河南省委正召开四级干部会议）。下午即召开郑州会议。这次会议通称第二次郑州会议。

郑州会议开始时，中央政治局只有主席、少奇、小平、谭震林、柯庆施、李井泉参加（柯、李任华东、西南协作区主任，他们同谭是八大二次会议上补选的三个政治局委员），其他有各大协作区主任、部分省委书记、少数中央有关部门负责同志。

毛主席之所以紧急决定召开郑州会议，可能同他自京至郑沿途在听取汇报和召开座谈会中了解到的情况有关。他对河北省委2月23日提出在整社中六大问题很感兴趣，尤其是强调实行按劳分配原则，基本上应以生产队为单位进行分配，生产队与生产队之间和社员与社员之间，应当有所不同；公社不能无代价调拨生产队产品。他对山东省委汇报中的一个情况特别注意，这就是公社向劳动英雄吕鸿宾的生产队调拨粮食时，用一张条子（下命令调拨粮食）、一杆秤子（拿秤子去称粮食）、一顶帽子（拿本位主义帽子压人）都行不通，上下关系紧张，后来才改用一把钥匙（做思想工作）、一张布告（贴出安民告示）、一个楼梯（三级管理中扩大生产队自主权）才解决问题。他到了郑州，特别重视河南省委召开的四级干部会中三级管理问题的激烈争论。争论中多数人认为应坚持武昌会议决议中公社统一负责盈亏（实则统一分配）的原则，只有少数人认为应给生产大队（或称管理区）和生产队更多的自主权。

与此同时，李先念同志主持的中央财贸办接连向中央反映，粮食、棉花和油料的征购任务完成不了，供不应求的情况比武昌会议时更加紧张。粮食1100亿斤的任务只完成了950亿斤，棉花的5550万担任务只完成了4100万担，油料的收购任务只完成一半左右。农村普遍瞒产私分，抵抗征购任务，城市大闹粮、油、肉、菜供应不足风潮，其规模超过了开始合作化的1953年和高级社化的1955年。

我没有参加郑州会议。我是在会后3月11日的中央书记处会议上邓小平同志传达中知道的。其后乔木同志从郑州返京后也同我谈了一些情况。

毛主席在郑州会议开始（2月27日下午）时，按照他前一天深夜草拟的提纲，开门见山，劈头就提出所有制问题。他说，关于人民公社问题，现在有一个带根本性的重大问题摆在我们面前，这就是所有制问题。他指出：武昌会议比北戴河会议有进步，划了两个界限。一个是社会主义和共产主义的界限，一个是集体所有制和全民所有制的界限。虽然提到了从小集体到大集体的过程，但着重讲的是公社一级统一领导和统一负责盈亏，对生产大队和生产队的自主权只提了一下。当时我们（包括我自己）并未认识到三级管理中有三个所有制问题，更没有认识到这三级所有制中以哪一级为主的问题。

毛主席还谈到，从去年11月到今年2月，全国大闹粮、油不足风潮，这是大家看到的现象。现在省、地、县和公社四级正大反瞒产私分和本位主义，大队和生产队则坚决抵制，上下关系非常紧张，城乡关系非常紧张，工农联盟有受破坏的危险。这也是大家都感觉到的。为什么会发生这种现象，问题的本质是什么，根本的原因在哪里？

毛主席自己回答。他指出：问题的本质是我们没有处理好三级所有制的关系，根本的原因是“共产风”，省、地、县、公社四级急于过渡。这股“共产风”，一是穷富拉平；二是公社积累太多，无偿调拨生产队的产品和劳力太多；三是共各种“产”，猪、鸡、鸭，桌椅板凳，刀锅碗筷，自留地，甚至有部分房屋，都“共产”了。另外还有银行把农村贷款也收回去了，这叫作“一平二调三收款”。

毛主席接着说，应当承认，对于这种“共产风”，农民反抗是正当的，合理的。我们共产党只能剥夺剥削阶级，不能剥夺农民，不能无偿占有劳动人民的劳动成果。我们应当承认贫富差别，不但应当承认社员和社员之间的差别（武昌会议明确按劳分配，允许差别），而且应当承认生产队与生产队之间的差别，穷队与富队还有中等队的差别，反对平均主义。他指出：目前本位主义不是一点没有，但更严重的是平均主义，刮“共产风”。我们说过，从小集体所有制到大集体所有制要有一个过程，要建成完全的公社大集体所有制，大概分别需要三年到七年的时间。根据目前农村的经济发展水平，绝大部分应当着力发展生产队（也说是原来的农业生产合作社）经济。三级管理体制，应以生产队为基础，公社只能搞少部分所有制，也仍然是集体性质的，不是全民性质的。将来从生产队所有制逐步过渡到公社所有制，是小集体所有制过渡到大集体所有制，不是全民所有制，也仍然是社会主义性质的。

毛主席的讲话，据小平同志在 3 月 11 日传达时说，全场震动，大吃一惊。毛主席讲完后，会场上交头接耳。毛主席宣布休会到明天再开。在 2 月 28 日的会议上，有 10 位同志接连发言，几乎没有一个表示完全赞成毛主席的意见。他们有的表示对“剥夺农民”的说法想不通；有的说三级所有制以生产队为主不能发挥人民公社“一大二公”的优越性；有的也表示可以扩大生产队和生产大队（或称管理区）的权力，但公社一级仍然是主体。用毛主席自己的说法，他认为会上 10 位发言，一些同志对他讲的那一套“似乎颇有些不通”，“有些不对头”，“同他们那里的实际情况不相符合”，“道理有些不妥”。河南六级干部会（原为四级，这时已扩大为六级，增加大队和生产队的干部）上甚至有人发言批评毛主席“右倾和倒退”。据乔木同志告我，那一天夜里毛主席通宵不寐。

3 月 1 日凌晨，毛主席给少奇同志和小平同志并参加会议的各位同志写了一封信，说明他的这一套想法不是一时心血来潮，而是过去一两个月中逐步形成的，从天津、济南到郑州，沿途有很多启发，特别到郑州听了河南省委召开的四级干部会议的情况汇报，才下决心召开紧急会议。信中说，他的意见还有些不完善，有些不准确，有些需要发展和展开，需要今后再观察、再交换意见、再想想。但他认为他的意见基本上是对的。会议还可以讨论，继续发表各自的看法，对他的讲话提出补充、修正和发展。毛主席建议会议可以开到3月2日，并请少奇和小平同志主持3月1日会议，先由乔木同志代读他的信，然后大家讨论。

据乔木同志告诉我，3月1日上午的会议上赞成毛主席的意见多了一些，但仍然提出不少疑问。毛主席在1日下午和晚上分别邀集河南和各省、市委书记座谈，知道他授意河南省委把他的讲话大意向六级干部会传达后也全场大哗，赞成和反对的交锋激烈。他在2日凌晨又写了一封信给少奇、小平和与会同志，说明人民公社所有制问题如果不在春耕之前解决，他担心苏联全盘集体化时期大破坏现象可能在我国到来。我国合作化讲步骤，从互助组、初级社到高级社，用了四年时间，逐步完成，没有破坏。这次公社化，仍然必需讲步骤，避免破坏。3月上半月必需解决这个问题。3月2日会议情况趋向缓和，赞成毛主席的意见，在春耕之前确定人民公社体制问题。会议同时布置起草人民公社管理体制的若干规定草案。

政治局正式会议

3月2日上午，毛主席又写信给少奇、小平和与会同志，说明他已请一直在京未来郑州参会的9位中央同志即来郑州，参加下午和晚上会议，共同审定毛主席的讲话修改稿和大家商议的把郑州会议精神归纳为通俗易懂的12句话，以昭慎重。毛主席还叮嘱大家好好阅读河南六级干部会的记录。据乔木同志后来告诉我，郑州会议初期参加会议的中央政治局同志除毛主席外还有少奇、小平同志以及八大二次会议新增选的谭震林、柯庆施、李井泉，总共只有6人，外加政治局候补委员陈伯达，书记处候补书记胡乔木。当时政治局委员共有19人，过半数需有10人。新增参加郑州会议的9位同志是：周恩来、陈云、陈毅、彭德怀、李富春、薄一波、陆定一、康生、肖华。其中周、陈、陈、彭、李是政治局委员，薄、陆、康是政治局候补委员。这样参加会议的政治局委员增加到11人，还有政治局候补委员4人，从这时起，才确定郑州会议称为政治局扩大会议。

郑州会议又从3日延长到5日，期间毛主席在同志们发言时多次插话，反复说明他2月27日讲话和后来修改稿（已经1日夜和2日夜两次修改）的意见。毛主席还建议起草一个简单的会议纪要，连同他的讲话和人民公社管理体制的若干规定草案一并讨论通过。这就是后来发出的郑州会议三个文件。

郑州会议于5日通过上述三个文件后结束。

第一个文件是《郑州会议纪要》。据小平同志传达时说，主席嫌乔木同志起草的纪要太长，多处同主席的讲话重复。主席弃此稿不用，亲自起草了后来在会议上通过的稿子。《郑州会议纪要》全文如下：

一九五九年二月二十七日起，在郑州举行了中央政治局扩大会议。会议进行了七天，三月五日结束。到会者，中央二十人，省、市、区党委第一书记二十七人，共四十七人。会议主题是人民公社问题。首先由毛泽东同志讲了他的意见，然后进行几次讨论，结果如下：

（一）同意毛泽东同志的意见。

（二）规定了如下十四句话作为当前整顿和建设人民公社的方针。这十四句话是：

统一领导，队为基础；
分级管理，权力下放；
三级核算，各计盈亏；
分配计划，由社决定；
适当积累，合理调剂；

物资劳动，等价交换；

按劳分配，承认差别。

（三）起草了一个关于人民公社管理体制的若干规定（草案）。

据小平同志传达时说，《纪要》的 14 句话，原先是 12 句话，是会上你一句我一句凑成的，次序有些凌乱，先后不分，主次不分，后来经过毛主席同大家商量，才修订为上述 14 句话。小平同志说，这 14 句话是反复讨论中各种不同意见的分析综合，是整个会议的精神实质，为的是基层干部和群众易懂易记。当然，再概括一下，最关键的是四句话，即：三级核算，队为基础；按劳分配，承认差别。这是同公社过分集中和平均主义针锋相对的。整个会议过程中，主要是毛主席说服大家同意公社不要过分集中，要实行三级所有，以队为主；社员与社员和队与队之间，应实行按劳分配的原则，承认彼此之间的差别，应当各不相同。

第二个文件是毛主席《在郑州会议上的讲话》（1959 年 2 月 27 日）。这个文件，比之主席原来的讲话，基本内容没有改变，而且对公社所有制要有一个由小而大的发展过程、农民的两重性和不能剥夺农民、“共产风”的主要表现、承认商品交换和按劳分配、人民生活与公社积累和国家需要这三方面要统筹兼顾、真正做到全国一盘棋等问题，论述更详。但最后修改定稿的前面和后面各加了两大段文字。前面增加讲：1958 年的伟大成绩，同出现的一些缺点相比，是九个指头同一个指头的关系，在整社中首先应对人民公社的优越性的伟大成绩加以肯定，坚决保护干部和群众的积极性。后面增加一大段讲：人民公社成绩伟大，一个指头的缺点是难以避免的；中央事先没有更早作出具体指示，使下级干部一时没有掌握好分寸，整社中会很快改善；观潮派、算账派将会讥笑我们，地、富、反、坏会进行破坏，我们应沉住气，硬着头皮顶住。他们充分暴露时广大干部群众会予以反击，人民公社一定蒸蒸日上，胜利一定是我们的。

第三个文件是《关于人民公社管理体制的若干规定（草案）》。内容分三部分。一为人民公社管理委员会的职权范围，二为相当于原来的高级农业生产合作社的管理区或生产队的职权范围，三为不相当于原来的高级农业生产合作社的管理区或生产队的职权范围。共 22 条。据小平同志传达时说，这个草案是王任重和陶鲁笳（他们当时分别任湖北和山西省委的第一书记）起草的。会议对这个文件草案未多加讨论和修正，但对管理区和生产队的含义引起不少质疑。依毛主席的想法，草案内容有待作较大修改，因整社工作才开始，特别是各省将仿照河南经验召开六级干部会将会提出许多问题和意见，这个草案只能做到引起议论的作用。将来可以综合各省意见加以修改，提到拟在3月下旬召开的上海会议中讨论。

这次郑州会议中，毛主席独具慧眼，敏锐地从粮油风潮、城乡关系紧张中抓住有关两个“过渡”中当前的要害问题或者称主要矛盾，从一般“共产风”中抓住“一平二调”，从反对本位主义中识破公社过分集中和平均主义，力排众议，提出并坚持三级核算、队为基础，按劳分配、承认差别的方针。这就把去年11月郑州会议开始、武昌会议继之的理论纠“左”和实践纠“左”结合起来，并且抓得紧而又紧，不失时机，迅速推向全国各省，赶在春耕之前避免农村发生一场大破坏，也使工农联盟得以巩固。这在纠“左”过程中具有独特的历史意义。当然，郑州会议是专门解决人民公社内部所有制问题的，它没有完全清理“一大二公”的“左”倾方针，更没有清理1958年的“大跃进”的重大错误。这在毛主席的讲话中有迹可循，从而也影响以后的纠“左”工作的反复。

郑州会议结束后，刘、周、陈、邓迅速离郑返京，毛主席则仍在郑州停留，观察正在展开大辩论的河南省六级干部会。这以后，毛主席对整顿人民公社一直抓得紧而又紧。3月10日晚毛主席离开郑州去武昌，停留10天去南昌，3月21日抵杭州，稍事休息后去上海，3月25日准时在上海召开政治局扩大会议和其后的八届七中全会。从下面开列的日程中，可以看到毛主席对贯彻郑州会议决定是如何抓得紧而又紧的：

3月8日，他在郑州批发湖北省委召开会议贯彻郑州会议决定的报告，和河南省六级干部会综合材料。

3月9日凌晨，他写了给各省、市、自治区党委第一书记的一封信，这是他首创的《党内通信》形式的第一封信，主要内容是催促各省赶快召开六级干部会，说太迟了不利，开10天左右，时间太短会不深不透，可在3月23或24日前结束，以便赶到上海开中央政治局扩大会议。此信发刘、邓看后同意即发出。

同日，他还批发了安徽、湖南传达郑州会议的报告。

3月10日和13日，他先后两次批发了广东省委的报告。

3月15日，他写了第二封《党内通信》。这封信主要是说明：郑州会议决定说的“队为基础”的“队”是指原来的高级社即现在的生产队。而当时河南省委和湖南省委均规定生产大队（亦称管理区）为基本核算单位，湖北省委则规定原来的高级社即现在的生产队为基本核算单位，毛主席认为湖北对郑州会议决定的理解是准确的，河南、湖南的规定一定要得到基层干部的真正同意，如果他们觉得勉强，不妨改为以生产队为基本核算单位。

同日，他又批发了安徽、广东、山东、湖北的六级干部会的几份报告。

3 月 16 日，他在武昌同湖北各地委第一书记和几个县委书记座谈省的六级干部会之后如何召开县的四级干部会（包括县、公社、生产大队、生产队的主要干部）。

3 月 17 日，他写了第三封《党内通信》，主要是谈如何召开县的五级干部会（除前述四级干部外再增加生产小队一级干部）。说明这种会要在 3 月底以前开完，以便 4 月大忙春耕，工暇全民讨论；5 月召开公社代表大会，男女老少、正面反面，都有代表参加，一切政策决定，必须遵循两条原则，一是适合当前群众觉悟水平，二是符合当前群众的迫切要求。

同日，他还批发河北省委、山东省委的报告以及河南荥阳县县委开四级干部会的报告。

3 月 19 日，他批发四川省委召开六级干部会的报告，以及河南省委改变原来决定，把基本核算单位从大队改为生产队的报告和河南洛阳地委关于各县五级干部会的报告（绝大多数赞成以生产队为基本核算单位）。

3 月 20 日，他从武昌到南昌，同江西省委和部分地、市委负责人谈话。他事先写了谈话提纲，谈话后又写了《关于人民公社若干问题的提纲》，提出了一系列问题，开列了许多“如何办”、“会怎么样”。

同日，他还批发了山西和河北省委的报告。

3 月 23 日，他在安徽桐城县委关于召开五级干部会的报告上批了一段话，主要是说以生产队为基本核算单位，即生产队小集体所有制过渡到大集体所有制，要经历几个过程，先是过渡到以乡为范围的大集体所有制，然后经过若干年，确有可能又有必要，才过渡到以区为范围的大集体所有制。这种过渡，一定要所有小集体都不吃亏，每个人和每个小集体都感到更为有利，是出于各个小集体和大多数社员的要求。

3 月 24 日，上海会议前夕，他还接连批发了四川、福建、浙江三个省委的报告。

毛主席曾多次说过，“抓而不紧等于不抓”。什么是“抓紧”，大概就是上述这个样子。这也是毛主席的一贯风格。

（八）上海的交心

上海会议包括两个阶段：第一段是3月25日至4月1日的中央政治局扩大会议（一般也称中央工作会议），第二段是4月2日至5日的八届七中全会。这是毛主席为首的党中央纠正“大跃进”和人民公社化中“左”倾错误过程中一次重要会议。

会议议程有四项：一是西藏叛乱问题，二是人民公社问题，三是1959年的国民经济计划问题，四是最高国家机构人事安排方案。

西藏叛乱问题是会前临时增加的。因为参加会议的同志一到上海即纷纷议论这个问题。本来，早在3月初，中央即获悉西藏上层反动集团酝酿叛乱，在同毛主席（他当时在武昌）商量后，即采取紧急措施，加强戒备，并开始从四川调部队去藏（因解放军驻藏部队很少，原来的藏军也没有改编），但不打第一枪。3月19日，拉萨上层叛乱集团乘机发动叛乱，藏军利用黑夜向解放军全面进攻。中央得悉后，下令解放军于3月20日白天进行反击。藏军溃败，达赖逃离拉萨至印度北部葛伦堡。中央决定迅速平息叛乱，开始实行民主改革。毛主席、少奇同志等到达上海后，一面向到会同志说明西藏叛乱经过和中央决策，一面要我同统战部徐冰[1]同志商量拟草新闻公报，将此事公诸于世。毛主席亲自主持修改新闻公报，于3月28日发表，同时在会议上印发。至此这一议程即告一段落。（关于西藏叛乱和我军平叛详细经过，见拙著《忆毛主席》一书第九节和《十年论战——中苏关系回忆录》第五章）

第四个议程也没有多议论，这个国家最高机构的人事安排方案，包括国家主席、副主席、全国人大常委会委员长、副委员长，国务院总理、副总理，中央军事委员会主席、副主席等人选草案，准备在同党外人士协商后提交4月召开的第二届全国人民代表大会第一次会议选举。其中国家主席人选，根据八届六中全会的决定，提名少奇同志担任，并兼任中央军委主席（党内中央军委主席仍由毛主席担任）；全国人大常委会委员长由朱德同志接替；国务院总理仍为周恩来，这个方案，中央政治局和八届七中全会都一致通过了。

① 徐冰，时任统战部副部长。

进一步解决“一大二公”

会议集中讨论第二、三项。首先讨论关于人民公社问题。会前，由谭震林[①]、王任重、陶鲁笳、廖鲁言[②]、田家英等起草了有关人民公社的13个问题的会议纪要。毛主席在会前也起草一个讲话提纲，开列了14个题目。

毛主席3月25下午在会上讲话，大体上是按照原拟的题目，说明自己的意见，或者提出问题请大家考虑。讲话的主要内容，就是他从郑州到上海一路上收到各省召开六级干部会的报告和召开座谈会的意见中综合归纳出来的。要点是：

1、人民公社应有个章程。郑州会议草拟的不完善，应根据各省讨论中提出的意见作出规定，明确三级核算是公社一级、大队（或管理区）一级，生产队是指原来的高级社，是基本核算单位。河南原先基本核算单位是大队，后改为生产队改对了。

2、现在应当考虑，生产队为基本所有制之下，生产小队，即原来的初级社应当有部分所有制。浙江的规定是对的。

① 谭震林，时任中共中央政治局委员，国务院副总理，主管农业。
② 廖鲁言，时任农业部部长。

3、“吃饭不要钱”一定要坚持，但可以采取多种办法，如大部分不要钱，小部分要钱或半要钱（交半费），力求适合按劳分配的原则。

4、郑州会议我讲话中曾说旧账一般不算，现在看来不对，应当规定旧账一般要算，无理的平调要算，有理的也要算。算账可以教育干部懂得等价交换的原则不能违反，不能无偿调拨下级的产品和劳力，借的东西要偿还，一时还不了的要打欠条。手不要伸得太长了。

5、各级积累不要太多，要确定下来，要定一个绝对数，不能超过。县是否也要向下面抽积累，值得考虑。

6、国家向公社投资10亿元恐怕不够，可考虑再增加10亿元。

7、以后每年秋后省要开六级干部会，县要开四级干部会，有各种不同意见的人参加，有对立面，大鸣大放，有关群众切身利益的大事都在会上讨论。

3月28日，毛主席在大家发言中插话，有三点比较重要的意见：一是武昌会议和郑州会议可以说大体解决了省委一级的两个“过渡”问题，但没有解决县委一级和公社一级的问题。二是现在要采取上下夹攻的办法解决县和公社干部的问题，使他们思想上通了。三是城市同农村一样，我们要听基层干部的话，村里和车间里要听支部书记的话。毛主席在上海会议期间，还接连批发了安徽、上海、山西、山东、湖北麻城以及谭震林同志的报告。连同自第二次郑州会议以后批发的文件和《党内通信》，共达22件之多。

由于有前面的一系列铺垫，上海会议上对人民公社问题的讨论比较顺畅，很快就形成了会议纪要，政治局扩大会议时议定为13条，提交八届七中全会原则通过后又增改为18条。内容包括了第二次郑州会议纪要确定的原则和毛主席在上海会议讲话的主要意见。这18条纪要，比武昌会议和第二次郑州会议都前进一大步，这表现在：

第一，在一个长时期内，逐步实行从小集体所有制过渡到大集体所有制的两个步骤，第一步从生产队（原高级社）到生产大队；第二步从生产大队到公社。

至少，在十年内不向全民所有制过渡，二十年内不向共产主义过渡。（按：回过头来看，这两个期限仍然太短了，但在当时却起了相当大的抑制作用。毛主席在3月31日批发谭启龙[①]同志的信时指出：人民公社的基本核算单位，目前应是生产队。三、五、七年之后，群众要变的话，先变到乡。何时变到区，现在设想，大概要到十年、十五年或者二十年之后，才有可能变。）

① 谭启龙，时任中共山东省委书记处书记，山东省省长。

第二，全省召开六级干部会，县召开四级干部会，大鸣大放，解决三级核算、队为基础等郑州会议的 14 句话的真正落实问题。

第三，“队为基础”是生产队即原高级社为基本核算单位，生产小队即原初级社应有部分所有制。

第四，供给制要坚持，办法可以变通；工资制可按老办法“评工记分”或“死级活评”，分配制度要贯彻按劳分配的原则。

第五，旧账原则要结算。县和公社无偿调拨下面的物资和劳力，除无法弄清和无法处理的以外，一律要如数归还和退赔，一时还不起的可以打欠条，分期还清。原属社员的猪、羊、鸡、鸭、鹅等家畜家禽，经集中饲养的要归还社员，不能归还的要作价还款。因办公共食堂等公益事业向社员借用的房屋、家俱，能归还的一律归还，暂时不能还的要给开借条，按时给租金。

第六，收益分配方案，除公粮和农业税外，55% 至 70% 应分配给社员（按生产队之间可以因贫富差别而有所不同），积累不超过 8%—18%，生产费占 19%—24%，管理费不超过 2%。县级今年不向公社提公积金。

以上这些主要规定，虽然还未能完全纠正“一大二公”的弊病，但对刹住当时盛行的“一平二调”的“共产风”

起了很大的积极作用。

毛主席在上海会议期间和上海会议之后，继续批发了一批有关整顿人民公社的文件，特别是在 4 月 29 日写了给省级直到生产小队级共六级干部的一封党内通信，其主要内容是：生产要落实，根本不要管上级规定的那一套指标，密植由生产队、生产小队决定，要节约粮食，粮食问题要经过十年、二十年才能解决，十年内一切大话、高调切不可讲，讲就是十分危险的。一共 6 个问题，主要锋芒是反对瞎指挥。5 月 7 日毛主席又批发了中央《关于农业问题的紧急指示》，恢复公社化时被取消的自留地；6 月 11 日又批发了中央《关于社员私养家禽、家畜、自留地的指示》。这样，大集体、小自由的原则才在政策上作出规定。

降低计划指标

上海会议的另一个主题是 1959 年经济计划。这个计划是按武昌会议决定的钢、煤、粮、棉四大指标编制的，北京会议时曾议论过，但仍维持四大指标。在上海会议前，少奇同志主持政治局会议曾检查执行情况。据统计，第二季度执行情况不好，大部分工业生产没有完成计划，决定要计委和经委提出解决方案。两委忙了多天，到上海会议开始还拿不出新方案，只表示四大指标经过努力可以完成。这是 3 月 26 日会上说的。第二天，3 月 27 日，各省、市纷纷表示难以完成两委分配的任务，由此引起中央各有关部门和各省、市、自治区之间以及他们互相之间互提条件的争论。毛主席非常生气，批评一波同志第一天说可以完成计划，第二天就改口说完成有困难。主席说，我们搞了十年工业，我看还是没有经验，很难说他们懂得有计划、按比例的规律，他们不会搞综合平衡。你们老说这个做得不够，那个做得不够，不够是什么意思，1% 不够，还是 10%、50%、甚至 90% 做得不够？

会议在 3 月 28 日到 29 日集中讨论计划指标问题。小平同志提出，1959 年计划中钢产指标要放弃上限的 2000 万吨，以下限 1800 万吨为目标安排全盘计划。根据是过去把钢材的指标定得太高（1500 万吨），因而各方面都据此要求供应钢材制造设备，结果供不应求，第一季度没有完成计划缘由在此。实际上，即使完成钢产 1800 万吨，钢材设备能力只能生产 1100 万吨，加上进口 100 万吨，只有 1200 万吨，因此根本完不成钢产 2000 万吨的指标，1800 万吨也很吃力。由此推算，基本建设项目要砍一大批，其他生产指标也要相应降低，反正没有钢材。他建议会议延期几天，在 4 月 2 日召开全会前调整好计划。

会议经过两天讨论，到3月28日休会前，周总理提出一个折中方案。他提出，按1800万吨钢安排计划，相应项目跟上，但基本建设只能按1100万吨钢材安排，除今年最必需的项目要上外，只能适当照顾明年生产的增加。安排计划时首先工业要保证农业需要，尤其是联合收割机和化肥、农药的需要，拖拉机可放后一些，因春耕将告一段落，要准备夏收、夏种、田间管理和秋收。周总理还提出，各省市表示原来下达的任务难以完成，可以考虑减少任务。他具体建议各省、市钢产任务可减少190万吨，但辽宁要增加30—50万吨。他要求两委抓紧时间，两天内提出调整方案。毛主席在插话时说，富春、一波和先念的报告，有不少“相当严重”的话，我不晓得“相当”是什么意思。依我看，有些事确实做得不够好，可以说是相当严重，但有些事则做得很不好，很严重，不能轻描淡写，“相当”、“不够”而已，否则我们这次会何必开呢？

4月2日开始的七中全会，对人民公社问题讨论较少，主要集中在经调整后的1959年计划草案，这是两委经两昼夜忙碌提出来的。小平同志在全会开始时报告经调整的1959年计划要点。他的报告主要说明：

1、1958年的成绩应加肯定，已经公布的四大成绩不作修改。有些同志在会上提出粮食产量7500亿斤不实，但究竟多少也说不准，有说要打七折，有说要打八折。打七折有5200亿斤，比1957年增产300亿斤，也是大跃进，因为第一个五年计划平均每年只增产一百多亿斤。棉花产量也是如此。钢产1118万吨，比1957年翻了一番还多，当然其中有300万吨是土钢，但仍可造简单设备和材料。煤也没有问题。总之大跃进是肯定的。七分人才，但加了三分打扮，粉搽多了。问题是否要改变公布的数字。权衡利弊，一是究竟有多少谁也说不准，修改了别人就相信？二是政治上不利，不能让广大干部和群众灰溜溜。因此不能修改，30年后再说。

2、今年计划指标，不宣布更改，内部掌握能搞多少是多少。粮食10500亿斤的指标，完成可能小，能完成8000亿斤也就了不起了。棉花一亿担的指标也是过高了，大家觉得完成8000万担是有把握的，也了不起。去年未完成数不变，今年补一下，达到多少是多少，这样做比较有利。现在宣传上要注意，不能尽说“风调雨顺”、“禾苗粗壮”，要留一手。钢产1800万吨的指标肯定完成不了，因为没有那么多铁可炼钢。生铁少了，钢产相应下降，估计只能完成1640万吨，主要减少地方任务。钢材指标则订为1100万吨。煤的指标也相应减少，需要减少了，实际上也完成不了。

3、作为教训，去年北戴河决定指标太高，从此一直被动，步步后退，工作紧张而又非常被动。武昌会议公布1959年四大指标，也是欠考虑，太早太高了。这次会议降低指标，但要完成仍得拼命干，劲要鼓足，不能松懈。

少奇同志在会上提出疑问，说1640万吨钢是否真的落实了？因为会上中央部门和地方上的负责同志的发言，都说完成这个指标仍然很吃力，摆了许多有待解决的困难。现在很需要中央各部和地方上充分合作，能多搞一些土钢也是有用处的。至于去年公布的完成数，赞成不更改，将来写党史时再说，现在考虑着重现实政治。

周总理在会议期间，一方面着力处理西藏平叛和中印关系，另方面也帮助两委具体计算，在大会上未多发言，这时可能是感到已降低的指标还是很勉强，于是在这天，在邓、刘讲话之后提出折中方案。总理说，经过仔细计算，生铁只能生产2450万吨，比原来少200万吨，可以少耗煤1500万吨。这样多的铁，可以炼1800万吨钢。但是其中只有1300万吨是中央18个重点钢厂生产的好钢，大家都叫“洋钢”，其余的500万吨是地方上小厂生产出来的，大部分是土法炼出来的“土钢”。因此，他建议已公布的1800万吨钢指标不要更改，但内定指标降为1640万吨（包括地方上生产的340万吨洋钢），用地方上的土钢来补足

1800 万吨。土钢和土铁完全归地方使用，中央一吨也不上调。但土钢不能超过太多，以免多耗煤炭。煤的指标相应降为 3.8 亿吨，给煤矿增加的设备也相应减少。这样用 1640 万吨洋钢来生产 1100 万吨钢材是比较有把握的。因钢产指标原定为1800—2000万吨而需要上马的基建项目，也相应减少 500 项，只搞 1000 项，这一砍，每个人头上都要流点“血”，希望大家以大局为重，承担局部牺牲。总理语重心长地强调：大跃进主要表现为去年完成粮、棉、钢、煤四大增产。这是前所未有的新事物，不能以常规眼光看待，既不能按西方标准，也不能按苏联标准，有些缺点是难以避免的。今年计划的四大指标，也不能不另眼相看。因为总路线实行只有一年，不能要求各方面都很周到、完善。我们是边走边看，边干边学。有计划只能不断地根据实践不断修改，按比例也只能在实践中不断总结经验教训。我们有理由坚持总路线，多快好省，继续苦干实干。

经过两天讨论，少奇同志主持政治局在 4 月 4 日开会后议定 1959 年计划方案，粮食仍为 10500 亿斤，棉花仍为 10000 万担，钢产为 1650 万吨，煤炭 3.8 亿吨，基本建设投资 280 亿元（原为 360 亿元）。少奇同志在结束时说，按此方案提交全会通过，希望这方案真正落实，站稳了脚跟，以后不要再后退了。

多谋善断的工作方法

毛主席在会议结束前（4 月 5 日上午）讲话，他专门谈工作方法问题，一共讲了 16 条意见。他先按提纲把 16 个问题念了一遍，念题目时有些略加解释，然后从头逐条阐述他的意见。这 16 条是:（1）多谋善断。（2）留有余地。（3）波浪式前进。（4）依形势改变计划。（5）观察形势。（6）当机立断。（7）与人通气。（8）解除封锁。（9）一个人有时胜过多数人。（10）对北戴河会议到现在的过程的认识。（11）凡看不懂的文件不要拿出来。（12）权力集中政治局常委和中央书记处。（13）一朝权在手，便把令来行。（14）舍得一身剐，敢把皇帝拉下马。（15）责人宽，责己严。（16）没有偏心。毛主席这篇讲话，实际上是把从“大跃进”、人民公社化以来的实践中的经验教训，提高到思想方法、工作方法的高度，按他当时认识到的来加以总结，是一篇纠“左”的重要讲话。

毛主席这篇讲话，属于思想方法和工作方法的，从第一条多谋善断起，一共有 9 条，如观察形势，与人通气，当机立断，留有余地，波浪式前进，认识过程，敢把皇帝拉下马，一个人有时胜过多数人等，另一类属于组织原则的有 5 条，如权力集中常委和书记处；一朝权在手，便把令来行；解除封锁；责人与责己；没有偏心等。

毛主席这篇讲话，既作了自我批评，又批评了别人，还表扬了别人，这样开展批评和自我批评是很少见的。自我批评也批评别人的有（1）、（4）、（5）、（6）、（10）条；批评别人也自我批评的有（3）、（8）、（13）条；批评别人的有（2）、（7）、（9）、（11）、（12）条。毛主席在整篇讲话中，接连表扬了陈云同志达6次之多，主要是说陈云同志在武昌会议前后对公布1959年计划四大指标是否适宜提过不同意见，并且对钢产指标再三表示怀疑，事实证明陈云同志是正确的。一个人有时胜过多数人的那一条教训就是由此而来。

毛主席这篇讲话，主要锋芒是纠“左”。他指出，1958年的问题发生的重要原因是多谋善断不足。不谋独断不对，多谋寡断也不对，多谋而不善断也不对。他自己对一些问题断错了。钢产翻一番断得不对，人民公社化太急了。第二次郑州会议，他看出了“共产风”没有刹住，而春耕在即，因而当机立断召开紧急会议，明确指出一平二调是错误的，不能剥夺农民，要实行三级所有、队为基础，按劳分配，承认差别。这次断对了，但当时主张旧账一般不算是断错了。富春、一波同志既不善谋（未听取陈云同志意见），也不善断，多次说过稳妥可靠、留有余地，但每次事后证明既不稳妥也无余地。

他讲到，要善于观察形势，不能头脑发热。他说，许多同志不善于观察形势，头脑发热，我也发热。北戴河会议后一直被动，就是对形势观察有误，不得不断修改决定，仍然不符合客观形势。上海会议在计划问题上估计混乱，仓促上阵。薄一波同志第一天说可以完成1800万吨钢，第二天就改口说完不成。

他还说，留有余地在成都会议就提出来了，但当时就搞三本账，冒口一本比一本大，把期成数当成必成数，贪多贪大贪快的风气膨胀，提出压缩空气还是压不下来。马鞍形是应当允许，他只反对提出“反冒进”，并不反对根据形势适时调整计划。事物总是波浪式前进，今年计划增长幅度比去年小，波浪比去年低，只能如此。

他还指出，北戴河会议是顶峰，调子最高，郑州会议和武昌会议降低一点，北京会议踏步、维持，第二次郑州会议又降温，这次上海会议再降低，看来可能比较合适，是否完全合适也难说。我们的认识是随实践而发展，实践一次，前进一步。认识只能逐步接近实际，相对真理只能在实践中逐步接近（不能穷尽）绝对真理。这样认识就不至于唉声叹气，也防止骄傲自满。

他对彭涛（化学工业部部长）同志表示赞许，对王鹤寿（冶金工业部部长）同志说别人对他意见不少，应考虑一下，改进一下。他说，我捧了你一年多，尾巴翘起来了，我有责任。希望改过来。我没有偏心，受批评的都是好同志，但要批评，以便大家学到较好的工作方法。

毛主席在这篇讲话中多处讲到有关组织原则的问题，强调权力集中于中央政治局常委会和中央书记处。他说，我是党中央主席，但未完全挂帅，现在我要完全挂帅，是主帅。邓小平是副帅，因为他是直属常委的负责日常工作的中央书记处的总书记。我一朝权在手，便把令来行。我要当秦始皇，现在中国秦始皇太少了，权力分散，政出多门，要集中统一起来。这是民主集中制所要求的。要上下通气。这次上海会议前，计委、经委不拿出文件，纹风不露，形同封锁。反对四时八节，倾盆大雨，例行公事，强迫签字。要解除封锁，与人通气，经常下毛毛雨，使常委经常接触你们工作中的重大问题（不是鸡毛蒜皮的小事报告不断），叫人看不懂的文件不要上报中央。

毛主席在结束他的讲话时坦率地说，我今天批评了许多同志。批评了你就不投我的票么？我不怕。我曾批评彭德怀同志多次，可能他耿耿于怀。我希望大家知无不言，敢于讲心里话。要像《红楼梦》中王熙凤说的那样，“舍得一身剐，敢把皇帝拉下马”。明朝冤案很多，皇帝动不动就下诏“廷杖”、“下狱”，但敢于直言的人还是很多。共产党应比封建王朝好得多，应当出许多像海瑞那样不怕坐牢的人物。毛主席最后说，我今天向大家交心，希望下次会议大家也交心。

这里补充一点情况。对于毛主席这次讲话中提出“主帅”、“副帅”问题，近年有些论者认为少奇同志从此被“抛在一边”，这是误解。在上海会议后不久，毛主席在4月15日召开的最高国务会议上，解释国家主席人事安排方案时说，为什么国家主席拟由少奇同志担任，而不是由朱德同志担任呢？朱德同志是很有威望的，少奇同志也是很有威望的。为什么是后者而不是前者任国家主席呢？因为我们共产党内主持中央工作的，我算一个，但是我是不管日常事务的，有时候管一点，多数时候不管。经常管的是谁，是少奇同志。我一离开北京，都是他代理我的工作。这已经是好多年了。在延安开始就是如此，现在到北京又有十年了。比如延安时期，我到重庆去同蒋委员长谈判，代理我的工作就是少奇同志。所以他担任国家主席比较合适。这是比较起来讲的，不是朱德同志不合适，是比较起来少奇同志更适合一点。同时，朱德同志也极力推荐少奇同志。我说，你们对调一下，少奇同志过去的工作（全国人大常委会委员长），请你做。他很高兴。所以中共中央上海会议、七中全会，就决定这样做。宋副委员长改任国家副主席，还有一个副主席是董必武同志。

七中全会5日下午再开会，由小平同志、富春同志和谭震林同志分别就议程有关问题作了说明。会议一致通过三个文件，即《关于人民公社若干问题》的会议纪要（通过时分为十三个问题，经会后调整，4月20日公布时为十八个问题），《1959年国民经济计划草案》，推荐下一届全国人大选举国家最高机构人员的候选人名单草案，后两者均须提交第二届全国人民代表大会第一次会议决定（这次会议后来在4月18—28日举行）。

少奇同志在会议结束前提出，主席讲话很重要，建议全会结束后各小组明天再开一次座谈会。各小组在座谈中纷纷表示毛主席的讲话很受教育，要好好领会、传达。周总理和富春同志比较强调毛主席这次向大家交心，希望大家在下次会议也学习毛主席那样，发扬自我批评精神，并且表示他们自己准备认真检讨这一年来工作中的缺点，向大家交心，希望大家也知无不言，言无不尽，批评他们。陈云同志在发言中表示：毛主席在讲话中多次提到他，但他也不是完全正确，他也有缺点。对于今年计划指标，他赞成北戴河会议的决定，他在武昌会议上虽有怀疑但仍举了手，他在北京会议上又有反复，这次上海会议他投赞成票，虽然仍有一点担心，他将在会后详细作一番调查研究。诸葛一生唯谨慎，陈云同志是属于小心谨慎一类的人。

上海会议结束后，我即随周总理由沪至杭，参加毛主席、少奇同志和小平同志分别在杭州主持的会议，修改准备提交第二届全国人民代表大会第一次会议的《政府工作报告》和人民公社十八个问题纪要的定稿，并讨论中印关系问题，决定了对尼赫鲁反华演说采取后发制人的宣传方针，至10日才返京。

（九）纠“左”高峰的颐年堂会议

1959年6月中旬毛主席在中南海颐年堂召开两次政治局会议，是1958年11月郑州会议以来纠“左”工作进程的高峰。

还在5月初，毛主席在杭州一次政治局常委会议上，就交待其他常委回北京后进一步研究1959年计划四大指标的落实问题。

陈云同志的精确数据

少奇同志在5月11日在中南海西楼会议厅主持政治

局会议，由陈云同志报告他详细调查研究的结果。陈云同志调查研究方法独树一帜，他不是像过去国家计委、经委同志那样，先从能炼多少铁入手，而是倒转过来，先从能生产多少钢材入手。陈云同志说，他这样做是因为大家都喊完成钢产1650万吨很艰巨，其实是讲用来炼钢的生铁生产不足，而生铁有质量好坏和能否炼钢的问题，各人的估计伸缩性很大。而钢材的生产能力是可以准确计算出来的，生铁和钢即使生产再多，也不能在当年完全变为钢材，顶上当年使用。这样完成计划的关键在轧钢设备能力，这是硬碰硬，一点也不能虚假的。

陈云同志一一摆出他调查研究的数据：

1、今年钢材生产计划，冶金部定为900万吨，争取1000万吨；国家计委定为850万吨，争取950万吨。

2、今年第二季度钢材可以生产205万吨，连同第一季度生产的164万吨，共369万吨。

3、按轧钢设备能力，在设备完好，开足马力的情况下，可以生产900万吨，今年计划指标定在900万吨比较可靠，争取完成数暂时不定。

4、按生产钢材能力计算，生产钢材900万吨，只需生产钢1300万吨，但都是好钢。这样就不需要非生产1650万吨钢不可。

5、生产1300万吨钢，只需要2000万吨可以炼钢的好铁，因此生铁的指标可以从2400万吨降下来。

6、要生产2000万吨生铁，需要有7100万吨铁矿石，现有大、中、小矿山可以完成这个任务。

7、要生产2000万吨生铁，只需3000万吨焦炭，4500万吨洗煤，9000万吨焦煤，因此今年煤的生产指标也可以降低。

8、因此，他建议今年钢产指标应由上海会议决定的1650万吨改为1300万吨，其他工业生产指标也相应降低，这就可以缓和各方面紧张程度，不必勉强去争取完成原定计划。

9、今年要特别强调保证质量，各方面都要花大力气攻质量关，把苦干、巧干的干劲从数量转移到质量上来。务必使质量比去年有很大的提高，这是完成1300万吨钢和900万吨钢材的关键。

周总理支持陈云同志的建议。他说陈云同志的计算是仔细、合理的，但1300万吨钢、900万吨钢材仍然是繁重的任务，因为去年好钢只有800万吨，今年的1300万吨都要好钢，比去年增产60%，仍是大跃进。而且要看到，钢材今年上半年只生产了不到1300万吨的四分之一，四分之三要在下半年完成，即平均每月要生产80多万吨，而设备能力总共只能每月生产 90 万吨。目前应抓紧钢材分配，已分配了 430 万吨，待分配的有 470 万吨（按生产 900 万吨计算），这里还要留出机动数以应急需，另外还要计算今年年底生产而来不及分配使用的。因此要确定分配的原则，一是先生产，后基建；二是保证重点，照顾一般；三是留有余地。

小平同志也赞成陈云同志建议。他着重说明，我们的方针是退到可靠的阵地，站稳了再前进。

少奇同志也赞成陈云同志的建议。他说，我们的计划应实事求是，实在完不成了就得降低，降到可靠的基础上，加以调整，然后再图前进。1300 万吨钢的指标要努力搞，能搞多少是多少。干劲还要鼓足，但不是靠高指标来鼓。高指标是不能持久的，指标切合实际而且留有余地，才是真正鼓干劲，才能使干劲持久、经常。去年我们多少是根据需要来定指标，不符合实际地上了许多基建项目。这是一个教训。今年，基建项目要坚决压缩，要砍一大批项目，砍三分之一。还有一个教训是都搞高指标，招工多了，没有估计后果如何。今年城市紧张的根源在此。如果这两条不犯错误，我们不致如此被动，一再调整计划，把生产和建设的秩序打乱了。现在要发动一个全国性的增产节约运动，压缩城镇，支援农业生产。

会议一致赞成陈云同志的建议，但少奇同志最后作结论时说，此事关系重大，待毛主席回京后再作正式决定，并要求中央书记处抓紧计委和经委仔细算账，写出一个全面调整方案来。

6 月 11 日彭真同志主持书记处会议，听取富春和一波同志的汇报。计委和经委经过一个月的算账，以 1300 万吨钢、900 万吨钢材基准，相应调整了各个项目，如煤、煤炭、木材、机械等指标下调，但轻工日用品的生产指标上调。会议着重讨论了基建项目如何下马。据会议上反映的情况，中央部门特别是各地方主管部门对调整有三种情况，一种是仍然想多搞，力争保持上海会议的方案；一种是不肯承担分配的任务，尽量往下溜；还有一种是认为调整要有限度，不能砍得太狠了。彭真同志要有关同志再考虑一下，准备向毛主席主持的政治局会议汇报。这时毛主席已从杭州回到北京。

颐年堂的善断

第二天，6 月 12 日，毛主席在颐年堂召开政治局会议。陈云同志因病，小平同志跌伤了腿，都没有参加。周总理作了综合汇报。毛主席听了汇报后说，去年大跃进，破除迷信有很大作用，但主观主义大为发展，许多事情不讲时间、空间、条件，只讲主观能动性，不顾客观可能性，使主观能动性无限扩大。为了纠正这些，可以各持己见，树立对立面，在桌面上辩论。我们考虑问题，应当左思右想，允许翻来覆去。

主席说，我过去只摸农业，工业去年才开始接触，势必犯错误。犯了错误才能找到正确的道路。去年的经验教训十分宝贵。我看有三个问题比较清楚。第一是目前我们面临困难，其根源是我们定的计划指标太高了。第二是去年我们下放权力过多，结果各自为政，各自花钱。第三是人民公社发展过快，未经典型试验就全国推广，“共产风”刮得大，公社干部不会当家，一阵风追求“一大二公”。

主席说，速度过高，就不可能按比例。我们说是两条腿走路，但实际上一条腿短，一条腿长，只顾多快，不讲好省，只顾重工业，不顾轻工业，怎么能综合平衡呢？

主席又说，我们不要老批评下面，因为实际上许多事情是上面逼出来的。农民说，只有你们说了算，我们说了不算。现在粮食紧张，有瞒产私分的原因，但不是主要的。主要原因，一是去年产量有虚夸作假，报多了；二是去年大办钢铁，几千万人上山采矿炼铁去了，秋收没有收好，好些粮食和棉花丢在地里；三是吃饭不要钱，放开肚皮吃，吃多了。

毛主席谈报刊宣传问题时说，现在报刊上宣传遇到困难，报纸上尽讲好的，《内部参考》尽讲坏的，两张皮，两面派。这样下去要失去民心。书记处要抓一抓，想出一些改进的办法。

6月13日，毛主席接着主持政治局会议，听取富春、先念和廖鲁言（农业部部长）的汇报，在他们汇报过程中不断提问题、插话。

当富春同志谈到今年1月至5月工业生产没有完成计划时，毛主席说，不是没有完成计划，而是计划指标定得太高，脱离了实际可能，而且只注意数量，不注意质量。只注意多快，没有注意好省，不是两条腿走路，而是一条腿走路。什么是多快好省，这是我们从有计划按比例规律中发现的一条重要经验，很通俗易懂，但是要真正做到多快好省不容易，要怎样的又多又快才能同时做到又好又省，我们现在还不懂。钢产的指标，过去说2000万吨是多快好省，后来又说1800万吨是多快好省，上海时又说1650万吨是多快好省，现在再下调指标，定在1300万吨，是不是多快好省，可能是，也可能不是。因为现在要求1300万吨都是好钢，去年好钢只有800万吨，今年要增产60%，苏联从来没有这样大幅度的增产。你们说比较可靠，是详细计算过了的。我又信又不信。因为两个月前在上海会议之初你们也曾说过 1800 万吨是“稳妥可靠”的，这话说了多年，成了口头禅，谁晓得真实性如何。依我看，多快好省这四个字是互相制约的矛盾，我们可以逐步接近这个绝对真理，但不能穷尽它。多快好省相对均衡应该是可以的，太多太快不行，只讲好省不讲多快也不行。比方说，工业一年增产百分之十几是正常的，第一个五年计划就是这样，增产 25% 就是跃进。农业一年增产 3%—5% 是正常的，增产 10% 就是跃进。

当富春同志汇报到现在钢材紧缺，许多基建项目停工待料时，毛主席说，基建项目要坚决下马一大批。去年一开始就立了 1800 项基建项目，不久又升到 1900 项，后来再减到 1500 项，在上海又减到 1092 项，现在再减到 788 项，就是说，有一千多项要下马。我们老说要综合平衡，事非经过不知难呀。我在讲十大关系时，谈过农业和工业、重工业和轻工业要保持合理的发展速度，但什么才是合理的呢，或者说，什么才是有计划按比例呢？谁也不晓得，只好也只能在实践中摸索。1956 年基建项目上马多了一点，结果材料库贫如洗，1957 年基建投资降下来，比 1956 年少 13 亿元，只搞 127 亿元，是必要的，计划完成得很好。去年以为可以多搞些，投资达 217 亿元，太多了，今年还未觉悟，准备搞到 380 亿元，太冒失了。现在降到 222 亿元，是必要的。过去由于基建规模太大，结果多招工，职工从1957年的1200万人猛增到3200万人，一年增加2000万人，空前膨胀，结果城市和工矿区供应紧张。我看要下决心，新增加的职工大部要返回农村。

按着先念同志汇报财贸情况。当他谈到市场太紧张，财政透支很乱、很大时，毛主席说，这是我们自己犯了错误，去年中央决定下放权力太多，结果天下大乱。我在上海说过中央要大权独揽，但未细说，现在可以下这样的决心，所有下放不当的人权、财权、工权、商权统统收回来，由中央和省、市、区两级专政。地方积极性不可没有，但不可太多。太多了就陷于无政府状态，去年下半年到今年上半年就是这样。加上“共产风”，农村放开肚皮吃饭，城市只好缩小肚皮。

廖鲁言同志汇报农业问题。他说到农业指标要降低，粮食指标从上海会议定的8000亿斤降为6000亿斤，棉花从7000万担降为6500万担。这时毛主席说，粮食今年能搞到6000亿斤吗？据说，现在行情下跌，去年粮食产量估计只有4500亿斤。我看今年能搞到5000亿斤就很好了，要准备过紧日子，要按4000—4500亿斤安排粮食消费。明年要挤出钢材来支援农业，任务是增加吃、穿、用、出口和轻工业的生产。农村公共食堂可以实行自愿参加、努力办好的方针，要定工吃饭，旷工出钱，粮食要分到户，能有五分之一的人参加公共食堂就不错了。凡事都有一个过程，什么事情只能逐步办好，公共食堂也不例外。

他们三个汇报后，周总理又作综合说明。他一方面肯定跃进的形势的是好的，另一方面又指出跃进中有失调，没有搞好综合平衡，主要是计划指标太高，粮棉估产不实。原因一是没有如此大跃进和人民公社化的经验，二是浮夸风吹遍全国，三是没有贯彻八大勤俭节约办一切事业的方针。

毛主席最后讲话前征求大家是否可以批准 1959 年计划调整方案，会议一致同意。毛主席讲话中说，本来是好事，但四大指标定得太高了，结果每天被动。我们（包括我在内）在工作中盲目性很大，主观主义大为盛行，没有认识客观必然性。经济工作究竟有无经验，群众路线如何？我看有一些，但很多没有，否则无法说明为何定出如此高指标，为何“共产风”泛滥全国？

毛主席说，工业指标，去年底中央通过了，1 月间陈云同志提出完不成，但没有改过来，上海会议才把钢的指标降到 1650 万吨，但还是不行，现在，离上海会议只有两个多月，才降到 1300 万吨。人不如猪，不碰钉子不会转弯。

主席说，粮食产量，过去说是 7500 亿斤，现在估计去年增产 30%，即只有 4800 亿斤，因此我们在制定今年指标时根本不要理会北戴河和武昌的决定，可以定产6000亿斤，但消费只按4500亿斤。公共食堂应基本上实行吃饭要钱，只有老人、小孩不要钱。粮食分到户，自愿参加。

毛主席说，数字现在不可靠，不可信，将来才可信。农业以后不用报账了，那么多“卫星”不可信，今年也不要再放了。明年（指1960年）工业指标大体上照抄今年的，也可低一点，缓一口气，不能年年都那么紧张，来个马鞍形。1956年调整计划，1957年有意定低指标，都完全正确，只要不提“反冒进”就好了，天天紧张，年年紧张，谁也受不了，弦太紧会断的。但明年应加大支援农业，去年只注意了大办钢铁，未注意化肥和农用机器的生产。

1958年的教训

毛主席又谈到去年的教训。他说，去年不断出现新的问题，事先都没有料到，或者稍有感觉但未料到如此严重。谁料到大办钢铁动员了6000万人上山？谁料到“共产风”刮得大部分干部包括高级干部昏头昏脑？有人说我们现在指出去年的错误是事后诸葛亮，其实有许多事情只能做事后诸葛亮，矛盾未充分暴露前难以完全认识，能做事后诸葛亮还是不错的，总比撞了南墙还不回头要好。古人说“吃一堑，长一智”是有道理的。真理来自实践又高于实践。

能总结经验教训就是进步。

主席说，去年是中央决定权力下放的，这中间有下放对的，有下放不当的，其结果是各级党委和部门就一朝权在手便把令来行，无政府主义大为流行。老实说，现在我国处于半无政府状态。又如综合平衡，有计划按比例，已讲了多年，不是去年新创，但去年一年大大暴露了我们还不懂综合平衡，搞了许多不平衡，结果是全国处于半平衡状态。一个半无政府，加一个半不平衡，怎么能不出乱子？去年一年使我们懂得了有计划按比例这个规律的厉害。谁违反了它谁就要受惩罚。但我们现在还是不大懂如何掌握和运用这个规律。

毛主席还说，我过去主要精力放在人和人的关系上，没有放在人和自然的关系上。过去搞民主革命，主要是打仗，搞阶级斗争，搞社会革命。民主革命胜利了，社会主义改造也基本完成了。现在是技术革命时代，是向自然界开战的时代，要抓人和自然的关系。

毛主席说，去年大跃进，主要是各级党委第一把手抓了工业，我也开始抓工业，有成绩，但暴露了我们的弱点，不懂工业，当了冒失鬼。民主革命时期，我搞秋收起义，上井冈山，第一仗打了败仗，两天两夜躲在田里，第三天才找到队伍。在这以前从未打过仗，第一仗打了败仗是必然的，第一仗就打胜仗倒是侥幸的，现在向自然界开战，第一仗也像秋收起义那样打了败仗，看似巧合，似是偶然，但仔细一想，做事情第一次失败，因为没有经验，是必然的。必然性通过偶然性表现出来，这是马克思主义告诉我们的。由此看来，去年出了许多错误，不仅我碰了钉子，在座的也碰了钉子，很自然，不必如丧考妣，现在不是互相埋怨、互相指责的时候，而是应当认真总结教训。搞社会主义是新的大课题，必然会出现许多新情况、新问题，是我们过去从未见过，从未解决过的，因此也会是一时难以解决得尽善尽美的，今后要注意研究新情况、新问题，大家仍然要鼓足干劲、力争上游、多快好省地解决好新问题。跌了跤子要重新站起来，挺着胸膛向前进。

毛主席说，我今年六十五岁，年纪大了，要搞通工业，看来困难了，恐怕搞不成了。但是，我仍然想钻一下。我在武昌会议上，曾建议大家读三本书，其中一本是苏联新近出版的第三版《政治经济学教科书》。我准备读一遍，尤其是关于社会主义经济学部分，做到老，学到老，也希望大家也来读这本书，因为我们在搞经济建设，不懂政治经济学不行。（按：后来在庐山会议后，在1959—1960年冬，毛主席专门带领一个读书小组，硬是读了这本书的社会主义部分，这是后话。）

毛主席在颐年堂召开的两天政治局会议，明确指出1958年“大跃进”和人民公社化中的一些错误，并作了批评和自我批评，比上海会议又进了一大步，把纠“左”工作推向高峰。

宣传上纠“左”

毛主席在这两天政治局会议上还讲到宣传问题。他说，过去我们宣传开腔太大，走向反面，现在有点难以启齿，应当逐步转过来。过去自己立的菩萨，现在不要再拜了，过去公布的产量和指标，现在可以根本不去理会，过去一个时候头脑发热，现在清醒过来就是。共产党是促进派，世界大同是我们的目标，但我们应当是冷静的促进派，不是昏头昏脑的促进派。这个问题如何解决，宣传上如何转，请中央书记处议一议。

中央书记处6月14日召开会议，讨论了中央宣传部草拟的关于目前宣传如何改进的稿子。会上几乎一致主张要在公开宣传中讲过去工作中的缺点和错误，但不能一下子放开讲，而应逐步地讲，不能和盘托出，只能分析报道或评论一些典型。会上指定乔木、周扬和我三人修改中宣部的草稿，经中央书记处6月17日会议讨论修改后报少奇同志审定。彭真同志原拟经少奇同志审定后即通报全党，但少奇同志修改后认为此事关系重大，须经毛主席召开政治局会议讨论决定。毛主席在6月20日召开政治局会议，少奇同志在会上作了一个系统的发言，不仅谈了去年宣传上的教训和今后应如何逐步转的问题，而且还涉及大跃进和人民公社化的经验教训。要点是：（一）报纸、通讯社、广播电台要认真总结去年宣传的经验教训，去年浮夸风刮得很大，失信于民。这半年对工作中的许多问题，不报道、不宣传，是中央有意决定的，是想看看形势再说，但目前再这样继续下去，也不是办法。应当根据毛主席要转的指示，逐步地转，部分地转，不能全面铺开，和盘托出，这不仅考虑到国内干部群众一下接受不了，而且要照顾兄弟党思想准备不足，转是要转，但不能一百八十度大转弯，既要反“左”也要防右。（二）十年经济建设的经验，发展规律是波浪式的，有快有慢是正常的，但我们应尽可能事前估计到可能发生的问题，避免大起大落，严重失调。去年大跃进史无前例，究竟一年增长多少才适度，现在我们还是心中无数。有计划按比例说来容易，掌握和运用还未学会。综合平衡我们讲了多年，平衡是运动中平衡也知道，但是，运动的幅度要多大才会导致严重不平衡，这是我们今后要着力研究的问题。去年教训丰富深刻，十分可贵，这是最

大的收获，没有理由悲观失望。（详情见拙著《忆毛主席》第十节）

毛主席在会议结束前讲话。他说，我们现在名声不大好，别人看不大起我们，这也有好处。去年我们大吹大擂，名声震天下，不但敌人，帝国主义和各国反动派很害怕，因而对我们很警惕，甚至有美国人想对我们实行“预防性战争”，即先发制人，先向我们丢原子弹，把我们炸个稀巴烂，而且我们的朋友，比如说苏联，也对我们担心。现在大家都不怕了。依我看，还是叫人不害怕好。我们不能务虚名而得实祸。去年我们放了许多“卫星”，但百分之九十几是虚夸的，作假的，我们得到的是虚名，也得到了实祸的危险。在许多情况下，叫人害怕并不是好事。中国有句古训，叫做韬光养晦，这是为达到战略目的而采取的策略。我们应当埋头苦干，不事张扬，更不能弄虚作假。报纸宣传如此，我们做任何工作也应如此。请大家记住，不要务虚名而得实祸。

毛主席在20日的会议上最后提出，这几个月大家日夜忙碌，下个月可以休闲一下，上庐山去，一边休息，一边务虚，开神仙会。休息就是游览山水，务虚是漫谈一年来的心得，经验教训。

十分可惜的是，颐年堂会议把1958年11月以来不断纠“左”工作推向高潮，却被10天后召开的庐山会议打断了。关于庐山会议，作者亲历全过程，风云变幻，情况复杂，已另行详细记述，作为本人《回忆录》的一部分。

第六章　全力转向调整

（一）反思庐山会议

庐山会议后，从1959年下半年起中央主要领导同志的精力逐渐转移到国际问题方面。在这之前，有中印边境冲突，有苏联偏袒印度指责中国，有苏联撕毁中苏两国原子能技术合作协议，但真正引起中央警惕的是9月赫鲁晓夫和艾森豪威尔戴维营会谈。赫鲁晓夫从美国回来后即赶到北京参加我国国庆10周年庆祝大会，责备中国要“试探资本主义的稳定性”，要我让台湾“独立”；回苏后又指责我是“公鸡好斗”，是“不战不和的托洛茨基主义”。有鉴于此，中央在1960年初接连开会讨论中苏关系，先有杭州会议（1月初），接着有上海会议（1月7日至17日）直到赫鲁晓夫6月在布加勒斯特会议上发动突然袭击，对中共和毛主席进行一系列的恶毒攻击，引发了中苏之间的激烈争论。几经来回交锋，11月的八十一党莫斯科会议才达成协议。

我随少奇同志参加八十一党会议后正式访问苏联回国已是临近年关，12 月 8 日了。毛主席亲自到南苑机场迎接少奇同志归来，随即一起到中南海怀仁堂，由少奇同志简要汇报访苏之行。少奇同志估计中苏关系可能要缓和一段时间，我们可趁机集中力量搞好国内工作。毛主席赞成这个想法。他说，国内工作是基础，国内工作搞好了，我们处理中苏关系以至整个国际关系就更加主动了。他还说到，目前国内问题积累很多，亟须处理。本来，我们在从 1958 年底起就开始纠正大跃进中的一些缺点和错误，但庐山会议只反右不反“左”，因而 1959 年和 1960 年这两年“左”的错误比 1958 年更严重。参加听少奇同志汇报的其他中央常委当时也有这样的想法。毛主席建议常委再开会讨论这个问题，并准备召开八届九中全会。

在这以后几天，大约是 12 月中旬，我参加毛主席召开的政治局常委会。毛主席在会上说，1960 年这一年，我们大部分时间和精力耗在国际问题上。我们同苏共的争论，由于情况明、决心大、方法对，经过一年的斗争，终于取得八十一党会议的成功。不管将来会有什么反复，现在趁国际关系比较缓和的时机，掉过头来集中力量搞好国内工作。

毛主席说，我们从第一次郑州会议起有半年功夫全力纠正工作中“左”的错误，庐山会议中断了。毛主席一方面认为庐山会议反了右是对的，但另一方面又提出放松了反“左”是不对的。结果这两年吃了苦头。现在要重新把过去没有完成的事情捡起来，全力加以解决，有右反右，有“左”反“左”。

毛主席说，看来搞社会主义不能过急，苏联搞了四十多年还没有搞好，我们要准备搞它五十年甚至更久。太急了就务虚名而得实祸。刮“三风”（按：指浮夸风、瞎指挥风、共产风）就是祸，是我们自己造成的祸。不怪天，不怪地，只能怪自己。自己拉屎要自己擦屁股。

毛主席还说，现在有一个危险是情况不明。过去搞民主革命，我们对农村情况有调查，有研究，比较明了，所以制定的一套政策对头，因而取得了革命的胜利。进城以后，对农村逐步生疏了，很多事情不摸底，昏昏然，这怎么得了。城市情况是不是熟悉了呢？你们可能熟悉，反正我不熟悉。1956 年摸了一下，讲了十大关系，那只是一个纲，工作要越做越细，粗枝大叶不行。

毛主席说，无论农村和城市，都要有一系列具体政策。不了解情况，夸夸其谈，最坏事。毛主席说，我们可以先开一个工作会议，再开一次中央全会（九中全会）。

会上，常委们赞成毛主席的意见。周总理特别提出

1960年计划完成情况很不好，农业问题、工业问题很多，文教领域也问题不少，许多工作不像主席要求那样越做越细，大而化之的风气盛行。入城多年，老实说熟悉城市和工业工作底细的人实在不多，我自己也像是雾中看花，并未真正懂得。

少奇同志和小平同志表示赞成将主要注意力转移到国内问题上来。他们都认为这一年虽然全力对付国际斗争，但老实说对国内许多工作总是放心不下。现在是下决心全力抓国内工作的时候了。

少奇同志追述，1959年庐山会议时，前期的会议纪要已经一再修改，他本来想形成为中央文件下发，后来大家的心思都在反右，对纠“左”没有兴趣，才作罢了。现在看来，这是失策。那个纪要提出纠正的问题，现在不但仍然存在，而且变得更加严重了。看来我们已错过了一年时间，现在不能再拖延了。不过，他和小平同志都提出在将要召开的中央全会上，有必要把过去一年国际斗争（特别是同苏共的争论）向全会汇报一下，作个交代。这也有助于增强大家解决国内问题的决心和信心。

接着，会议进一步讨论工作会议和中央全会的议题。周总理提出，1961年的计划看来还要压低指标，各方面的工作都有一个调整问题。工作会议可以集中议一下，确定一个方针。国务院会议已经讨论过多次，认为今后几年的方针可以考虑确定为“调整、巩固、充实、提高”八个字。毛主席赞成这八字方针。他认为搞社会主义不能老是大跃进，过去三年我们吃了连续大跃进的苦头。应当有进有退，有快有慢，按照辩证法，应当波浪式前进。少奇同志和小平同志都认为，不但经济工作，而且整个社会主义建设各方面的工作，都有个调整问题，都应当采取“调整、巩固、充实、提高”的方针。

会议最后确定中央工作会议以讨论明年计划为主，同时也讨论农村整风整社问题。

（二）大兴调查研究之风

工作会议于 1960 年 12 月 24 日至 1961 年 1 月 13 日举行，接着在 1 月 14 日至 18 日举行八届九中全会。经过热烈的讨论，通过了 1961 年国民经济计划草案（将提交全国人民代表大会审议），把工农业各项指标调低（后来执行过程中发现指标仍然偏高），并提出完成计划的措施；也通过了关于农村整风整社的讨论纪要，主要是提出整顿农村干部思想作风和管理制度，在巩固大集体的前提下扩大“小自由”。在这两个会议过程中，李富春同志在计划报告中，周总理在讲话中，都明确提到1961年的方针，一是贯彻以农业为基础的方针，二是整个国民经济实行“调整、巩固、充实、提高”的方针，这两点对以后工作有深远影响。讨论中也涉及不断革命论和革命阶段论、主观能动性和客观条件的制约性、敢想敢干和实事求是、破除迷信和尊重科学、不平衡规律和有计划按比例法则、热和冷相结合等问题，初步展开，但未及深入讨论。

小平同志1月14日向全会报告了从1959年9月塔斯社声明以来15个月中苏争论直到莫斯科会议达成协议的经过。少奇同志也在18日讲话中谈了莫斯科会议。

毛主席在1月18日全会上着重讲了调查研究问题，他指出，民主革命时期我们比较注意调查研究。全国解放十一年来这个作风差了。过去三年我们大刮浮夸风、瞎指挥风、“共产风”，就是因为我们调查研究太少了，我们干部中死官僚、糊涂人、主观主义者太多了。毛主席这时还认为庐山会议非反右不可，但他又说，对“共产风”、急于过渡、贪多贪快贪大、搞许多“大办”之风没有煞住，放松了反“左”，长时间糊里糊涂，没有调查研究，吃了三年大苦头。毛主席提议应大兴调查研究之风，大兴实事求是之风，1961年为调查研究年、实事求是年。在实践中调查，在实践中认识客观事物，这也就是实事求是。

陈云同志同日也在会上讲话，赞成毛主席提倡今年为调查年，大兴调查研究之风。他认为这次全会确定了调整为中心的方针是完全正确的，这是我党历史上一次重要的会议。

后来的事实表明，这次会议提出的1961年为调查年，大兴调查研究之风，确实在党的建设社会主义历史上具有重大意义。

在九中全会之后，毛主席亲自派出三个调查组（分别由胡乔木、陈伯达、田家英带领，他们三人都是毛主席的政治秘书），到农村调查人民公社的情况，为整顿人民公社收集第一手材料。经过约一个月的调查，毛主席又把三个调查组召到广州，在那里开始起草《农村人民公社工作条例（草案）》（即后来通称的《农业六十条》）。从3月上旬起，毛主席即决定分别召开三南（华东、中南、西南）会议和三北（华北、西北、东北）会议，由他和少奇同志分别主持，各大区的省委书记和中央政治局有关同志分成两摊分别在广州和北京开会。实际上“三南”、“三北”会议分别开了四五天（3月10日至3月13日），就合并到广州在毛主席亲自主持下讨论《农业六十条（草案）》。我只在北京参加了四天的“三北”会议，没有到广州去。

小平同志从广州回来，在书记处会议上传达了广州会议（3 月 15 日—23 日）的情况。小平同志说，毛主席非常重视这次会议，在广州花了一个星期认真修改《农业六十条》草案，着重解决公社内部两个平均主义问题，即生产队与生产队之间和社员与社员之间的平均主义问题。小平同志说，会议在讨论修改《六十条》的过程中，实际上涉及过去三年工作的经验教训。会议仍然肯定三面红旗（总路线、大跃进、人民公社）是正确的，但郑重指出三年工作中在方法上存在许多严重错误。主要是不实事求是，缺乏调查研究，情况不明，决心不对，方法也不对。从第一次郑州会议以来，反对“五风”决心不大，特别是庐山会议后，都反右去了，对反“左”没有兴趣。不仅农村，而且在城市，在工业、文教、政法等等方面，都存在调查研究不够，因而决策错误的问题。因此会议除通过《农业六十条》草案外还专门通过中央给各级党委的信，强调调查研究是我们工作的一个根本方法。改正工作中的错误，要从改进工作方法，从调查研究入手。三年工作最大的教训是调查研究、实事求是的作风受到严重的损害。

小平同志说，毛主席在会议上谈到过去三年工作经验教训。主席说，1958 年三“大”并举，一是“大跃进”，二是大办人民公社，三是炮打金门，注意力分散了，而且他当时心思更多地考虑炮打金门问题，因为这涉及我们同美国的关系，一点也大意不得，要慎之又慎。主席说，如果钢铁指标不定为翻一番，当时已是一年过半了，如果人民公社步子稳一些，先实验后推广，不是一哄而起，结果可能好一些。这当然是事后诸葛亮了，但确是一大教训。庐山会议，本来是想采取开神仙会的方法解决“左”的思想问题，但半路“杀出一个程咬金”。反右是被迫应战（按：直到此时主席仍认为庐山会议反右是对的），但一个劲反右，把18个问题（按：指毛主席在庐山会议之初提出、起草小组据此写在会议纪要中的18个问题，差不多都是纠“左”的）抛在一边，这就错了。少奇同志当时本想把秀才们起草的18个问题会议纪要下发，但当时大家对这些没有心思。其结果是庐山会议之后，再加上1960年，“三风”刮得比1958年有过之而无不及。许多干部既怕高指标，又怕右倾帽。而我们许多高级干部，包括中央领导同志，对底下的情况浑浑噩噩。主席说，官做大了，城市住得很舒服，人变懒了，什么调查研究、实事求是，想也想得少了，更不用说做了。

小平同志还谈到，毛主席在会议上一再强调调查研究的极端重要性。他特别把最近发现的他在1930年写的《反对本本主义》一文印发给到会同志，并在讲话中再三引用这篇文章写的话。这篇文章是红四军第九次代表大会之后写的。主席建议大家好好读读这篇文章，对照一下自己的工作，究竟有哪些决策不是实事求是的。

小平同志还说，毛主席在谈到调查研究时，还指出我们高级干部懒于调查研究，缺乏亲自考察，惯于听汇报，看纸上谈兵，而且喜欢听同自己想法一致的意见，不喜听同自己不同的意见。主席说，上有所好，下必甚焉。这句古训很值得我们领导干部深思。上面不愿听不同意见，下面也就不敢讲不同意见，只拣你中听的说。这是压制民主，恶果甚大。领导干部成了聋子、瞎子，要这样的领导干部有什么用？主席希望这次会议能使我们领导干部的作风有一个改进。大家要找几个地方蹲点，解剖几个麻雀，结交几个工人、农民、知识分子朋友，能够相互说心里话。主席年纪大了，蹲点可能困难些，但他一定亲自指挥一个、两个以至三几个调查组去蹲点，以取得第一手材料。现在大家都说很忙，其实是去忙那些别人可以做而不必自己亲自动手的事，作为领导干部应该做的不可或缺的事——调查研究反而没有做，这是本末倒置。你想当先生，必须先当学生，你想做领导干部，必须先到基层去做调查研究，然后才能情况明、决心大、方法对，工作做出成绩，无愧于做领导干部。

小平同志说，毛主席在广州会议上几次讲话，语重心长，有自我批评，也批评了大家，很值得我们认真领会，并落实到行动中去。

广州会议以后，中央领导同志纷纷下去调查研究。毛主席指派田家英同志的调查组到浙江调查。少奇同志先后在湖南长沙县天华大队和宁乡县炭子冲大队蹲点。周总理去河北武安县伯延公社，朱德同志去四川宜宾地区，陈云同志去上海青浦县小蒸公社，小平同志去北京郊区顺义县和怀柔县。

我当时也学中央领导同志的做法，派一个调查组去京郊房山县羊头岗公社。但我自己还来不及去蹲点，就接到中央通知，要我准备随陈毅副总理兼外长为团长的中国政府代表去日内瓦参加关于老挝问题的国际会议了。代表团4月间即集中在钓鱼台作准备。陈毅同志率代表团于5月12日到莫斯科，同苏联和越南方面沟通情况和意见，14日抵日内瓦。国际会议从5月16日开到7月4日告一段落（实际上到1962年6月才达成协议），我随陈毅同志回国。

（三）实行调整方针

在我参加日内瓦会议期间及其前后，中央在调查研究的基础上已对许多方面的工作提出了调整的方针、政策，着力纠正“左”的错误，把工作纳入正常轨道。

据我回国后查阅中央文件，得知中央已为实行全面调整方针作出了一系列政策性规定。主要有：

一、关于经济计划，按照1月间八届九中全会通过的计委关于1961年国民经济计划的报告，国务院已对工农业生产指标、基本建设规模、财政预算等作了比较大的调整。在五六月间中央工作会议上，又根据陈云同志经过调查研究提出的建议，确定在三年内减少城镇人口2000万以上，并且在1961年当年就要减少1000万人；钢产指标从1900万吨减为1100万吨，等等。

二、关于农村人民公社，在3月间广州会议草拟的《人民公社六十条》草案基础上，五六月中央工作会议又经讨论加以修改，形成《六十条》修正草案，主要是改变原草案中关于办好公共食堂和供给制的规定。

三、关于商业和手工业，经过五六月中央工作会议的讨论，中央在6月间批准发出了《商业四十条》和《手工业三十五条》，在商业和手工业领域贯彻“调整、巩固、充实、提高”的方针。

四、关于科学技术政策，中央7月间接连批发了聂荣臻同志关于自然科学工作若干政策问题的报告，同时也批准了《关于自然科学研究工作的十四条意见》（简称《科研十四条》），对这方面的工作作了政策性的调整。

五、关于文艺工作，周总理代表中央在6月间作了关于文艺工作的报告，提出了纠正文艺工作中过左的倾向，其后在8月间中宣部又据此拟订了《文艺十条》草案，对文艺政策作了调整。这个草案几经修改，到1962年4月才修改成《文艺八条》发出。

六、关于甄别平反工作，《农业六十条》修正草案中已对农村中被打成右倾的干部一律平反；《科研十四条》对知识分子被“拔白旗”、“右倾”的也作了平反。对于所有干部，凡被划为“右派”、“反党分子”、“右倾机会主义分子”的，1962年4月中央专门发出甄别平反的指示。

七、教育方面，中央在五六月间中央工作会议前后，即酝酿把“全民大办教育”中被搞乱了的我国教育制度和政策加以调整，其中包括中小学义务教育、高等教育、职业教育，并由教育部门分别拟出了纠“左”条例。1961年9月第二次庐山会议（中央工作会议）上，正式通过了《高教六十条》。

以上这些调整工作，我基本上没有参加，因随陈毅同志参加日内瓦会议去了。

当日内瓦会议告一段落，我随陈毅同志回京后，即去北戴河休假，以一洗两个多月的紧张与疲劳。

我在北戴河休假的时候，适逢小平同志也在那里主持讨论《工业七十条》草稿。这个条例，早在年初就开始起草，由薄一波主持。他要《人民日报》也派人参加，我派《人民日报》工业部主任张沛带领几位同志参加，先去东北调查，然后回来参加起草，但这时我已去日内瓦了。在北戴河，有一天在海滨游泳场碰到小平同志。他要我也接触一下这个问题。他说，现在《工业七十条》大体上有一个坯子，可以加工修改，中央书记处一些同志正在讨论。他叫我去参加会议，只带耳朵，不用动口、动手，只听听各种意见，脑子里有个印象，将来在庐山开中央工作会议时，再参加讨论、修改。这样我就去旁听了。总的印象是工业调整问题不少，意见也众说纷纭。书记处同志（主要是小平、彭真、富春、先念同志，其他书记没有参加，还有一些工业部长参加）同一波同志意见比较一致，主要是要调整工业生产秩序，建立各种制度，尊重科学，不能乱干蛮干，不能“运动群众”，要实行党委领导下的厂长负责制，建立总工程师和总会计师制度，实行按劳分配原则，按现代企业的规律办事，不能乱破乱改规章制度，不能随便搞“革命”。小平同志和富春同志早年到法国勤工俭学时在工厂做过工，彭真同志有在煤矿工作的经验，他们都强调工业不同于农业，必须确保正常的生产秩序，当前工业企业必须贯彻执行“调整、巩固、充实、提高”的八字方针。

（四）重上庐山

8月23日—9月16日，中央在庐山召开工作会议，通称第二次庐山会议（以别于1959年的庐山会议）。

这次重上庐山，别有一番滋味。两年前那次先是神仙会后是批斗会的记忆重上心头。两年的时间，不算长也不算短，时势迥异。那时大反右倾机会主义，现时谁也不能否认“左”倾错误不但没有纠正反而更加恶化，以致党和国家面对比前年更大更多的困难，因而不得不在今年初起重新开始纠“左”工作，实行全面整顿的方针。像两年前一样，又是毛主席首先提出大兴调查研究，重振实事求是之风，并且同样也是亲自从整顿农村人民公社开始。

这次同我和田家英一起上庐山的还有胡绳。家英和我感慨万千，对当前的调整工作，大有“早知如此，何必当初”之感。在上山途中，我们一路上回想当年车下武汉、夜航九江的朝夕慷慨，以及上庐山初期的激扬文字。胡绳听了也深为激动。上了庐山，这次我们住在“部长楼”。上次东沽河岸的住处已破旧不堪，似乎准备重修。其他别墅大抵都修整一番了。

这次会议，主要讨论《工业七十条》，也讨论了《高教六十条》。

会议开始不久，小平同志和彭真同志约我和田家英、胡绳三人谈话，要我们根据会议各组讨论中提出的意见，修改《工业七十条》（提交会议讨论的正式名称为《国营工业企业管理工作条例》草案），提出一个修正草案。他们提醒我们，估计各组意见不会少，修改时要充分加以考虑，把条例搞得更妥当些。小平同志说，他将下山率代表团参加朝鲜党的代表大会，修改工作由彭真同志主持，富春、一波同志协助。你们三人对工业不大熟悉，可请一波同志从原来起草小组中抽一些精干的同志帮助。后来经同一波同志商量，请来了梅行①、廖季立②、杨波③、马洪④等同志参加，他们从调查到起草全过程都参加了，都是搞工业的行家里手。我们碰到许多不了解的问题都向他们请教。

会议各组讨论中，果然提出了许多不同的意见。虽

① 梅行，时任国家计划委员会办公厅副主任、研究室主任。
② 廖季立，时任国家计划委员会秘书长。
③ 杨波，时任国家统计局综合司司长。
④ 马洪，时任国家经济委员会政策研究室负责人。

然薄一波同志在会议开始时已针对可能出现的疑问作了详细的说明，但有些组意见还是相当激烈。大家对拟定这样的条例是赞成的，认为目前许多工业企业中很乱，生产秩序很不正常，生产计划无法完成。但是，对条例草案中提出的各种规定，还是很不理解，不赞成规定这么严格。有些同志甚至认为：条例草案把大跃进以来的许多新的做法（当时叫做“新鲜事物”）肯定不够，甚至大部分都被否定了。

我们同梅行、廖季立、马洪、杨波、张沛等同志一起，归纳分析各组的意见，主要有以下四点：

一、条例的前言（也叫序言）把工业的情况说得太坏，成绩说得太少，毛病说得太多，叫人泄气。有些同志认为，工业实际上已走出“沟底”，开始上升了。据修改小组的同志说，上面的看法不符合实际，事实上轻工业生产 1960 年开始下降，今年继续下降（因农业原料减产），重工业今年各项指标虽经九中全会下调，但看来很难完成。

二、有些小组认为，条例过分强调了厂长负责制，赋予厂长指挥生产的权力过大，对党委集体领导强调不够。据修改小组的同志说，根据各地调查，大跃进中实际上是实行党委书记说了算，厂长有职无权，出了问题说是“集体负责”，实际上是无人负责。

三、对条例中规定总工程师技术责任制和设立总会计师制度抵触很大，有的甚至提出不能让“知识分子治厂”。

四、认为条例没有强调政治挂帅、大搞群众运动和技术革命，对按劳分配、专业管理讲得过分，对发挥群众积极性讲得太少，只提到尊重科学、实事求是，没提解放思想、破除迷信、敢想敢干。

我们觉得上面的问题事关重大，值得认真考虑。据起草的同志说，上面这些问题，正是起草过程中有意强调和有意淡化的，都是针对当前工矿企业普遍存在的混乱现象而提出的，是强调这些方面纠正“左”的倾向并加以整顿的。我同田家英、胡绳感到，如此看来，如何修改属于原则问题，我们不好乱改，要中央领导同志作主。于是我们三人一同找小平同志和彭真同志请示。小平同志听了我们汇报各组主要意见后，斩钉截铁地对我们说，如果这些问题不讲明白，条例不如不搞。现在稿子中纠“左”的方针不能修改，事关企业管理的原则问题不能改，个别文字修改可以商量，但不能损害原则的严肃性。现在工矿企业的根本问题是乱，谈不上生产秩序，因此现在要强调从严治乱，从严治厂，建立严格的生产管理和生产秩序。俗话说，矫枉过正。我们尽可能不过正，但矫枉第一，过一点正以后改过来就是。要矫枉不过一点正事实上不可能，否则只能使矫枉缩手缩脚。你们秀才不要发善心，要有狠劲，优柔寡断，钝刀子是割不出血来的。毛主席在上海会议讲过多谋善断，不要多谋寡断，更不要多谋寡要。该断则断，不断则乱。你们要坚持原则，力排众议，照中央的意见修改。

小平同志还说，许多同志对条例的前言意见很大，看来现在的前言写得太平淡了，不够尖锐，对目前工业企业的严重问题分析得还不够深刻。索性另外起草一个中央指示，指出目前工业中的严重困难，使人触目惊心，悟出工业企业管理条例草案中的严格规定之所必然，认识到非大加调整不可。彭真同志也赞成小平同志的意见。他也是参加整个起草过程的。小平同志去朝鲜后他接手主持修改工作。

我们从小平同志那里出来，心情舒畅，不再愁眉苦脸了。家英和我对照第一次庐山会议的情景，叹了一口气，深感历朝乱世需要一位善断的宰相。

回来后我们兵分两路，一些同志专心修改条例草案，一些同志加上国家计委、经委一些同志，另行起草一个中央关于当前工业形势和方针的指示。条例草案的修改，主要有以下几点：

1、明确规定国家与企业的相互关系，国家对企业实行“五定”：定产品方向和生产规模，定人员、机构，定原材料、燃料、动力、工具的消耗定额和供应来源，定固定资产和流动资金，定协作关系。企业对国家实行“五保”：保证产品的品种、数量和质量，保证不超过工资总额，保证完成成本计划，保证完成上缴利润，保证主要设备的使用期限。“五定”和“五保”，三年基本不变，每年度只根据经济情况略加调整。这些规定主要是治乱，以恢复正常的经济秩序和生产秩序。

2、坚决实行党委领导下的行政管理上的厂长负责制，并且在车间和工段实行车间主任和工段长负责制，以保证生产系统的负责制贯彻到基层。这主要是为了整顿大跃进中党委包揽过多，使集体负责变成无人负责，或者变成党委书记个人说了算，也纠正车间和工段中党组织包办代替。

3、对厂矿企业的各项管理工作（包括经济核算）全部实行严格的责任制。除建立以厂长为首建立企业的生产行政工作的指挥中心（厂部）外，还建立以总工程师为首的技术管理责任制，以总会计师为首的财务管理责任制。这主要是为了消除企业无人负责的无政府主义现象。

4、重申实行按劳分配原则，按每人的技术业务的熟练程度和劳动的数量、质量，确定劳动报酬多少。这是针对当时把按劳分配误作“钞票挂帅”的错误思想和平均主义。

5、明确企业中技术人员和职员，所有知识分子，同劳动工人一样，都属于工人阶级。工人群众应努力提高自己的文化和技术水平，不能把钻研技术、业务看作是什么“走白专道路”。

6、针对当时流行的错误思潮，修改条例草案时，多讲群众路线，少讲群众运动；多讲实事求是，少讲敢想敢干；多讲尊重科学，少讲破除迷信；多讲技术革新，少讲技术革命。总之，修改稿体现了当时中央纠“左”、治乱的精神，贯彻“调整、巩固、充实、提高”的八字方针。

我和家英、胡绳尽量尊重梅行、马洪等行家的意见，按照他们提出的实际情况，加强了条例的针对性。正是各小组中提出的那些特别尖锐的意见，启发我们修改时务求加强说服力和措辞确切。

条例修改稿最后经过彭真同志主持的中央书记处会议讨论、修改，通过后，再发工作会议，最后由毛主席、少奇同志和周总理审定。

至于中央关于工业问题的指示，起草小组根据小平同志离开庐山前的意见，如实地把当前工业形势摆出来，指出：当前国民经济问题很多，困难很大。农业生产自1959年起连续三年大幅度下降，粮食产量1960年只有

2870亿斤，1961年夏收又减少160亿斤；轻工业生产自1960年起连续下降，今年计划难于完成已成定局；重工业1960年高产是虚假的，今年上半年已大幅度下降，九中全会规定今年钢产1900万吨和煤产4.36亿吨的指标，根本完成不了。目前国民经济比例失调极为严重，生产秩序混乱非常。指示说，从我国经济发展情况来看，1958年、1959年两年大跃进以后，在1960年春就应及时进行调整（按：1959年本应为调整年，庐山会议打断了），主动地放慢工业的发展速度。“调整、巩固、充实、提高”的方针，虽然已经提出一年，但是，由于情况不明，认识不足，经验不够，一直没有按照实际情况降低指标，也不是在综合平衡基础上抓住中心环节，带动其他，以致调整工作不能有效地进行。我们已经丧失了一年多的时机，现在，再不能犹豫了，必须当机立断，该退的就坚决退下来，切实地进行调整工作。如果不下这个决心，仍然坚持那些不切实际的指标，既不能上，又不愿下，我们的工业以至整个国民经济就会陷入更被动、更严重的局面。我们应当积极努力，使“调整、巩固、充实、提高”的方针在三年内切实见效。指示要求中央各部和各级党委，按照工作会议拟定的《工业七十条》试行草案，积极试点。

毛主席在9月17日批准上述指示和《工业七十条》

时写道："指示及总则已阅，很好。"毛主席还在《工业七十条》试行草案中提出题目中的《国营工业企业管理工作条例（草案）》中的"管理"二字删去，意谓这不单是"管理"问题。毛主席在工作会议结束前的讲话中说，会议已通过工业条例草案，各地可以去试行，积累经验再来修改。现在我们全党对工业懂得很少，我自己就不大懂。学了政治经济学下册，还是不大懂，因为没有读上册。不知道资本主义经济规律，对社会主义经济规律就难弄通。不知道我这辈子还能不能学会。你们大家，50岁以下的要学《资本论》，否则领导不了社会主义建设。现在我们只能搞出一个《工业七十条》，其实还有许多问题还是不懂，秀才们也不甚了了。只好拿我们已认识到的东西去试行，在实践中不断认识客观规律，相应改变我们的主观世界。

第二次庐山会议是我党历史上一次重要的会议，它是我党领导干部集中力量思考调整经济，特别是我们很不熟悉而在"大跃进"中又乱子出得最多的工业经济的会议。虽然会议还没有触及更深层次的问题，像后来的七千人大会和两次西楼会议那样，但这次会议毕竟在工业领域取得突破，着实地开始调整我国国民经济，开始正视我们面临的严重经济困难了。

这次会议，根据中央批准的《关于第二个五年计划

（1958—1962年）后两年计划的报告》，对年初九中全会制定的当年指标作了大幅度的调整：钢产量指标由1900万吨降为850万吨，煤产指标由4.36亿吨降为2.74亿吨，棉纱指标由450万件降为250万件，粮食指标由4100亿斤降为2700亿斤，基本建设投资由167亿元降为78亿元，商品供应量由670亿元降为600亿元。1961年计划执行结果，基本上达到了上述指标。

这次庐山会议，我和家英虽然重作冯妇，但心情同上次庐山风云时大不相同。胡绳没有参加1959年的会议，感受不到那种风云变幻的惊险，但他听了我们片断的追述，亦不胜感慨。这次在庐山，虽然工作陌生而又紧张，但仍不忘怀上次会议前期的游览。庐山景色之秀美，实在诱人流连。在紧张工作中，我们仍然忙里偷闲，尽览五老峰、香炉峰、含鄱口、仙人洞、秀峰寺、东林寺、马尾水、三叠泉……白鹿洞书院只剩残垣壁，无甚可观，前已光顾，今次未往。唯独郁郁葱葱之植物园，千花万树各不同，重游仍然忘返。古人赞誉庐山之美，诗作甚多，家英爱吟李白《庐山谣》，其中有云：

“早服还丹无世情，琴心三叠道初成。
遥见仙人彩云里，手把芙蓉朝玉京。”

我独钟苏轼的《题西林壁》的名句：

“横看成岭侧成峰，远近高低各不同。

不识庐山真面目，只缘身在此山中。”

东坡居士原以咏山，但意亦是咏人、咏物、咏事，我曾多次抄袭其名句，以抒心中感怀。如病中写《十年论战》回忆录一书既成，即套用作诗一首：

“横看成岭竖成峰，评头品足各不同。

笔下春秋赏心事，管它东西南北风。”

（五）不受干扰

庐山会议结束以后，回到北京，毛主席在国庆前几天在颐年堂召开政治局常委会。会上主要谈论两个问题。一个是我党代表团（恩来同志为团长，彭真为副团长）参加苏共二十二大的方针。当时议定：仍然高举团结的旗帜，但如遇到反华，则坚决反击。另一个是拟在11月间召开第二届全国人民代表大会第三次会议，讨论1962年国民经济计划，进一步贯彻“调整、巩固、充实、提高”的八字方针。周总理在会上指定由我牵头，组织班子，起草在人代会上的政府工作报告。

国庆节过后，周总理来钓鱼台9号楼看望起草班子，同我、乔冠华①、顾明②等同志谈对政府工作报告的大致设想，要我们先起草一个稿子，待他访苏回来后讨论修改。10月15日，周总理率我党代表团赴莫斯科参加苏共二十二大。

赫鲁晓夫在苏共二十二大伊始，即大肆攻击阿尔巴尼亚、莫洛托夫“反党集团”和斯大林，实际上影射攻击中国党。我党代表团于16日夜开会，拟予以反击和提前回国，即电中央请示。

10月17日下午，少奇同志主持召开政治局会议，讨论我党代表团的请示。少奇同志说，他在会前已同毛主席通了电话，毛主席主张，对赫鲁晓夫报告中影射反华可暂不理会，只批评其反阿。恩来同志在致词后即提前回国，留彭真率领代表团其他成员继续参加大会。政治局会议讨论了毛主席的建议，一致表示同意。小平同志当即要我起草一段话，对苏共反阿表示遗憾，同时起草给代表团的复电。起草后当场在会上通过，急电发代表团。

① 乔冠华，时任外交部部长助理。

② 顾明，时任周恩来总理经济秘书，国家经济委员会委员。

少奇同志然后提出，苏共二十二大这一突然袭击，应看作是准备发动公开反华运动的重大步骤。因此我们一面准备应战，同时要用主要力量搞好国内工作。国内工作是根本，搞好了就有办法对付苏共反华。少奇同志指出，自从今年1月间八届九中全会确定“调整、巩固、充实、提高”的八字方针后，中央对各方面的工作都做了许多政策性的调整，但贯彻执行非常吃力，各方面的阻力不小，主要是思想上未解决问题，对过去三年的经验教训还认识不足。我们要考虑采取进一步的措施。

10月20日，少奇同志又主持召开政治局会议，讨论我党代表团请示如何对待苏共可能提出召开兄弟党国际会议问题。会上一致主张，在目前情况下，召开兄弟党国际会议非常不利。我应提出兄弟党会议必须经过充分准备，坚决反对未经协商一致匆促召开这样的会议。少奇同志指出，1960年八十一党会议达成共同协议后，苏共有一段时间还受一些约束，赫鲁晓夫还讲团结，1961年日内瓦会议上中苏代表团合作还不错。但最近一系列迹象表明，赫鲁晓夫秉性难改，在苏共二十二大上大搞“四反”（即反阿尔巴尼亚、反莫洛托夫集团、反斯大林以及影射反华），完全违背1960年莫斯科兄弟党会议声明。因此我们要准备对付一个新的更大规模的反华运动，同时要集中力量实行全面调整，不受外来干扰。我们可以考虑召开党的第九次全国代表大会，既总结过去几年的经验，又提出远大的奋斗目标。关于反对召开兄弟党会议的意见，经报告毛主席同意，即电告莫斯科我党代表团。

周总理于10月19日根据中央指示致词后，同苏共中央举行了两次会谈，坦率地批判赫鲁晓夫“四反”，于10月23日提前离苏回国。

毛主席和少奇同志等中央领导同志一起到机场迎接周总理，随即一起直接到人民大会堂118厅，听取周总理介绍最后一次同苏共中央会谈的情况。毛主席在会上提出，不管苏方如何，我们应不受干扰，集中力量搞好国内工作。毛主席主张推迟召开第二届全国人民代表大会第三次会议（后来在1962年3月27日至4月16日举行），改为12月召开中央工作会议，总结过去几年的经验教训，制定明年计划和七年计划（1963—1969年）。毛主席认为，召开党的第九次全国代表大会，需要时间作充分准备，不如召开工作会议灵活。少奇同志和小平同志表示赞成，认为全面调整要紧抓不放，同时提出要长远规划，既便于各项工作安排，又能振奋人心。书记处将在11月底提出七年规划草案。总理和富春同志提出要着重考虑解决人民群众的吃、穿、用问题，坚决贯彻农、轻、重的方针。

11 月 1 日，少奇同志主持召开政治局会议，除听取出席苏共二十二大后于 10 月 31 日回国的我党代表团代理团长彭真同志的汇报外，着重讨论召开中央工作会议的准备工作。会议着重讨论如何召开中央工作会议问题。会上根据毛主席的意见，谈了将农村人民公社小队基本所有制问题提交工作会议讨论。

从 11 月 6 日起，少奇同志为准备中央工作会议，接连主持政治局扩大会议（各中央局第一书记也参加），讨论人民公社小队基本所有制和粮食购销、商业、经济计划等问题。会上大家议论纷纭，没有形成文件，决定将在中央工作会议上进一步讨论。

在这期间，邓小平同志接着连续召开书记处会议，听取农业会议和工业会议（这两个会议同时在京举行）的汇报。据我参加几次会议的印象，两个会上意见参差不齐，有些意见彼此完全相反，会议也未能形成提交中央工作会议讨论的意见一致的文件。小平同志在书记处会议上听取汇报后未做结论，只说这些问题很值得注意。

少奇同志在 11 月 6 日召开的政治局会议上，提出集中讨论将要召开的中央工作会议的主要内容。会上大多数同志着重讨论如何贯彻全面调整问题。大家一致认为，八字方针贯彻阻力很大，主要是许多地方党委和中央部门还没有想通，犹豫等待，有的还希望大干快上。小平同志指出，目前关键在省、地两级干部，不少同志对中央一系列调整措施的必要性认识不足，对当前应抓紧时间尽快调整各方面工作的紧迫性更认识不足，因而对中央近一年来的指示贯彻不力，甚至抗拒执行，另搞一套。目前工农业情况、市场情况都很不好，拖延下去还会更坏。因此必须花大力打通省、地两级领导干部的思想问题。他建议这次中央工作会议不能按过去的老办法开，不仅要有省委书记参加，而且要有地委书记参加，因为许多具体工作要地委去抓县委。大家赞成小平同志的意见。

会议还讨论了工作会议的内容。大家提出了当前急待解决的若干重大问题以及有关七年规划的设想。周总理、小平同志商量后提出，这次中央工作会议的议程暂定为小队基本所有制问题，粮食问题，市场问题，国营企业的关、停、并、转问题，减少城市人口问题，缩短基建战线问题以及七年规划问题。周总理说，解决好这些问题的前提，是会议要统一对当前形势的认识；而七年规划的制订，更需要认真总结过去四年工作中的缺点错误和经验教训。党的建设也是重要问题。会议持续了 4 个多小时。大家都在西楼会议厅后面的餐厅里吃午饭。午饭后少奇同志宣布，经电话同毛主席商量，毛主席提出，中央工作会议索性再扩大到县团一级，每级有2—5人参加。为了开好这次工作会议，政治局要准备一个报告。少奇同志提出，这个报告的起草工作，由陈伯达牵头，我、田家英和胡绳同志负责组织一个起草班子，尽快开始工作。我当场跟富春、一波、安子文同志商量，确定从计委、经委、组织部抽调人员参加起草班子。

本来，我在10月初即为起草总理的政府工作报告而在钓鱼台9号楼组织一个起草班子。但这次起草中央工作会议的报告，性质不同，内容更广泛，起草人员较多，9号楼住不了。小平同志提出给陈伯达单独准备一幢楼（后定为15号楼），其他人员住8号楼（较9号楼大些）。抽调来的起草人员，除我们四人外，还有廖季立、梅行、马洪、杨波、张沛、潘静远、赵汉等同志，后来吴波和段云同志也常来帮助工作。

第七章　七千人大会

从1961年11月中旬起，钓鱼台这个在1959年建成的接待外国高级代表团的宾馆，即经常成为中央重要文件起草班子的住地。这里有18幢楼，面对玉渊潭，又有内湖、假山、林木荫翳，风景甚佳。那时外国高级代表团来访不很多，通常中央领导同志也以此为休息处所。一般情况下，毛主席住12号楼，周总理住6号楼，少奇同志偶尔也来住18号楼。此三楼同在钓鱼台南北中轴线上。在起草文件繁忙时期，小平同志也来住11号楼，彭真同志住10号楼，8号楼和9号楼是起草班子的住地，这几幢楼因地处钓鱼台西部，可以同外宾住的楼房隔开，不影响接待外国贵宾。

（一）会前的酝酿

在政治局会议两天后，小平同志即来钓鱼台召集起草班子开会，谈起草报告问题。小平同志提出他对报告内容的设想。他说，可考虑整个报告分四个部分，一为形势与任务，二为加强集中统一，三为党的建设，四为基本经验教训。

小平同志说，形势要讲成绩，更要讲错误，还要讲目前严重困难。过去两年，农业严重减产，今年秋收也不好，今年粮食产量估计只有 2600 亿斤，比 1957 年下降 25%，棉花产量只有 1957 年的一半。轻工业生产去年即大幅度下降，今年仍在下跌；重工业去年勉强增产，今年即大幅度下降，工业产值下降近 50%。日用工业品严重缺乏，财政收入大大减少。

小平同志说，从党中央今年初起实行一系列政策性调整来说，形势已趋稳定，但调整方针的实际贯彻实行，至今收效甚微。因此必须强调当前任务是全面贯彻执行“调整、巩固、充实、提高”的方针，力争三年内（1961—1963 年）基本完成调整任务，并制定 1964—1970 年的七年规划（后来改为 1963—1972 年十年规划），作为奋斗目标。

小平同志还提出，为了实现调整任务，要强调实行民主集中制，加强中央集中统一的领导，以克服当前严重妨碍调整的分散主义倾向。小平同志谈到总结经验教训时强调要实事求是，敢于正视过去三年工作中的缺点和错误，要联系党的历史来讲，要在建设社会主义的理论上加以概括。关于党的建设，小平同志提出，要着重谈发扬党内民主与批评和自我批评，提倡实事求是、群众路线的工作作风和工作方法。小平同志要我和田家英、胡绳先拟出一个大纲，他再来开会讨论。我们在草拟提纲过程中，小平同志又提出提纲不要写了，可以按照他前几天讲的意思直接起草报告稿。

隔了几天，少奇同志从南方回来，立即到钓鱼台来同我们谈起草报告问题。少奇同志问了起草的情况并同意小平同志的布置后，明确提出，起草报告的方针还是 1959 年在庐山会议上提出的两句话，即：成绩讲够，缺点讲透。这样才能真正总结经验教训，完成调整任务，实施长远规划。他尖锐地对我们说，你们秀才们不要怕这怕那，要实事求是，是怎样的错误就写怎样的错误，要鲜明、准确、尖锐地写出来。写错了不要你们负责，反正是草稿，政治局还要讨论修改，错了由政治局承担责任。你们可能想到 1959 年庐山会议起草会议纪要引起的风波。其实那个会议纪要现在看来还是好的，还嫌说得不够尖锐，那时本想争取会议通过，后来不行了。庐山会议后半段否定了前半段，只反右而不反“左”，这是一大教训。在那以后，不是有《农业六十条》、《工业七十条》吗？不也是你们这些人起草的吗？不是全都通过了吗？不要一朝被蛇咬，十年怕草绳。

少奇同志对报告的内容，认为应强调加强中央集中统一的领导，克服普遍存在的分散主义、本位主义的倾向。他说他还有一些意见，过几天再告诉我们。

毛主席12月19日晚召开政治局常委会。少奇同志和小平同志在会上汇报了中央工作会议的准备情况。毛主席说，这次大会要很好总结大跃进以来的经验教训。这个工作本来在1959年庐山会议上就要做，可惜那时只反右不反“左”，把从郑州会议开始的纠“左”工作冲掉了。今年1月间九中全会又下决心集中力量解决国内问题，把庐山会议中断的纠“左”工作再拣起来，已经调整了一些方针政策，但看来许多干部包括高级干部思想并未通。这次会议主要是打通思想。现在不能再犹豫了，要花大力气统一全党特别是四级领导干部的思想，大家同心协力地搞调整。毛主席还提出，调整任务可以再搞两年，完不成可以再加一年收尾。但长远规划可以搞十年的，即两个五年计划，应从1963年开始，与八大通过的第二个五年计划（1958—1962年）相衔接，但可以分为前三年和后七年，前三年主要搞调整，后七年大发展。这个规划应有充分根据并且要留有余地，切不可以像1958年郑州会议时提出的那样凭主观想象的二十年发展纲要。

根据少奇同志和小平同志的意见，起草班子作了分工：我负责形势与任务、加强集中统一这两部分，由梅行、杨波、廖季立、马洪、张沛协助；田家英负责党的建设部分，由赵汉、潘静远协助；胡绳单独负责基本经验教训部分。我们分头写出后，由陈伯达统一修改，再送少奇、小平同志。

几天后，小平同志主持书记处会议讨论初稿，彭真、富春、先念、震林、一波、定一等同志参加。大家在会上提出的意见主要有：（1）对形势的估计不能助长乐观情绪，要保留一点。因为目前全国情况还没有完全摸透，尤其是财贸和工业方面，稳定的把握还不大。农村中仍然有饿死人，明年春荒时可能更甚。“十五年赶上或超过英国”的口号，是否还继续提，值得考虑，因为草拟中的七年规划目标同英国现有工业水平仍有差距，再加三五年恐怕也难实现。（后来经请示毛主席，决定不提了）（2）对反对分散主义强调得还不够，还没有把分散主义的弊端写得很突出，克服的措施也不够有力。这一部分要大大加强。（3）关于基本经验教训，写得还不够概括，理论性、规律性还不够。这一部分要重写，而且可以考虑不作为独立一部分，可以放在第一部分，讲完成就和错误之后就接着讲经验教训，这样看起来顺一些。（4）关于党的建设，基本原则都讲到了，但针对性还要加强，发扬党内民主要着重讲。（5）关于这几年工作中的错误，要归纳为若干条，不用多，但要切中要害。可以参考中央书记处给中央政治局的检查报告。

上面说的中央书记处的检查报告，是小平同志亲自主持起草的，其中讲到对1958年到1960年经中央书记处讨论、通过和发出的文件的检查，归结为四大错误，即：总路线提出后没有及时制订实行总路线所必需的各项决策，已制定的政策有些也是错误的；这几年规定的计划指标过高，而且多变，打乱正常的生产秩序，造成经济失调；工作中不是实事求是、因地制宜，而是搞了许多全国性的“大办”，这是违反群众路线的所谓“群众运动”；中央权力下放过多，而且级级下放，结果各自为政，各行其是。（这个检查报告，在12月下旬印发给为准备中央工作会议而召开的政治局扩大会议）

毛主席在12月下旬一次常委会上，谈到书记处的这个检查报告时对小平同志说，你们的报告我看了。你们自己承担这几年工作中错误的责任，而且说是没有很好领会和执行我的指示，把我当作圣人。我不是圣人，至多是个贤人。这几年的错误首先应当由我负责。因为我是党的主席，许多主意是我出的或者是我同意的。我的错误，你们不讲我讲，我自己到大会上去讲。毛主席还说，1959年庐山会议都反右倾机会主义去了，结果没有反“左”，造成今天这个样子，我不是应当负责吗？

（二）少奇同志的设想

在小平同志主持会议讨论初稿的第二天，少奇同志到钓鱼台8号楼找我们谈话。少奇同志对初稿的意见，主要是：

（1）这个报告总的方针仍然是像1959年庐山会议初期那样，即成绩讲够，缺点错误讲透。对过去几年工作的缺点错误要摆开来讲，有多少讲多少，放开来讲，不要吞吞吐吐，要使人看了出一身大汗。这样才能接受教训。

（2）这几年的错误，首先中央要负责。浮夸风、“共产风”、瞎指挥，不但地方上有，中央和中央各部门也有。浮夸风起自高指标，而过高的计划指标是中央定的。在报告稿中中央要作自我批评，我也要作自我批评，因为中央许多文件是我主持的政治局会议（按：八大以后，多数政治局会议毛主席委托少奇同志主持）通过的，否则不能服众。

（3）当前主要危险是分散主义倾向。这是中央权力下放过多引起的。地方上有些同志目无中央，唯我独尊，当土皇帝，封锁中央，对抗中央，这次要狠狠地反一下。毛主席说过，现在要把下放的权力统统收回来，过一点头也不要紧，否则不能刹住分散主义这股风，任其发展下去就搞不成社会主义了。报告中要列举分散主义的事例，每个省、每个部都要有例子，一个也不能缺。

（4）这几年犯了错误总是纠正不过来，这同党内民主生活不够、党内斗争过火有关。1959 年庐山会议只反右不反“左”，会后反右倾又扩大化，把许多提意见的同志打成右倾机会主义分子，使许多干部不敢讲真话，打官腔。如果 1959 年就开始调整，困难还不至于像现在这样严重。这在党的建设部分要好好讲清楚党内民主的原则。

根据少奇同志和小平同志召开的会议上提出的意见，写作班子抓紧时间，调整了分工，我只负责形势和任务部分，田家英和胡绳共同修改党的问题部分，基本经验教训由陈伯达重写，而加强集中统一、反对分散主义部分则由梅行、廖季立等负责修改，因为他们在这方面情况比较熟悉，后来还请吴波（财政部副部长）、段云（国务院五办副主任）、谢北一（物资总局局长）等同志帮助改好这一部分，力求关于分散主义的举例准确恰当。经过紧张的工作，我们在12月25日改出了第二稿。

在这期间，中央为充分准备召开扩大的中央工作会议，先期请各省委书记来京，同中央各部长一起，参加少奇同志主持的准备会议（即政治局扩大会议）。准备会议于12月21日开始，议程有国际形势、国内形势、明年计划和七年规划、商业问题、农村人民公社基本核算单位问题、党的问题。小平同志在会议开始时说明：国际问题主要由周总理和代表团谈出席苏共二十二大的经过和讨论国际共产主义运动的形势以及我党的方针。国内形势包括当前经济困难和调整方针的贯彻，总结过去四年的经验教训（他扼要地谈到中央书记处给政治局常委的检查报告）。七年规划从1963年算起到1969年，建成独立的工业体系。党的问题多年未谈，值得好好议论，恢复和发扬党的优良传统。小平同志说，会议准备用八天时间讨论形势和规划，然后再用几天讨论党的问题及其他问题。以上议程除农村人民公社基本核算单位和商业问题外，都包括在准备提交扩大的中央工作会议的报告中。这个准备会议以后进行情况，我因起草报告没有连续参加，不很了解。

值得提到的是，小平同志在会上开始谈国内形势时传达了毛主席在20日晚上的常委会上的谈话。毛主席说，这次中央工作会议要好好讨论和总结这几年的经验教训。这几年我们工作中犯了许多错误，1959 年和 1960 年心情很不愉快，1961 年开始调整，心情才慢慢好起来。这次工作会议要开好，使大家认识统一起来，步调一致起来，这样才能克服当前的困难，完成调整任务，向新的目标前进。

12 月 27—28 日，少奇同志和小平同志接连两天召集会议讨论第二稿，又提了不少意见，主要是：

（1）要科学分析当前严重经济困难的原因，实事求是地说明，主要原因不是天灾，而是“人祸”，即主要是我们工作中的错误所造成的，既不是赫鲁晓夫撕毁合同，也不是天灾。赫鲁晓夫干了坏事，天灾也是有，但是次要因素。少奇同志特别提到，他去湖南考察时农民说是“三分天灾，七分人祸”。把这个问题说清楚了，就可以使我们的干部和群众增强克服困难的信心。因为主要原因既然是我们自己的错误，那末只要我们改正错误，困难就可以克服一大半了（关于严重经济困难的主要原因，少奇同志说的“三分天灾，七分人祸”，我们后来在修改报告时写得含蓄些，即：“在很大程度上”是由于我们工作中的错误。但少奇同志在 1 月 27 日对书面报告作补充说明时仍坦率讲了他的看法）。

（2）批评分散主义的错误还要加强，要把各省和各部的分散主义的事例加以分类并论述，强调其危害性，使人们提高认识。《红旗》杂志、《人民日报》和新华社的分散主义事例也要写出来，你们参加起草报告，不能讳言自己的错误。要知道这几年刮“三风”，中央有一半责任，你们也有一半责任，中央没有把你们管好也有责任，分散主义不克服，只有分权、没有集权，社会主义就搞不成了。

（3）我们这几年犯错误，有些是苏联党也犯过的。人家犯了错误，我们自己还要犯，这同我们不够谦虚谨慎有关。搞建设我们缺乏经验，花些学费是难免的，但这几年花的学费太大了。如果现在还不吸取教训，学费就白花了。

（4）关于形势部分成绩要加强，讲十二年的成就，缺点和错误可以讲得概括些。

（5）关于党的问题部分，要抓住四个要点，即：党内民主，批评和自我批评，实事求是的工作作风，群众路线的工作方法。

（6）关于基本经验教训，看来还不够成熟，要再想想，要把建设工作的各方面带规律性的东西加以概括。各部委负责同志都要想想自己工作中有什么感受最深的东西，由陈伯达召集座谈会交换意见，然后修改（原来只写了八条，后来逐步增加到十六条）。

小平同志在会议结束时提出，年关将至，时间很紧，参加大会的代表下月初将陆续到京，因此修改报告的工作要抓紧进行，元旦不休息，月初即拿出修改稿来。于是起草班子和中办印刷厂加班加点，夜以继日，修改过的稿子随改好随付印，终于在元旦那一天全部排出清样。

1月3—6日，少奇同志、周总理、小平同志在怀仁堂后厅召集会议，认真地讨论修改稿。讨论采取读一段、议一段、改一段的方式，流水作业，议完一段即由一位秀才在怀仁堂正厅旁的小休息室修改，最后由小平同志过目。会上意见大部分是文字上修改，也有一些原则性意见（不多），当场就议定了。经过四天上下午连续作业，终于完成了任务。

1月7日，少奇同志把修改好的稿子送毛主席审定。少奇同志、周总理和小平同志原来打算，待毛主席看后认为基本可用时，再提交政治局讨论修改，定稿后再在七千人大会上作报告。

1月10日，毛主席把少奇同志和小平同志找去商量，说他看了稿子的头两部分，还未看完，本来想看完后再议一下，作些修改才提交七千人大会。现在出席大会的代表已陆续到京，而这次总结十二年特别是近四年的工作成绩和错误，更需要广泛征求意见，因此他想不必等他看完，也不必等召开政治局会议讨论通过，索性将此稿作为草稿提交大会征求意见，同时组织一个起草委员会，根据大家意见进行修改，来一个集体创作。刘、邓两人赞成主席的意见，并商定起草委员会的组成。当天下午，小平同志打电话给我，把毛主席的意见告诉我，并要我将稿子中个别错字作修改后即送中央办公厅，印发七千人大会。我照办了。

这样，七千人大会从 1 月 11 日起就开始，只是不开大会，而是采取分组讨论的形式，对少奇同志的报告草稿（后来通称报告第一稿）提意见。

小平同志第二天到钓鱼台 8 号楼把秀才找到一起，传达毛主席昨天的意见。小平同志说，毛主席认为这个报告很重要，已经搞得不错，但还要搞得更准确些，要靠众人的力量。主席说，可在起草委员会中深入讨论，统一思想。须知搞社会主义是史无前例的，只能靠我们自己去实践，在实践中积累经验。因此在摸索过程中犯这种或那种错误是难免的，必然性通过偶然性表现出来。这几年我们犯那么大的错误，当然有种种偶然性，但都贯彻着必然性。如果我们谨慎一些，实事求是一些，多一些群众路线，当然可以减少错误，不犯那么大的错误。但话说回来，还是错误难免论，犯了也不必垂头丧气，怨天尤人，改了就是，跌倒了爬起来再干就是。我党历史上犯过多少错误，才取得民主革命胜利。现在搞社会主义，比搞民主革命更难，不犯许多错误，就不可能摸索到建设社会主义的正确道路，不可能达到成功。因此这次召开七千人大会总结过去四年的经验教训很重要。吸取了经验教训，以后搞社会主义就好办一些，但也要有再犯错误甚至更大错误的思想准备，不要以为犯了一次错误就万事大吉了，一劳永逸了。不要尾巴翘上了天，一万八千丈那么高，一定要夹着尾巴做人，我自己要这样，大家都要这样。对事对人，对己对人，不要低估，也不要高估。

（三）起草委员会的议论

起草委员会从 1 月 14 日起开始工作，大会各小组的意见也反映到起草委员会中来，两者平行进行。17 日，起草委员会开会，由少奇同志主持，参加的有政治局委员和候补委员周总理、陈云、邓小平、彭真、李富春①、李先念②、谭震林③、薄一波④、乌兰夫⑤、陈伯达，各中央局

① 李富春，时任中共中央政治局委员，中共中央书记处书记，国务院副总理兼国家计划委员会主任。

② 李先念，时任中共中央政治局委员，中共中央书记处书记，国务院副总理兼财政部长。

③ 谭震林，时任中共中央政治局委员，中共中央书记处书记，国务院副总理兼国务院农林办主任。

④ 薄一波，时任中共中央政治局候补委员，国务院副总理兼国家经济委员会主任。

⑤ 乌兰夫，时任中共中央政治局候补委员，国务院副总理，中共华北局第二书记，中共内蒙古自治区第一书记，内蒙古自治区主席。

第一书记柯庆施[①]、李井泉[②]、陶铸[③]、王任重[④]、李雪峰[⑤]、宋任穷[⑥]、刘澜涛[⑦]，还有起草小组的成员田家英、胡绳和我，一共21人。

起草委员会的讨论，集中在以下问题：

（1）成绩与错误的分析如何做到实事求是，说得恰如其分。有的认为成绩说得不够，有的认为缺点说得太多。少奇同志认为成绩应该讲够，十二年成绩要讲，四年成绩也要讲（后来罗列了十二条）。错误只讲四条就够了。周总理、陈云和小平同志再三说明，讲够成绩的同时，也要讲够当前严重经济困难，错误只讲四条，但要重视经验教训。

（2）对当前形势的估计。有的同志认为，稿中讲得似乎严重了一些，从地方上看，形势已开始好转。总理和陈云同志着重说明，最困难的时期过去了没有，有些情况现在还摸不准。从中央已经提出一系列调整政策这一角度来看，形势的确比过去好，我们已认识到不继续过去的错

① 柯庆施，时任中共中央政治局委员，中共华东局第一书记，中共上海市委第一书记，上海市市长。

② 李井泉，时任中共中央政治局委员，中共西南局第一书记，中共四川省委第一书记。

③ 陶铸，时任中共中央委员，中共中南局第一书记，中共广东省委第一书记。

④ 王任重，时任中共中央候补委员，中共中南局第二书记，中共湖北省委第一书记。

⑤ 李雪峰，时任中共中央委员，中共中央书记处书记，中共华北局第一书记，中共河北省委第一书记。

⑥ 宋任穷，时任中共中央候补委员，中共东北局第一书记。

⑦ 刘澜涛，时任中共中央委员，中共中央书记处候补书记，中共西北局第一书记。

误了，这比过去不认识、不觉悟、不采取政策措施纠正，的确大不一样。可以说，这是形势好转的最重要的前提。但是这些政策的贯彻执行还要有一个过程，目前的情况是在相当多的地方和部门很不落实。少奇同志强调，对形势与其过分乐观，不如谨慎一些。把问题估计得严重些，比估计得好一些可以减少被动。当然，如果大家同意中央这次提出的为克服困难而采取进一步的严峻措施，并认真落实，把形势说得稍微平和些也不是不可以。（后来修改时在列举了农、工、商方面的具体困难并强调必须足够重视之后，也提到“最困难的时期已经渡过”）

（3）关于当前克服严重困难的关键。有些同志对报告中强调反对分散主义表示不理解。有些同志认为“浮夸风、共产风、瞎指挥”是原因，有些同志则认为主观主义、官僚主义是原因，也有些同志认为庐山会议反右不反“左”是原因。有的同志承认庐山会议上不该“赌气”，不该因为别人提了意见就硬着头皮要“大干快上”。少奇同志和小平同志为此作了详细的解释。他们指出，过去三年的主要错误的确是刮“三风”。但是，在中央提出了为纠正“三风”而采取的一系列调整政策之后，就要求全党全国毫无例外地执行这些政策，不得各行其是。现在普遍的情况是各项调整政策很不落实，分散主义已成为实行以调整为中心的八字方针的主要障碍。马克思主义讲时间、地点、条件，不同情况有不同的主要矛盾。领导的任务就是抓住和解决主要矛盾。主观主义是老生常谈，“三风”通常也可以说。但是，在现在，加强集中统一，反对分散主义，全党统一认识、统一行动，是克服当前困难的唯一出路。富春、先念和一波同志根据自己掌管的工作情况，具体说明加强集中统一、反对分散主义的必要。周总理又根据几年来中央下放权力过多的情况作了自我批评，并提出在中央已陆续采取措施纠正自己错误的过程中特别希望得到各地方和各部门的支持，加强集中统一，尽快克服困难。

少奇同志在会上进一步提出，报告草稿中提到：这几年经济上的很大损失和目前的困难，“在很大程度上”是由于我们工作上和作风上的错误所引起的。这里指的是这几年中的主要错误（不仅是分散主义），说是“很大程度上”。其实，我在湖南考察时，农民说是“三分天灾，七分人祸”，即主要是我们的错误。少奇同志问大家，报告草稿现在的写法是否可以。会上有的同志不赞成“很大程度上”，更不赞成写“三分天灾，七分人祸”。少奇同志说，可以不写湖南农民的看法，但实际情况就是这样，主要是我们自己的错误所造成的。因此，“很大程度上”要保留，这是比较含蓄的说法，是秀才们想出来的。因为既然主要是由于我们的错误，那么，只要我们改正错误，困难就可以克服。这样说不仅不会削弱我们克服困难的信心，而且只会增强信心。

（4）关于民主集中制。会上有些同志提出，目前究竟要强调民主还是强调集中，情况各不相同。有的地方同志提出，省委是赞成强调集中统一的，对中央如此，对地、县亦如此。但有的则提出，对地、县两级不宜强调集中统一，因为有些地方瞎指挥厉害。小平同志说明，民主与集中是矛盾统一，是辩证的。新中国建立以来，比较强调集中，分散是从1958年大跃进中开始滋长起来的。这首先是由于中央的错误，权力下放过多了。反对分散主义，中央倾向于主要解决中央与各省和各部的关系，至于地、县两级，只搞正面讲道理，树立全局观念，不去反这个反那个，那两级可能更多的是民主不够的问题。我们要记住庐山会议的教训。我们反对分散主义，只反对那种没有全局观念的盲目性，不是反对地方积极性，而是更好地发挥这种积极性，把这种积极性引导到贯彻执行中央政策的轨道上去。

（5）关于分散主义的事例。报告草稿中根据少奇同志的指示，列举了每个省和每个部的事例。会上有些同志提出，列举的事例与事实有出入，也有不够恰当。少奇同志说，草稿中的所有事例，都可以修改，有关的省和部，可以订正不确切的地方，也可以换上自己认为确切的事例。原则上所有省和部都有事例，一个也不能缺。因为这类事情太多了。小平同志也指出，有的地方一般说来是工作比较出色的，但也存在分散主义的事实，我们就有调查材料说明哪里拒绝按照中央发布的《工业七十条》纠正错误。

（6）关于“十五年赶上英国”和《农业发展纲要四十条》，报告草稿中没有提及。会上有的同志主张还是要提。周总理解释，这两条现在还是不提为好，因为现在工农业的实际产量很低，如果三年恢复，那也只有1957年的水平。现在我们订的是十年规划（从明年—1963年算起），指标留有余地。究竟能不能赶上英国，能不能实现纲要，要等三年恢复后再考虑。现在暂时不提，但也不公开宣布取消，这样比较稳妥。

从以上意见看，地方上的同志有些对中央的想法缺乏精神准备，提出的意见都集中在反对分散主义问题上。中央常委都耐心地作了充分的解释，委婉说理，循循善诱。但是，在重大问题上，中央常委坚持原则毫不含糊，表现了高屋建瓴、势如破竹的魄力和坚毅。在讨论过程中，少奇同志和小平同志吩咐我们边讨论边修改，尽量吸收正确的意见；对会上有些同志不太理解的问题，除了加强说理外，还可以在文字上适当照顾（例如在适当地方点一下主观主义和官僚主义），对分散主义的事例，每个都要重新核实一遍。这样，起草班子分工轮番作业，轮流在怀仁堂参加会议和在钓鱼台修改报告。好在起草委员会上对第三部分（关于党的问题）意见不多，因为这部分主要是根据毛主席多年的论述加以概括和发挥，这些本来是我党的优良传统，没有什么可争议的。所以会议结束的当晚，我们就把报告草稿通改完了。因为少奇同志在 19 日的会议结束时宣布第二天讨论报告修改稿。

1 月 20—21 日，少奇同志主持起草委员会讨论报告修改稿。会议采取读一段、讨论一段的办法，有意见记录下来会下修改。两天的讨论，对第一、二两部分意见不多，因为前几天着重讨论了这两部分，主要是对基本经验教训提了一些增改意见。

少奇同志在会议通过第一、二两部分（特别是关于经济工作方面集中统一的十项要求）之后，提出把分散主义的所有举例全部删去，理由是这样的事例全国很普遍，不是哪个地方或哪个部门所独有，得到一致的赞同。

会上意见集中对第三部分（关于党的问题），大家对发扬实事求是作风和正确贯彻群众路线（力戒大轰大嗡的“大办”）提了许多意见，也谈到了加强党内民主集中制，发扬批评和自我批评（切戒谁作自我批评谁倒霉）。两天讨论下来，起草委员会原则通过了修改稿，由写作班子修改后提交政治局。

少奇同志在1月22日和23日来钓鱼台主持会议，讨论写作班子根据起草委员会前两天会议意见修改过的报告稿，边读边改，并且在会上就确定具体文字修改意见，每天上午9时到12时、下午3时到6时，连续作业，完成了报告的修改。根据少奇同志的指示，我们每改完一部分就送毛主席一部分，24日晨最后一部分送到了毛主席手中。

（四）毛主席的评价

1月24日下午，毛主席在颐年堂召开政治局常委扩大会议。毛主席一上来就说，“寡妇生仔，众人之力”，报告稿集体创作，写好了。肯定成绩，检讨错误，总结经验教训，提出十年奋斗目标，方向是正确的，可以提交政治局了。少奇同志扼要地汇报起草委员会讨论的情况，小平同志也谈了最后修改时加强了党内民主的论述，强调“当老实人，说老实话，做老实事”。毛主席说，共产党人就是老实的人，也是认真的人。我们既要集中，也要民主，是民主基础上的集中。这个报告就是这样写出来的，这次大会也要这样开。会议很快结束，决定第二天召开政治局会议，由少奇同志主持。毛主席说，他要想想在大会上讲些什么。

1月25日，少奇同志主持政治局会议，起草委员会中政治局的成员，以及其他政治局委员和候补委员朱老总、林彪、陈毅、贺龙、刘伯承、董必武、陆定一、康生等都参加了。会议经过讨论，一致通过了报告修改稿（后来通称报告第二稿）。

1月26日晚，毛主席在他住所召开政治局常委会议。毛主席谈到，政治局通过的报告是一个很好的报告，是起草委员会集中七千位代表的意见写出来的。比原来报告初稿强多了，可见众志可以成城。这样的做法，不同于过去八大的做法，也不同于历届人民代表大会的做法，可以说是个创造。不是先做报告，然后大会讨论，然后再修改定稿，而是先把报告草稿拿去让大家提意见，然后集中大家意见进行修改，再拿出正式报告来。这次七千人大会，实际上是党的代表大会。以后开正式的党代表大会，只要时间允许，也可以采取这个办法。人民代表大会也可以考虑用这个办法。这个办法好处在于充分听取意见，当然也有缺点，就是要费些时日，修改工作也非常紧张。毛主席然后又征求大家意见，说现在正式报告出来了，而且是大家讨论了半个多月的，是不是在大会上就不再念这个报告了，改由少奇同志作一个补充解释的讲话，这也是别开生面，大家意见如何？会上常委纷纷表示赞成，唯独少奇同志认为时间紧迫，来不及准备。毛主席说，这个报告从起草初稿开始，迄今酝酿了达一个多月之久，内容很熟悉，作个扼要的补充说明不难。少奇同志最后表示同意，但要求让他现在就离席回家作准备。毛主席说，我们大家也“聋子放炮”，散了罢。当晚常委会就这样结束了。

第二天，1月27日，七千人大会召开第一次全体大会，下午3时开始在人民大会堂举行。会前，政治局常委齐集在大会堂后台南侧的118厅时，少奇同志拿出他的讲话提纲给毛主席看。少奇同志说，昨夜熬了一个通宵，写出了这个提纲，请主席看看可否这样讲。毛主席看完一页就传给其他委员一页，这样逐个传看完毕。我是最后一个看的。提纲一共有十几页，是少奇同志用铅笔手写的，字体比较大（越到最后几页字越大），主要观点都写明了。毛主席最后说，大家都看了，我看可以这样讲，把报告总的精神讲一讲，对大会代表有好处。原来的报告就作为书面报告提交大会。

这样，少奇同志在大会上就根据政治局常委批准的提纲讲话。内容也同书面报告一样，分为三部分，着重讲了国内形势。他说，1958 年以来总的是成绩是主要的，缺点错误是次要的，但不宜比之于九个指头和一个指头，恐怕比之于七个指头和三个指头较为合适。缺点错误，有些地方可能不到三个指头，有些地方可能不止三个指头。各地方、各部门可以实事求是地加以估量。

少奇同志还说到，目前经济困难的原因，什么是主要的，湖南农民说是“三分天灾，七分人祸”。书面报告中说是“在很大程度上”是由于我们的缺点和错误所引起的。至于某个省、地、县究竟如何，可由各地根据实际情况加以估量，只要干部和群众认可就行。

至于民主集中制，少奇同志指出书面报告中强调加强集中统一，他在讲话中着重讲了民主生活不够，说有些同志错误地用强制和压服的办法对待党内和人民内部的问题。关于党的问题，他强调共产党员要做老实人，说老实话，办老实事。整个讲话，给人以强烈的实事求是的印象。

少奇同志的讲话，在大会各小组中引起强烈反响。少奇同志讲的两个“三七开”，得到地、县级干部的热烈赞成，普遍认为中央这样实事求是的分析，打开了这几年中一直困扰他们的思想疙瘩，正视工作中的缺点错误以及它们所造成的危害。对于书面报告和少奇同志讲话中讲的党内民主生活不够，反映也相当强烈，各地方小组开始出现批评省委工作中缺乏民主作风，过于专断，听不得不同意见；但有些地方小组在这方面还显得比较沉闷。中央办公厅从大会开始，即向各小组派出联络员，他们每天都回中南海汇报各组讨论的情况，并登在会议简报上。政治局常委和写作小组负责人都看到这些简报。

（五）批评与自我批评

毛主席在 1 月 29 日下午大会开始前在北京厅同政治局常委商量，要延长会议时间，大家不回家过春节，在北京继续开会。毛主席指出，看来地、县两级有些话没有说出来，特别是对省委工作的意见。有的省委书记到小组会场上一坐，会上便鸦雀无声了。在北京还不敢讲话，回去更难讲了。索性让大家在北京把话讲完。有什么气出什么气，有多少气出多少气，正确的气可以出，错误的气也可以出，一律实行“三不主义”（不记账，不打击，不报复）。少奇同志和小平同志特别赞成这样做，让地委书记和县委书记在北京出完气，在北京过个意义特别的春节。毛主席最后决定，开出气会，他明天讲话。毛主席说，我要作自我批评。少奇同志书面报告代表中央作了自我批评，我作为党的主席，首先我承担主要责任，作自我批评。我不是神仙，也不是圣人，孰能无过？搞社会主义是开天辟地的大事，犯错误是必然的，不可免的，我还是难免论。犯了错误，接受教训，改了就是，不要如丧考妣，天不会塌下来。犯过错误的都要作自我批评，我也不能例外。

第二天，1 月 30 日，毛主席在大会讲话。他开始心平气和地讲这次七千人大会采取一个新的方法，就是先将报告草稿发给大家征求意见，然后集中大家意见进行修改，搞成了一个比较好的书面报告。大会报告时也不是照着本子念，而是讲一些补充、解释。用这种方法来总结十二年特别是近四年的工作经验，是比较适宜的。接着他讲民主集中制，他先作自我批评说："凡是中央的错误，直接的归我负责，间接的我也有份，因为我是中央主席，第一个应当负责的应当是我。"他讲到党内民主不够、第一书记个人说了算，听不得不同意见，称王称霸，老虎屁股摸不得。他越讲越激动，讲到一人称霸终有一天会"霸王别姬"，讲到"偏要摸老虎屁股"。接着又讲到认识客观世界要有一个过程，有了总路线还不够，还要有一整套适合情况的各方面工作的具体方针、政策和办法。最后讲到团结全党和全国人民，搞民主集中制，发扬党内民主，开展批评和自我批评。不仅白天出气，晚上也可以出气。让人讲话，作自我批评的，还可以当第一书记；不让人讲话，不作自我批评，难免有一天要垮台。他在讲话中，还讲到联合哪些阶级、反对地富反坏右的问题和反对现代修正主义问题。

毛主席讲话后，七千人大会实际上出现又一个高潮（会议初期讨论报告草稿时是一个高潮）。各小组中展开了对省委工作和中央各部门工作的批评和自我批评。中央部门各小组，各部委负责人都作了自我批评。各地方小组，气氛也非常热烈。

中央常委也分头到各组去。少奇同志参加安徽组，那里对省委第一书记意见特别多，少奇同志反复强调发扬民主的重要性。周总理去福建组，着重谈了要恢复“说真话，鼓真劲，做实事，收实效”，也就是实事求是的优良作风。朱老总在山东组强调要防止党内斗争中扩大化，不要自上而下地普遍搞反倾向斗争。陈云同志去陕西组，着重谈了发扬民主和采取交换、比较、反复的方法使我们的认识更正确些。小平同志则经常到各中央局书记住地去交换意见，做好中央与地方的通气工作，在大会前后两个阶段都如此，起了无可代替的重大作用。

许多小组，地委特别是县委的同志，对省委工作提出了坦率、尖锐、紧张而热烈的批评，说出了多年没有说出来的意见。许多省委书记，也很难得地在这样的场合作了恳切的自我批评。有的省委第一书记，亲自到县委书记身旁，为自己出过坏主意和作风粗暴而赔礼道歉，双方都感动得流泪。这是全国解放以来开得最成功的领导干部交心会。当时一首打油诗传遍各会场："白天出气，晚上看戏，两干一稀，皆大欢喜！"

在大会后期，除了"开出气会"以外，闭会前还开了两次大会。一次是2月6日，由小平同志和朱老总讲话，小平同志讲党的问题，他发挥了他在12月21日准备会议开始时关于党的建设问题的观点，着重讲了民主集中制，讲民主与集中的相互关系，既要加强集中，又要加强民主，因情况不同而突出集中或民主，批评和自我批评是为了团结，出气是为了通气，是为了加强民主集中制。但也不主张在这次大会之后全党各级都来开出气会，主要是各级领导班子内部要交心，第一把手多作自我批评，多找别人谈心，对一般干部则采取正面教育的方法把党的优良作风恢复起来。

朱老总着重讲了反对现代修正主义问题。这个问题中央常委在大会讲话中都讲了。朱老总强调我党一定要坚持原则，顶住赫鲁晓夫的压力，要准备进行长期斗争。既要努力把自己国家建设好，也要履行无产阶级国际主义义务。

周总理2月7日在大会讲话，他首先对这几年工作中的缺点和错误，代表国务院作自我批评，特别检讨他本人说过的农业和工业大跃进速度的错误观点。他对这些错误给各地方、各部门造成的压力和伤害，向大家道歉。周总理还详细分析当前经济困难，并提出八项解决办法，除坚决压缩城镇人口、缩短基建战线、争取工农业增产外，还特别提到下决心偿还外债。

七千人大会结束前，毛主席讲话。他称赞这次大会开得好。他说，时间虽长了一点，开了一个月，但上下通气，总结经验教训，确定方针政策，是很成功的。我们要解决的问题很多，现在只能解决已经成熟的问题，其他问题还需要以后进一步研究解决。孙中山说过，“革命尚未成功，同志仍须努力”。我们大家继续努力吧。毛主席讲这些话，是因为原定大会最后两天，各组在“出气会”之后转入讨论解决当前经济困难的措施如何落实，而这一讨论还不充分。所以毛主席在大会结束时强调仍须努力。

（六）会后的考虑

七千人大会总结经验教训，虽然没有完全彻底清理过去三年中的“左”倾错误，但在当时的条件下，开得这样成功，使全党四级干部上下通气，统一思想，统一步伐，同心协力，带领群众，艰苦奋斗，克服重重困难，用不到三年的时间，提前完成全面调整的任务，使全国形势全面好转，这是难能可贵，具有重大历史意义的。

2月8日，大会各小组开会讨论如何贯彻中央政治局常委的报告和讲话。2月9日起，除个别省（如安徽）的代表仍留京一两天外，其余即返回各地。

也在2月8日，少奇同志主持召开政治局会议。他一开始就谈了他对会议后半期地方小组会的观感。他认为起草委员会对下面要求民主的呼声没有充分考虑。“出气会”很形象地反映党内民主不够的状况。而没有民主，就不会有正确的集中。过去几年，如果党内民主生活健全，就可以少犯错误，至少可以避免犯那么严重的错误。这几年，实际上削弱了无产阶级民主，也削弱了无产阶级专政。这是一大教训。他说，毛主席在讲话中强调发扬党内民主是非常正确的。他请求政治局考虑对他的书面报告加以修改，讲民主集中制时，除强调集中统一外，还要强调健全党内民主生活。他说，他的这个意思已经同毛主席谈过。毛主席日内即离京去杭州休息，一个多月的紧张的会议的确太累了。毛主席嘱咐：书面报告一旦修改好，就送给他看。

大家一致同意，把毛主席讲话中加强民主的精神增加到书面报告中去，要求全党全面实行民主集中制。

会议中还谈到，1962年的计划已经通过，各项生产指标已降低，但目前实际情况不好，财政收支指标也已降低，但今年恐怕难以做到收支平衡；物资供应也求过于供，差额较大。陈云同志提出，目前的计划是会前定出的，现在情况了解更多，看来困难比预料的大。可以考虑，如果实在难以完成，那就不要硬撑着原计划的架子，要下决心把架子放下来。三年调整恢复的速度如果比预期的慢也要考虑几年的计划安排，先退下来，情况好了还可以再上去，这比硬撑着架子老是被动要好。究竟如何是好，还可以进一步调查研究再来决定。少奇同志赞成这样设想，他强调务必要做到收支平衡、物资平衡，要多增产，少支出，不能搞通货膨胀。

小平同志在会议结束时提出七千人大会的传达问题，除了提出到县委委员和十七级以上干部外，还要求马上将毛主席和少奇同志讲话的记录稿作为非正式文件给地方带回去供传达之用。本来，在少奇同志和毛主席讲话后，小平同志即要我和田家英分头整理少奇同志和毛主席的讲话。我差不多是按记录稿稍加文字改动，即分别送他本人核阅。政治局会议后，少奇同志找我到他家中，除了个别文字改动，对整理稿表示满意。这是因为少奇同志素来讲话以条理分明、逻辑严密、措辞得当见长。我们秀才们常说，他讲话像背稿子，而念稿子又像讲话。所以我整理时没有花多少功夫。毛主席讲话有他的独特风格，他要田家英整理稿子时保持他当时的思想感情和语言风格。他虽然还想对记录整理稿多加修改，但因传达需要，且又作为非正式文件，也同意会后就交各地带回去供传达用了。

倒是按少奇同志要求修改书面报告比较吃力，这不仅要增加讲党内民主的分量，而且要前后逻辑通顺，因为提交大会的报告第二稿很强调集中统一，而反对分散主义确实需要这样。因此我们秀才班子在大会后又加班加点，连续三天改出第三稿。2 月 15 日少奇同志和小平同志主持会议讨论通过，2 月 17 日送毛主席审核，2 月 23 日毛主席阅后同意发给各省、部级党委供传达之用。毛主席在稿上写了几句批语给少奇同志："修改得很好了，即请你处理！"毛主席当时在武昌休息，他是 2 月 9 日离京先到杭州，后到武昌。

第八章　财经困难与非常措施

（一）发现庞大财政赤字

七千人大会后不到半个月，2 月 21 日，我突然接到通知要我参加少奇同志召开的中央政治局常委会议。

我原来以为是讨论七千人大会未了事宜，如修改少奇同志书面报告和讲话之类。但我到达少奇同志住处附近的中央办公厅西楼会议厅时，看到到会的中央同志议论纷纷，连平日较少讲话的朱总司令和陈云同志也相当激动。周总理和小平同志都看着少奇同志同先念同志说话，神情也相当紧张。我只听到少奇同志大声批评财政部没有如实向中央反映财政赤字严重。

会议开始，少奇同志宣布，这次召开政治局常委会议，是讨论财政赤字问题。七千人大会时没有暴露这个问题，现在必须采取紧急措施来解决。常委有五人到会，过半数，另外还请管经济的政治局同志参加。事前已向毛主席（当时在外地休息）报告过。这就是有名的“西楼会议”。

少奇同志请先念同志（他当时是副总理兼财政部长）汇报财政情况。李先念同志说，七千人大会时没有估计到财政情况这样严重。因为七千人大会前财政系统存在的浮夸风没有完全克服，弄虚作假的现象未能发现。经过七千人大会，大家比较能讲老实话了。这才发现：1961 年 12 月底货币流通量只有 125.3 亿元，两个月中又投放 12 亿元，仍然不能应付开支，估计今年财政赤字可能超过 30 亿元，大大出乎意料。少奇同志追问，是否年年都有赤字？先念同志回答：实际上年年有赤字，1958 年赤字为 21 亿多元，1959 年为 65 亿元，1960 年为 81 亿元，为四年中最多的，1961 年为 10 亿元，四年共计为 180 亿元（按：后来核实 4 年财政赤字共计达 280 亿元），都用发行票子抵消了。今年赤字 30 亿元可能还打不住，因为各地报来的收入中有水分，支出还可能扩大。

少奇同志指出，这种情况表明，我国正处于通货膨胀。资本主义有经济危机，社会主义也会有经济危机。我们正处于非常时期。七千人大会着重解决民主集中制问题，为调整工作在政治上、思想上和组织上打下基础。现在是我们着手认真地实事求是地调整工作的时候。我们首先碰到了七千人大会没有发现的严重经济问题——通货膨胀。

陈云同志说，他在七千人大会上没有发言，主要是因为情况还不明（只在小组会上谈了工作方法问题）。现在看来，可以说，目前的困难主要是两个原因，一是粮食连年减产，去年同 1957 年相比，减产 800 亿斤，经济作物和畜产品也都大幅度减产。二是基本建设战线过长，其规模大大超过了国家的财力和物力。由于这两个原因，引发了城市人口增加太多，需求大大超过供应，钞票发得太多，通货膨胀，城市人民生活水平下降。

陈云同志还提出了解决目前严重困难的非常措施，首先是集中全力争取农业增产，争取快些，但也准备慢些。陈云同志说，以粮食为例，要恢复到 1957 年粮食 3700 亿斤的水平，以第一个五年计划平均每年增产（丰年与灾年拉平）150 亿斤的幅度计算，大约需要六年，由于现在有些生产条件不如 1957 年，因此恢复速度可能要慢些，如果工作得好，也可能快些。究竟是四年还是八年，现在还说不准，明年可能看出究竟。其次是下大力气减少城市人口，大大缩短基建阵线，关停并转一批企业。再次是厉行节约，想尽一切办法制止通货膨胀，保证城市人口的最低限度的必需供应。

周总理认为，现在发现经济问题比七千人大会时严重得多，因此要考虑对原有计划作大幅度的调整。他列举了需要调整的主要指标并详细说明了原因。

三天讨论下来，大家思想一致，认为现在情况比七千人大会的估计要严重得多。只是对恢复的关键即农业恢复的速度估计不一致（有的同志估计三年可以恢复，有的同志估计需要五年），但都认为有必要进一步采取非常措施。会议责成过去设立的以陈云同志为首的中央财经小组恢复工作，研究克服当前经济困难的办法，向中央提出报告。

为了使党的高级干部明了当前的经济情况，中央决定由陈云、先念、富春三位同志尽快向国务院和中央直属各部长作报告，后来又扩大为召开各部党组成员参加的高级干部大会。

2月26日，周总理在国务院小礼堂主持高级干部大会，由陈云同志等三人作报告。先念同志谈财政和商业情况。他说经过这两天算细账，今年财政赤字为50多亿元，多发了60—70亿票子。为了争取收支大体平衡，已停发票子，计划增产20多亿元，节约10多亿元，卖高价20亿元。先念同志说，这是争取目标，能否完成还要看实际情况。

富春同志谈工业和基建情况。他说，工厂企业停产、半停产的数量很大，已有工业生产能力不平衡，原材料供应不足。基本建设四年投资3360项，但迄今只完成394项，资金、材料都有很大差额，许多项目都停工待料，浪费很严重。因此，工业速度只能放慢，基建项目要大大削减，力争多生产日用品，清理仓库。

陈云同志讲目前财经情况和若干解决办法。他说，目前存在困难，也有争取好转的条件，但困难相当严重。目前干部中对困难的严重程度和争取好转的快慢，看法不尽一致，这在大变动中是正常的，但希望在实践中尽快取得一致。估计不同，采取的措施、步骤就很不一样。

他认为，目前财经困难在于：

（1）农业大减产，比1957年减少800亿斤，即下降26%，要靠进口400—500万吨粮食才能维持口粮供应。棉花也比1957年减产35%，严重影响纺织品的生产和供应。油料减产更多，达50%；生猪存栏数下降54%。这些减产，大大影响对城市的供应。牛、羊、鸡的供应也大大减少了。目前农业生产条件在不少方面不如第一个五年计划，要像那个时期一年平均增产122亿斤粮食很困难。究竟多少时间能恢复，还要看看今年和明年收成如何才能确定。因此立足点放在争取快、准备慢，争取三年，准备五年，这比较稳妥，不致被动。因为在中国，农业是根本，搞得好坏，决定经济全局。

（2）已摆开的建设规模过大，超过了经济的可能性。目前的规模灾年不行，丰年也不行。1957年粮食丰收，达3700亿斤，但当时的建设规模已经大于当年粮食供应的可能性，因而库存减少了40亿斤。现在城镇人口达1.2亿人，大大超过了1957年的9000多万人。

（3）通货膨胀。当然没有像国民党崩溃前发行的金圆券那样贬值，但人民币目前确实是通货膨胀，多发了六七十亿元票子，用来平衡财政赤字。因此，商业库存减少了，物价涨了，支出工资多了，供应物资少了。如不采取有力措施，通货膨胀的趋势还要恶化。

（4）由于农产品求过于供，工业品下乡也大大减少了，因而农民手里有大批票子，长此下去，有朝一日，人民币在农村买不到东西，或者大大贬值。

（二）解决困难办法

陈云同志提出解决经济困难的办法：

（1）把十年计划分为两个阶段，第一阶段为恢复国民经济阶段。工农业都有一个恢复期，农业恢复可能要三年到五年，工业速度只能放慢。这是个人看法，也有同志说三年可以恢复。我要看今年和明年的情况如何才能确定。恢复为了发展，发展决定于恢复。目前是非常时期，要更加强调集中，比建国初期还要集中，因现在规模更大，情况更复杂。

（2）减少城镇人口，精兵简政。这不仅为了渡过当前困难，从长远看也是需要的，城市人口过多不是好事。去年减少了不到1000万，今年可考虑再减1000万，能再减少2000万最好。

（3）制止通货膨胀。从四个方面入手，减少现金支出；增产人民群众需要的日用品，回笼货币；增加高价商品，除集中短缺的副食品开高价饭店，卖高价糖果、点心外，还可以卖高价自行车、手表、烟酒等；打击投机倒把。

（4）尽力保证城市人民最低生活需要。两年内做到7500万城市人口每人每月配给3斤豆子，即一天一两，可做半斤豆腐。每人每年配给两双尼龙袜子。因棉花减少而发生纺织品严重短缺。

（5）把一切可以调动的力量，集中用于增加农业生产。粮食搞不好，影响城市口粮供应，经济作物搞不好，城市群众更没有副食品，这都关系工农联盟的大事。小农具、化肥、农业机械都要切实计划一下，如何才能保证农业增产，因为这几年人力、畜力消耗过大。

（6）国家计委、经委的主要力量，要从工业、交通、基建转移到农业和商业上来，制止通货膨胀。粮食和市场是第一位工作。

陈云同志的报告，受到热烈的欢迎，掌声不断，特别是他讲到城市居民每日增加一两豆子，每年配给两双尼龙袜子，卖高价糖果，开高价饭店时，全场响起了真正暴风雨般的掌声，台上台下都非常激动。这是对中央的信任，对战胜困难的信心。陈云同志那样讲究实际，千方百计解决困难的精神，久久使人不能忘怀。人们至今仍然记起那时上下节衣缩食（毛主席带头不吃肉，政治局开会没有工作餐，国务院开会吃豆腐、粉条的大锅菜和玉米窝头）共渡困难的情景。

陈云同志主持中央财经小组经过两个星期的紧张工作，于3月12日向政治局提出在非常时期采取非常措施的报告。少奇同志3月12日至13日在西楼主持政治局会议讨论。陈云同志日夜操劳过度，旧病复发，3月初即去南方休养。从此，经济调整工作即由周总理主持。在这次政治局会议上，由富春同志（他是中央财经小组副组长）作说明。

富春同志首先说明当前情况：农村情况总的说在好转中，但有些情况很严重，春荒比往年来得早，一亿人口缺粮，其中一半（5000万人）每人每日只有二两口粮，“瓜菜代”也困难，家在农村的干部、职工、军队的家属也口粮不足。许多工厂、矿山因连年超负荷运转而设备损坏严重，今年产值可能要比去年下降15%，基建下马仍进展很慢，减少城镇人口也很迟缓，今年整个工业计划要重新调整。财经情况不乐观，经过核实细账，财政赤字比过去又有增加，四年赤字共计不是原来说的100多亿元，而是200多亿元，今年票子已多发了60亿元，商业库存减少60—70亿元，另有残次品100多亿元，这几项加在一起，国内市场供不应求，极度紧张。

富春同志指出，从目前情况看，关键是农业的恢复，究竟能有多快，也许要五年时间，目前还难说得准，粮食要看一两年，经济作物肯定完不成原定计划。农业逐步恢复了，才谈得上恢复工业，特别是以农产品为原料的轻工业。因此需要根据当前的实际情况调整七千人大会拟定的十年规划。

富春同志说，中央财经小组认真研究了全面的情况，认为十年规划可分两个阶段，第一阶段为恢复阶段，为时五年，或者叫调整。这个阶段，以恢复农业、保证市场供应为主，在这基础上调整工业，基建踏步不前。第二阶段为发展阶段，要按农轻重比例发展，部分还有恢复、调整的任务。

富春同志提出的当前非常措施，除陈云同志2月26日报告中讲的以外，还着重讲到：力争今年农业收成好一些，保证粮食按低标准购销平衡，争取进口300万吨粮食；工业速度再放慢一些，力争多生产一些日用品，大部分工业生产指标要降低，着力维修设备；基建该下马的坚决下马，只投资45亿元用于那些急需又能很快发挥效益的项目；城镇人口，坚持原定两年内再减少2000万人，而今年上半年要减少700万人，实行干部下放制度。

会议在讨论过程中，大家一致同意中央财经小组的报告中提出的紧急措施。不少同志认为，过去几年没有很好调查研究，情况不明但决心很大，所以出了乱子。自去年毛主席提倡调查研究后，中央及各级领导同志在调查研究上下了功夫，提出了许多调整措施。但从目前情况看，我们对不少情况还不摸底。首先农村情况就不完全了然。比如说去年粮产汇总为2800亿斤，很难设想这个产量能保证全国大部分地区人口能生活下去。又如工业，究竟怎样搞综合平衡，也很不摸底。但是，当前困难的确很大，对此加以充分估计，采取非常措施，显然是十分必要的。如果实际情况比估计的好一些，恢复得快一些，岂不更好？小平同志特别指出，调整的决心中央早就下了，从去年开始措施就陆续出台了。现在不是“决”的问题，而是“行”的问题，即努力把决心贯彻到行动中的问题。现在提出的非常措施，没有什么危险，要紧的是赶快去办，扎扎实实地去办，更多更好的办法可以在办中发现补充。

会议讨论中对目前时期叫“恢复”好还是叫“调整”好，议论较多。有些同志认为，从目前工农业情况看，是恢复的问题，农业恢复什么很明显，但工业恢复什么则比较复杂，不甚明确。有些同志认为，过去一直提“调整”，现在忽然改提“恢复”，容易使人感到是否方针改变了。对于多少时间可以恢复，会上也议论较多，有说三年可以恢复，有说五年才能恢复，也有的说可以考虑更长时期。

少奇同志、周总理和小平同志先后发言指出，为了同中央过去的提法相衔接，可以仍叫调整时期，不叫恢复时期，但实际上仍是以恢复为主。十年规划前几年着重恢复，后几年着重发展。一般提法仍是去年1月九中全会上提出的“调整、巩固、充实、提高”这八字方针。少奇同志特别指出，七千人大会时思想集中到民主集中制方面去了，对当前经济困难认识不足，现在情况表明困难比我们过去估计的更为严重，实际上我国处于非常时期。认识进了一步，采取进一步的非常措施是允许的，必要的。对困难估计得大一些，危险不大；估计不足，盲目乐观，危害就大了。如果将来情况表明困难没有我们现在估计那么大，那当然很好。至于是否恢复一定需要五年时间，或者只要三年就行，现在谁也难得说准，还要看我们工作做得怎样。现在不必争论，思想上与其准备快一些，不如准备慢一些，这样利多弊少。

由于此事关系重大，虽然事先已向毛主席报告，少奇同志还是同周总理、小平同志一起于3月14日专程飞到武汉，向毛主席汇报政治局会议情况。少奇同志把会议上各种意见都向毛主席说了。毛主席也详细看了陈云、富春、先念三人的报告，同意批发给省、军级干部，并商定中央于5月召开政治局扩大会议，讨论中央财经小组关于调整1962年计划的报告。

（三）最坏打算和最大决心

少奇同志于5月7日至11日主持召开政治局扩大会议，地点在怀仁堂后厅，参加者除中央政治局成员、书记处成员外，特别增加各中央局第一书记以及少数省委书记和中央有关部门部长，集中讨论如何调整1962年计划，采取开大会的形式，不分组开会。毛主席当时仍在外地休息，没有参加这次会议。

富春同志代表中央财经小组对调整1962年计划作了说明，先念同志作了补充。他们着重说明：

（1）当前经济困难突出地表现为工农业严重失调，工业内部各部门也严重不平衡。1960年粮食产量比1957年减少850亿斤，相当于1951年水平；棉花产量比1957年减少800万担，略高于1950年水平；油料产量比1957

年减少1500万吨，低于1949年水平。1960年工业产值高于1957年25%，城镇人口比1957年增加3000万人。工业内部重工业比重过大，而采掘工业又严重落后，重工业与轻工业（尤其是以农产品为原料的轻工业）大部分停产或半停产。总的情况是工农业都在打消耗战，长此下去，势必两败俱伤。因此必须尽快采取果断措施，大幅度调整计划，基本建设原则上踏步不前，还要一大批下马，工矿企业一大批要关、停、并、转，指标要削减下来，腾出一切可动用的力量尽快恢复农业。

（2）粮食供求缺口严重。本年度预计征购680亿斤，已经比原计划减少37亿斤，但现在各地报来只有614亿斤，还差66亿斤。粮食支出数量仍然很大，要返销农村165亿斤，还不能保证受灾的1亿多农村人口的最低口粮。种子、饲料和工业用粮需要有100多亿斤。剩下的只有350亿斤，无论如何也供应不了1.2亿的城镇人口。因为如果按照1957年的口粮标准（每人每年423斤）共需505亿斤，如按1961年的口粮标准（每人每年340斤，已发生浮肿病），也要408亿斤。粮食库存1956年年终有400多亿斤，去年年终只有103亿斤，基本不能调用。因此，解决粮食供求差额的唯一出路，是下最大决心减少城镇人口，今明两年再减少2000万人，大跃进以来进城的人口原则上统统返回农村去。干部也要实行下放制度，既可缓解城市人口压力，又可使中青年干部得到锻炼。

由于会议的注意力集中在农业问题，邓子恢同志作为中央农村工作部部长，就此作了专题发言。他首先提出目前农村工作有了《六十条》，情况开始向好的方向发展，但是由于不少地方贯彻《六十条》不力，困难还是很严重，有 20% 的公社发生单干，春荒比往年来得早，饿死人的现象又有发展。目前农村中首先是救命的问题。因此他提出，为了制止形势恶化，在口粮特别困难的地方，应大胆地采取救济措施，这就是在保持大集体的前提下，充分发挥“小自由”的积极性。他提出：除了原定的自留地外还要增加饲料地，允许借地度荒、开发盐碱地和小片荒地，这些地总共控制在耕地面积 20% 以内；耕畜实行公有户养分仔或户有户养；猪以私养为主；小农具自有自用，中农具也可以自有；大田管理包产到户；大队企业十年不办，都下放给小队。邓老这些大胆的建议，会下大家议论纷纷，赞成和反对的都有。少奇同志作总结时说，这些意见中央将另行讨论。

周总理、小平同志、朱总司令都发言了。

周总理说，毛主席说我们做工作要情况明、决心大、方法对。这三点要求做起来很不容易。这几年中，我们对情况是逐步明了的，老是对困难估计不足，因而老是被动，被迫逐步后退。现在情况比较明了，但还不能说已经完全明了，可能已明了七八分，还有二三分不明了。毛主席经常告诫我们，领导一定要从最坏的情况出发，把困难想够、打足。毛主席在七大时列举了十七条可能发生的坏事。可见多设想些困难没有坏处，只怕对可能发生的坏事没有思想准备，也没有预备对付办法。总理还说，这次我们下的决心是大的。去年庐山会议有决心，但没有这次大，因为那时对困难的估计还不足。去年决定城镇人口减少 1000 万人，今年又决定再减 2000 万人。这是史无前例的。这样大的决心是逐步形成的，是来自对情况的逐步明了。总理认为，这次中央财经小组提出的办法是对的，可能还不够。因为情况复杂，牵动全社会，调整过程中可能出乱子，因此我们的步子要稳，要谨慎从事。要把情况和办法向群众讲清楚，群众会比我们想出更多更好的办法。

小平同志在发言中同意中央财经小组的报告。他指出，已认识到情况严重就应下决心这样办，不能犹豫不决。可能我们认识不够，将来再追加补充办法。小平同志强调：中央这次下这样大的决心，把城镇人口再减少 2000 万人，这不是“左”，也不是右。对这次中央决定有抵触是“左”，对克服困难失去信心是右，不下决心也是右，把我们的经济拖垮是右。拖下去会亡国。小平同志提出，当前有两项中心工作，城市是减人，农村是巩固生产队。小平同志说，为了实施这次会议决定采取非常措施。在干部政策上要采取非常措施：一方面是做好干部甄别平反工作，把错划了右派和右倾机会主义分子的干部一揽子通通摘掉帽子，不去逐个解决，那样费时费事，也不必要。个别特殊的可以不摘帽子。另一方面要加强各级地方党委的领导班子，要选一些作风好的干部加以培养，要从中央各部门和省里选择有培养前途的干部下放到县、公社去，帮助巩固生产队。组织部门要认真研究这个问题并形成制度。

朱总司令在发言中也同意中央财经小组的报告。他特别强调要动员全党抓农业。他说，中国人口众多，民以食为天，农为立国之本。不解决农业问题，立国的基础就不牢固。进口粮食解决不了问题，世界上没有哪个国家能养得起我国这样多的人口。毛主席说农业是基础，这是千真万确的，过去不知说了多少次，但我们实干很不够。朱总司令还强调要减人，城镇要减，职工要减，干部也要减，还是要实行精兵简政的老政策，这个老传统不能丢。艰苦奋斗的老传统也不能丢。

少奇同志做总结时指出，目前经济形势是很困难的形势。一部分地区转好，总的很困难，不是大好形势。七千人大会时说最困难的时期已经过去，现在看来，在有些地区，在城市，在工矿区，在贫困的农村，还不能说最困难时期已经过去了。因此对形势要有分析。过去认识不到的困难应对群众说清楚。几年来老是对困难估计不足，而不是估计过大，因此一直被动，生产指标一降再降，供求差额越来越大，口粮一减再减，不仅农村中饿死人的现象没有停止，城镇中得浮肿病的人也越来越多。应当说过去几年还没有把形势估计过坏的，吃亏的是对困难估计老是不足。看来对困难估计多一些没有坏处，危险在于不足。现在是否对困难估计足够了呢？还不能这么说，很可能还有估计不到的。充分估计困难，积极克服困难，这是勇敢的表现，这是有信心的表现，这是马克思主义。这是革命家的气概。不正视困难，这是懦弱，不是勇敢。自我安慰不是马克思主义。他赞成周总理重提毛主席在七大时列举可能出现的十七条困难。他说由于我党对困难有充分思想准备，七大之后日寇很快投降，我们迅速扩大了解放区。也由于有充分思想准备，我们在国民党发动内战时没有被动应付，而是很快从战略防御转入战略反攻，解放战争比我们原先估计的五年提前到三年半就取得伟大胜利了。

少奇同志进一步指出，再减少2000万城镇人口，这是很大的决心，这决心不好下，需要很大的勇气。中央以很大的勇气来下这个很大的决心，需要全党都有这样大的勇气，下这样大的决心。决心下了，就要赶紧行动。全党要比大跃进时期更紧张地工作，花更大的气力，做更扎实的工作。决心大，行动快，也还要有步骤，小心谨慎。把2000万人减下来，就可以说最困难的时期过去了。

少奇同志特别提醒大家，为了完成这样艰巨的任务，实施这些非常措施，要求各级党委，特别是第一把手要精心做思想政治工作，亲自到群众中去做报告，把情况、道理向群众讲清楚。政治工作做好了，我们的任务就会完成得又快又好，切不可以简单从事、草率从事，更不可以大呼隆，搞形式主义的群众运动。而且还要准备对付可能出现预先没有预料的乱子。因为现在决定这些非常措施牵动全社会各个方面，城镇与农村，干部和家属，职工和家属，男女老少，无所不包，要估计到这样大的经济变动会反映到政治社会生活上来，赫鲁晓夫领导集团就是利用我们的困难最近在新疆的塔城、伊犁地区发动暴乱事件的。我们对城市和农村可能发生这种严重事件要提高警惕，党内要有思想准备，要准备在事件发生时采取紧急措施，维护社会秩序。我们力争不出乱子，至少不出大乱子。这是可以做到的。我们的工人农民真是好啊！他们在困难的日子里始终同我们党同甘苦、共患难。这是我们工人阶级领导的以工农联盟为基础的人民民主专政坚不可破的有力证明。

五月会议通过了1962年调整计划的报告，经毛主席同意后于5月24日发给全国执行。

五月会议是西楼会议的继续，也是七千人大会的继续，是1961年初党中央确定的调整方针的真正的、全面的、特别是在经济方面的贯彻和落实，为此后两三年中国民经济的调整和恢复，起了有历史意义的重大推动作用。

第九章　北戴河会议

（一）会前三件事

北戴河会议是1962年7月底开始举行的，在这之前，有三件事和这次会议有关。

第一件事是“包产到户”的问题。

早在1960年冬，由于连续两年农业歉收，不少地方农村出现各种形式的生产自救，以求较快地渡过灾荒。其中比较普遍的是田间管理联产计划责任制，在安徽称之为“责任田”，一些地方也有包产到户的。当年普遍增产，农村基层干部和农民普遍赞成这个办法，既保持了大集体，又扩大了“小自由”，有利于生产自救和农业恢复。到了1962年春，经济困难形势更为严峻，普遍认为解决困难的关键是尽快恢复农业，农业上去了，全盘皆活，农业搞不好，一切都谈不上。西楼会议和五月会议后，这种思想更加明显了。上至中央，下至省、地、县，各级干部都为尽快恢复农业调查研究，出主意，想办法。毛主席要田家英带领调查组去湖南调查，陈云同志亲自去他家乡青浦县调查，中央书记处责成中央办公厅组织调查组去各地调查，邓子恢同志主持中央农村工作部亲自搞调查。

田家英在6月底回到北京。他告诉我：他在湖南调查时，大部分干部和农民主张包产到户（一般是：土地仍归集体所有，以户为单位承包一定数量土地的产量上交，超产部分归户支配），由生产队党支部有领导地进行，有些地方甚至由农民自发地实行。当年农业增产，农民满意。他5月间到上海向毛主席汇报这一情况时，毛主席没有表态，只责成他再回湖南作进一步调查。他在上海也向陈云同志汇报，陈云同志赞成他的想法。家英当时认为可以考虑有领导地组织生产队根据不同情况，能保持原状的保持原状，根据比《农业六十条》更放宽地扩大小自由，如果大多数农民和干部主张，甚至也可以实行包产到户。家英估计，有领导地搞，保持集体经济的生产队可以达70%，包产到户的可能有30%。这样可以避免集体经济遭到更大的损失，否则无法控制。这是在经济困难形势下，充分调动农民生产自救以克服灾荒的过渡办法。农村干部和农民都表示，一旦情况好转，他们还是壮大集体经济的。田家英的这个意见，还向少奇同志和小平同志作了汇报（当时毛主席还在外地视察），他们也都倾向于采取这样的过渡办法。

在五月会议上，当讨论采取非常措施克服经济困难时，邓子恢同志特别提出，为了快些恢复农业，要扩大小自由，比《农业六十条》更放宽一些。自留地、饲料地、借地度荒、借盐碱地、借地开荒以及“十边地”，都可以增加一些，总量控制在耕地面积20%以内。5月24日，邓子恢同志给中央常委写了书面报告，进一步系统地提出他的意见：可以实行包产到户，按人头计算，不按劳动力计算（更不按土改时划分的地亩分配），把大田分配到户，由户承包产量上交集体，超产部分完全归户支配。同时也开放自由市场，允许农产品产量的10%到15%上市交易。在京中央常委听取了邓老的意见，虽然没有讨论，也未做决定，但看来倾向于包产到户，作为救急的非常过渡措施，势在必行。邓老也以此为题先后在中央党校等单位作了报告。

差不多同时，中央办公厅根据中央书记处的指示，向全国各地派出调查组，任务是对当前农村情况做详细调查，为召开工作会议作准备。他们是根据中办给省委、地委发出的题目调查的，这些题目有三四十项，其中关于农村问题的有十七项，包括：《农业六十条》和实行以生产队为基本核算单位以后农村生产关系还有什么问题，应当采取什么办法来巩固集体经济，怎样使农业恢复快一些，是否可以采取包产到户和分田到户的办法以更快恢复农业，采取这些办法在政治上和经济上可能产生什么影响，在已经实行包产到户和实行单干的地方应当采取什么政策，等等。这些调查组陆续报来的情况表明，大多数农民赞成包产到户（各地办法各有不同），有些地方还要求单干，甚至已经单干。尚昆同志（他当时是中央办公厅主任）和家英（他是中央办公厅副主任）要《人民日报》派人参加调查组。我挑选一些老记者去了。同时我自己也派出调查组去京郊房山调查，并且派出副总编辑、部主任一级干部到老根据地山西、河北等地以及安徽、四川去了解情况。他们先后写回的报告和信件反映大致相同，甚至有些地方相当多的生产队已实行各种形式的包产到户，农业恢复也确实较快。于是我同田家英商量，在《人民日报》和新华社的内部参考刊物上发表一些包产到户的材料。因为我当时觉得，与其实行单干，集体经济瓦解，不如实行包产到户，保留集体经济基本内容。否则，我们不去领导，听任自流，集体经济会遭到更大的破坏，甚至瓦解。

在这期间，书记处开会讨论农村情况时，小平同志和其他多数同志都几次表示可以考虑：为了加快恢复农业，克服经济困难，允许农民搞大集体小自由、扩大自留地、开放自由市场以至搞包产到户，甚至在集体经济实在难以为继的地方（如边远山区）还可以允许单干。小平同志说，“不管黄猫、黑猫，抓到老鼠就是好猫。”只要能加快恢复农业生产，什么方式都可以试试。少奇同志在在京常委碰头会上，多次提出目前农村包产到户很得人心，集体经济发生动摇，应赶快采取紧急措施，否则一到秋天，集体经济就有瓦解的危险。

七一过后，毛主席从外地视察回京。没过几天，田家英打电话约我去他住处。我来到他的书房，他劈头就对我说“大事不好”。接着，他说他已向毛主席汇报湖南调查的情况，说那里干部群众都要求包产到户，作为发动生产自救，克服灾荒的紧急措施。一位支部书记说，这是不得已的过渡办法，一旦经济好转，还是要壮大集体经济。有些地方已自行搞各种形式的包产到户。田家英对毛主席说，如果我们主动领导搞包产到户，集体经济还可以保留相当大的部分，包产到户大约可达30%左右。否则，放任自流，集体经济可能遭到更大的破坏。据田家英说，他汇报这些情况时毛主席一言不发，满脸不高兴。这几天毛主席正找河南、山东、江西等省委书记谈话，但没有要他参加。田家英对我说，看来毛主席不赞成包产到户，5月在上海汇报时他不表态，这次回京更是不高兴。家英建议我赶快把派出去调查的人收回来（中央办公厅派到全国各地的调查组正陆续回京），新华社和《人民日报》的内部参考不要再登包产到户的材料了。

这里要特别提到，陈云同志因病离京去南方休养期间，仍念念不忘如何更快恢复农业问题。他在身体稍为好一些的时候，到他家乡青浦县农村找干部和农民谈话，了解他们想什么办法可以生产自救，使农业更快恢复，渡过艰难的日子。陈云同志了解到那里干部群众一致主张把集体耕种的大田分片，以户为单位，包给社员，由他们自己经营，按规定完成征购任务，剩下的自己自由支配，牲口、家畜也分给农民自养自用。有些地方，干部群众已自己做主实行这种办法，结果农业当年早稻、麦子增产，恢复很快。陈云同志回到北京，7月6日约毛主席谈话，汇报他了解的情况，主张允许农民采取这种办法以更快地恢复农业，渡过困难。但毛主席不表示赞成或反对，只说他要跟一些书记了解情况。这就是前面说到的找山西、河南、江西的省委书记谈话。

在这之后，形势急转直下，毛主席在7月中旬的政治局常委会议上，提出要努力巩固集体经济，为此准备在北戴河召开的中央工作会议上，拟订一个巩固集体经济的决定。他提议由陈伯达负责立即准备一个草案，在会前发到各省征求意见。

陈伯达找几个人关起门来起草，不让田家英参加。7 月 17 日拿出初稿，随即根据毛主席的意见，召来各大区书记在怀仁堂后厅开会讨论。少数省委书记也参加了。会上柯庆施带头批评包产到户。他从安徽的“责任田”说起，把“责任田”和各种形式的包产到户都说成单干，极力加以反对。有些大区书记则介绍了本地区对包产到户的争论，认为性质一时弄不清楚。也有的大区书记提出要把单干和集体两种不同性质划分清楚。不能把田间管理的包产责任制说成是单干，也不能把居住太分散的山区搞包产到户说成单干。受毛主席委托主持会议的陈伯达强调当前应全力巩固集体经济，搞一些大集体小自由可以，绝不容许搞“实质是单干”的各种形式的包产到户、分田到户。他并且说这是他理解的毛主席的“精神”。陈伯达这一大棒打下去，讨论会的基调就定了。原来草稿中一些稍为宽松的说法和词句都被陈伯达大改特改了。

“包产到户”这一公案，经历如此反复和尖锐争论，后来就成了北戴河会议的主题。

第二件事是对外宣传问题。

前面已经说到，苏共领导集团在苏共二十二大上大反阿尔巴尼亚、反莫洛托夫集团、反斯大林，同时也影射攻击中国共产党后，我党中央决定：为了更好地对付外来压力，应集中全力搞好国内调整工作，不受干扰。只要我国民经济恢复、政治稳定，任何外来压力和攻击都可以对付。七千人大会、2月西楼会议、五月会议就是集中全力解决国内问题，特别是克服严重的经济困难的。

与此同时，党内不少同志，特别是外事部门工作的同志，也议论着此形势下外事工作如何配合国内调整问题，即如何创造一个更利于国内调整工作的国际环境，改进对外宣传问题。这个问题，本来在1961年1月八届九中全会期间，中央常委在决定集中力量搞好国内工作时，就曾议论过改善中国同周边国家关系，以利于国内调整工作。这以后我们主动改进了同缅甸、尼泊尔、印度尼西亚、柬埔寨、老挝、蒙古等国的关系，并多次努力争取改善同印度的关系。

首先明确提出这个问题是王稼祥同志，他当时是中央书记处书记兼中央对外联络部部长。在这之前，他是我国首任驻苏大使，回国后任外交部副部长兼国际活动（指非政府性的外事活动）指导委员会主任。那是在起草七千人大会报告的过程中，王稼祥同志在一次会议上提出，报刊宣传中一些国际问题的提法要实事求是，避免片面性，在中央正式文件中更应如此。他举例说，争取世界持久和平是我们的战略目标，当前世界和平运动我们积极参加，反对美帝国主义的侵略和战争政策。因此在宣传上应高举和平的旗帜，不宜片面强调战争不可避免，而应指出世界大战可以防止，世界和平可以争取；不要片面强调只有打倒帝国主义才可以制止战争，而应强调要制止战争就要反对美帝国主义的侵略和战争政策；不宜片面宣传同帝国主义不能和平共处，而应强调反对帝国主义破坏和平共处五项原则。总之，原则要坚持，但策略要灵活，目的是缓和局势而不是加剧紧张。

后来在七千人大会后2月中旬的书记处的会议上，王稼祥同志正式提出：对外工作应同国内调整工作相配合，也要适当调整，采取较为缓和的方针，避免内外紧张、分散力量，有利于争取较缓和的国际环境，使中央能集中力量克服国内经济困难。他说他正在中央对外联络部内部酝酿，准备写出一个书面意见。小平同志、彭真同志当时赞成这种想法，并说写好后可建议少奇同志主持讨论。

约在2月底，稼祥同志采取写信给周总理、小平同志和陈毅同志的方式，申述他对当前国际问题的一些看法和调整外事工作方针的一些意见。他在信中谈到了战争与和平问题、和平运动与民族解放运动问题、和平共处问题，并根据对这些问题的分析提出对外事工作方针作一些必要的调整。信中主要之点是：（1）建议发表一个政府声明，全面地阐述中国的对外政策，这个政策的任务是保证我国社会主义建设所必需的和平国际环境；（2）对外工作应采取缓和的方针，避免加剧紧张局势；（3）在国际斗争中要注意策略，发挥主观能动性，有进有退，有打有拉，灵活自如，对那些孤立和分裂中国的各种阴谋保持高度警惕；（4）对外援助要根据我国国情，实事求是，量力而行。由于目前我国经济困难，可适当减少。王稼祥同志这些意见，是根据当时国内外情况提出的，是正确的。

事实上，王稼祥同志提出对国际问题的一些看法，对于纠正当时报刊宣传和人民团体外事活动中存在的某些片面的宣传和提法，是起了积极作用的。他对调整外事活动方针的一些意见，有些是总结了我国在1960年和1961年的经验，有些是涉及正在进行的外事活动。如我国从1960年起先后同周边国家缅甸、尼泊尔签订了边界协定或条约，同蒙古（后来在1962年12月签约）和印度的边界谈判正在进行。我国同柬埔寨签订了友好和互不侵犯条约，同印度尼西亚签订了友好条约和文化合作、经济技术合作协定，同蒙古签订了通商条约，同老挝建立了外交关系。特别是1961年5月到1962年7月我国派出以陈毅副总理为团长的政府代表团，参加日内瓦关于老挝问题的国际会议，经过多方努力，终于达成了协定。以上外交活动中，只有同印度的中印边界问题的协商，遇到印方的百般刁难和执意阻扰，尤其是印军于1962年5月起陆续入侵中国新疆和西藏边境地区，致使谈判久久未达成协议，中印边境形势越来越紧张。

王稼祥同志的上述意见，除了在书记处会议中和上述信中谈及外，只在中央联络部领导干部中酝酿过，从未向外宣传过。他是一位严格遵守党的纪律的老同志。只是在国际民主组织于莫斯科召开的裁军会议上，我和平代表团在致词中强调保卫世界和平，在会议通过的呼吁书中未坚持写上支持民族解放运动对保卫世界和平的重大意义。后来在北戴河会议上，由此而对王稼祥同志进行错误的批评。

第三件事情是彭德怀同志的申诉信。

彭德怀同志于1962年6月间给毛主席和党中央写了一封很长的申诉信（约8万字）。这件事情的起因是七千人大会上刘少奇同志1月27日的讲话（不是印发的书面报告）中在谈到三年经验教训时曾说到，彭德怀同志在1959年庐山会议上写给毛主席的信中说的工作中的缺点错误，不少还是符合事实的。他作为政治局委员，向党中央主席申述自己的意见，从组织上说也是正常的，即使有些意见不对，也不算犯错误。少奇同志说，别人这样做完全可以，唯独彭德怀同志这样做就不行。少奇同志说批判彭的理由是因为他是同高、饶事件有牵连，同外国人在中国搞颠覆活动有关，利用党在工作中的错误向党进攻。彭老总没有参加七千人大会，他看了少奇同志的讲话记录稿后，认为这些“理由”不符合事实，于是就写信向党中央申诉，为自己辩护。

彭老总在他的长信中申辩：一、他列举同高岗、饶漱石关系的情况，说明他不是高、饶联盟的成员，更不存在彭、高联盟；二、他同外国人接触，每次都有我国翻译和外交人员在场，不存在同外国人在中国搞颠覆活动有关问题；三、他对工作中一些问题的看法，在庐山会议前和会议中都公开讲过，不存在等待时机向党进攻；四、他同张闻天、黄克诚、周小舟等人之间完全是同志关系，没有什么不可告人的秘密，更不存在搞反党小集团、阴谋篡党的问题。彭德怀同志在信中特别申明：他对说他阴谋篡党和国际背景，“实在腹怀委屈”，是莫须有的罪名。如果发现事实确凿，他甘愿“按叛国论罪，判处死刑无怨”。

以上三件事，各不相关，从党内生活看，也是正常的。但是，北戴河会议一开，问题就变得极为严重和复杂了。

（二）阶级、形势、矛盾

北戴河会议从 7 月 25 日开到 8 月 24 日，主要的议题原定是：一、起草和讨论有关农村工作的两大文件（即关于巩固农村集体经济和发展农业生产的决定和修改 1961 年春拟定的《农业六十条》草案）；二、讨论落实五月政治局扩大会议决定的有关调整工作的问题，主要是城市工作以及与此有关的市场物价、商业体制和粮食问题。第一个问题是毛主席在会议前不久亲自提出来的，第二个问题是在京中央常委和书记处早已准备并由周总理主持草拟报告的。

前面已经讲过，毛主席从外地视察（从 2 月中旬到 7 月初）回京后，不同意陈云、邓子恢、田家英正式提出的实行加快恢复农业的措施（主要是在保持集体经济的前提下实行大田承包责任制，当时简称“包产到户”），而主张千方百计巩固集体经济，并提出中央为此要作出正式决议（7 月中旬即指定由陈伯达负责起草），同时还提出根据新的情况对《农业六十条》加以修改。

北戴河会议开头一段时间是起草文件，正式会议8月6日才开始。但不是开大会，而是开分组会，有一个中心组，六个大区小组，同时还有一个城市工作会议。

在第一天的中心组会上，毛主席提出了阶级、形势和矛盾这三大问题要大家讨论。他说：

第一，社会主义国家究竟有没有阶级？赫鲁晓夫说没有阶级了，无产阶级政党已变成“全民党”了，无产阶级专政国家已变成全民国家了。我们中国究竟是不是这样？

第二，我国的形势究竟如何？过去几年，有许多工作没有搞好，也有许多还是搞好的。有同志说，去年比前年好，今年又比去年好，是不是这样？有些同志把过去看作一片光明，没有黑暗。也有些同志认为现在是一片黑暗，光明没有了。还有一种看法是基本光明。是不是这样？这三种看法哪一种是对的？我倾向于不是一片黑暗，而是基本光明。

第三，矛盾是否存在，人民内部矛盾任何时候都有，问题是有无敌我矛盾。如果承认中国还存在阶级，那么就应当承认还存在社会主义和资本主义的矛盾，其本质是对抗性的矛盾，而且是长期存在，不是几十年，而是几百年。现在全国农村中突出的问题是走资本主义道路还是走社会主义道路，是搞“包产到户”也就是搞单干，还是搞集体化？现在有“单干风”，越到上层风越大。资产阶级是要拉农民搞单干的，无产阶级如果不去领导农民巩固集体经济，农村中资本主义就会大为发展。

毛主席的这个开场白，用意明显，一下子就把北戴河会议引上以阶级斗争为纲的道路上。这就完全改变了周总理在会议开始时宣布的会议日程。会议随后即以大区为单位成立六个小组，会议的重心就转移到由毛主席主持的中心组（参加的有政治局和书记处成员、各中央局第一书记以及少数省委第一书记、中央有关部门的负责人，我和田家英也参加中心组），主要讨论毛主席提出的三大问题。此外，北戴河会议也夹带一个城市工作会议，主要讨论减少 2000 万城镇人口、工矿企业关停并转和基建项目下马等问题，由周总理主持。

这次在北戴河开会，比起 1958 年的会议，开会和住处的条件稍好一些。那时开大会就在大食堂附近的大凉棚下举行，这次有一个新建的小礼堂，中心组开会就在小礼堂后部的会议厅。但这次的气氛，不待说不如 1961 年夏我在此休假那样悠闲自在，也不同于 1958 年毛主席在此指挥三大事件（即决定钢产翻一番、大办人民公社和炮轰金门）那样兴奋、昂扬。这次会议从一开始就笼罩着压抑而紧张的空气。我同家英住在邻近，我对毛主席突然提出的阶级、形势、矛盾很不理解，向家英质疑时他只说问题复杂化了，此外别无多语，但看得出他忧心忡忡。这时他和我已经中央书记处指定参加陈伯达主持的关于巩固农村集体经济文件的起草小组。一些省委书记同志也经常来找我们反映农村中要求包产到户（有些同志说是“田间管理承包责任制”）的呼声。我们告诉他们，中央方针已定，劝他们不要再提“包产到户”这类的意见，以免碰钉子。

从会议开始，毛主席接连在中心组会议上讲话达七次之多（8月6日，9日，11日，13日，15日，17日，20日），提出了相当尖锐的意见。

8月9日，毛主席讲话集中谈“包产到户”问题。他说，有些同志主张包产到户、单干（毛主席把包产到户等同于单干），对搞社会主义发生动摇。这些人没有马克思主义，或者马克思主义学得很不好，没有搞社会主义的思想准备。主张包产到户，县里有，地委有，省委也有，曾希圣就是，中央也有，邓子恢到处宣传，不仅主张是错误的，组织上也是违反纪律的。这些重大的问题为什么不等中央作决定就迫不及待地擅自乱讲呢？有些同志也有这样的意见，但他们只向中央讲。可以让他们讲，讲比不讲好，讲了也无罪，但不能照他们的意见办。我叫田家英去湖南调查，他不去修改《农业六十条》，反而说要允许包产到户。我听了他的汇报，但不能同意。毛主席接着说，看来现在的主要矛盾还是社会主义和资本主义两条道路的矛盾，谁胜谁负的问题还没有解决。过去说，经济上主要是生产资料所有制问题解决了，政治上，思想上还没有解决。现在看来，在生产资料所有制上，如果我们不注意，也可能出现反复。现在农村中地主富农声名狼藉，资本主义的主要代表是富裕中农，他们是我们同资产阶级争夺的中间阶层。我们要争取这个阶层。《农业六十条》修改时要照顾这一点，搞点"小自由"是可以的，但必须巩固"大集体"。不能搞了一辈子革命搞得个资本主义或修正主义。南斯拉夫把土地分掉了，但赫鲁晓夫还没有解散集体农庄。

从上面的讲话看，毛主席是把"包产到户"问题提高到两条道路的矛盾高度，作为阶级和阶级斗争问题。尤其值得注意的是，毛主席本来在1958年5月党的八大二次会议上即提出改变八大正式通过的决议中关于我国现社会主要矛盾的论断，这次又重提主要矛盾是社会主义和资本主义的矛盾，重提阶级和阶级斗争（后来几年间，毛主席经常讲到他在1962年重提阶级斗争）。

以这个阶级斗争的论断为核心，毛主席在9日的讲话中还谈到现在反革命很活跃，他们利用我们的前几年的"左"的错误和这两年的调整工作，整得我们好苦，我们应当谨慎小心，不能粗心大意，不能高枕无忧。他由此谈到“大权独揽”问题，他说中央作决定是同省委和中央各部门商量的，但有些省委和中央部门处理重大问题不跟中央商量，事前不请示，事后不报告，四时八节，强迫签字。他点名批评中央几个经济部门、农村工作部和组织部，同时又表扬了外交部和中央联络部。他提出要反对分散主义，也反对个人独裁。

据我现场观察，毛主席这一天的讲话，中央部门和省委都很震动，都互相打听中央出了什么问题。我同田家英等秀才们很担心，这样发展下去，很可能冲击西楼会议和五月会议决定的重大调整措施，把开始明显见效的调整工作打乱了。

毛主席在 8 月 6 日和 9 日讲了上述的尖锐的意见后，中心组会议从 8 月 11 日起中央和地方同志相继发言，其间毛主席也多次插话。

小平同志在 8 月 11 日发言时，从苏联发生赫鲁晓夫修正主义集团说起，讲到中国能否避免。他明确表示，从主要方面说，因为我们有毛主席领导并制定一系列的马克思主义的线路、方针、政策，是可以避免资本主义复辟。但作为一种社会现象，在社会主义社会中存在着产生修正主义的可能，问题在于我们应当如何处理。七千人大会总结经验教训是必要的，不能说所有问题全错了。从过去十三年经历的风波看，在相当长的历史时期内，要教育全体党员，尤其是我们这些高级干部，应当掌握阶级分析的方法。

鉴于毛主席接连两次在会上批评了邓子恢同志，邓老在 8 月 11 日的会上作了检讨。他说，毛主席的讲话对他是很好的教育。他在 5 月中旬以来到一些机关作了多次报告，不自觉地对“包产到户”作义务宣传，丢掉阶级观点。这时毛主席插话说，不是不自觉，而是没有社会主义革命的思想准备，在一个时期内马列主义没有了。

少奇同志接着发言，他说，阶级和阶级斗争要长期存在，这是社会主义历史阶段很长时期的事。这几年我们遇到严重困难，前一段我们也讲要强调正视困难。（这时毛主席插话说，讲得太多了。）反动阶级要反攻，是不可避免的。我们队伍中也会有些人发生动摇。现在还要看是否还发展下去。一个是反革命反攻，一个是群众不满，这两者要区别清楚，不能混淆起来。中国小资产阶级是汪洋大海，经常发生一些动摇。问题在于，只要我们有无产阶级的坚定性，就能够使别人不动摇。

少奇同志谈到形势时说，七千人大会时说最困难的时期已经过去，估计形势将好转。那次大会后不久，新发现财政赤字严重，通货膨胀，夏收减产，城市供应紧张，因此2月西楼会议提出要把困难估足，把工作放在最困难的设想上。当时的想法是：困难估计多了没有坏处，作最坏打算比较稳当，就是怕对困难估计不足，应付困难准备不足，一旦出乎意料的困难到来就陷于被动。那时并没有把全国情况看成一片黑暗，只强调困难严重，要采取全面贯彻调整方针的非常措施。3月会议详细商定了非常措施。当时因为事关重大，所以我和周、邓专程飞武汉向毛主席汇报，并取得同意，回来才开五月会议。五月会议着重研究了应当采取的紧急措施。现在看来，西楼会议和五月会议采取的紧急措施见效果很快，到7月份已减少了八九百万城镇人口，夏粮收成没有减产，社会秩序好转，人心安定。回过头来看，前一段对困难讲得多了一些，可能影响一些同志的信心。这是事后诸葛亮。现在出现产量报少，灾情报重，人口报多，土地报少。但大多数同志还是信心足，干劲大。现在还有不少困难，都正在克服中，调整方针全面落实的情况比过去大有进步，经济恢复可能要快一些，前途是光明的。

少奇同志谈到单干和集体化问题，他说，现在突出的矛盾是单干和集体化。原来主张单干的人并不多。2月间据说主张单干的人有20%，现在估计不到10%。其他主张各种形式的田间管理承包责任制的人多一些。这些同志把包产到户看作田间管理责任制，认为不是单干。（毛主席插话说，单干风越到上面越大，下面灾区并不那样。《农业六十条》中要明确规定以生产小队为基本核算单位，允许自留地可达耕地总面积的17%以内，允许开放自由市场，这三条"大集体、小自由"，对巩固集体经济有利。）少奇同志说，中国农业要走大农业的道路，不是资本主义的大农业，而是社会主义的大农业。这是中国社会主义的希望所在，不能有其他想法。现在的任务是巩固集体经济。经过这次风浪，集体经济可能更巩固。我在会中同一些同志谈话后，忧虑减少了，心情也不像过去那么沉重了。（这时毛主席又插话，田家英调查结果不去修改《六十条》，却说有领导地搞"包产到户"，集体经济可能保持60%，否则会造成更大的破坏。我就不信。）少奇同志接着说，现在要采取各种办法巩固集体经济，单干只有10%，这并不危险。但要有坚强的领导。可考虑中央、省、地、县抽出20万到30万干部，先集训一个时期，然后派到公社、大队去，帮助生产队巩固集体经济，保证《六十条》规定的政策贯彻执行。农田管理责任制要采取适合各种不同情况的形式。联产计酬如果可以引向巩固集体经济，可以搞；如果引向瓦解，绝不能搞。

这一天的会上，邓老未能畅所欲言，少奇同志倒是把他在七千人大会以后的想法摆明了。

在这一天晚上，田家英来跟我商量，他觉得主席在这次会上已两次批评他，他是否也发言作自我批评。但他又说他现在还思想不通，他在湖南调查的实际情况就是那样。而且他是向主席如实汇报的，向少奇和邓小平同志汇报也属这类性质，向中央同志汇报调查情况是他的责任（他既是毛主席的秘书又是中央办公厅副主任），并非在公开场合到处宣传，从组织上说并未违反纪律。我建议他向毛主席请示怎么办，不能在小组会上随便说话。他同意了。过两天，他告诉我，他向主席请示了，主席说不必在会上检讨，也不必写书面检讨。

毛主席主持的中心组 8 月 13 日的会议，有三点值得注意：

一是罗瑞卿同志（他在庐山会议后即任中央军委秘书长兼总参谋长，还是国务院副总理、中央书记处书记）在发言中第一次提出，彭德怀同志 6 月间给中央的申诉书是“反攻倒算”，标志着阶级斗争激化。帝修反都在攻击我们，值得严重警惕。这时毛主席插话说，中国会不会出现赫鲁晓夫修正主义，很难说，有马列主义就会有修正主义。事物总是有对立面，我们党也有对立面，不是出了高岗、彭德怀吗？出了也不要紧，反正革命自有后来人。从这次会议起，彭老总的问题即所谓“翻案风”问题就成了会议讨论的中心之一了。

二是彭真同志发言时讲到，前一段有些同志强调困难，把形势说得漆黑一团，刮起一股“黑暗风”，只讲黑暗，不讲光明。这时毛主席插话说，这几年我们积累太多，基建战线太长，工厂办得太多，不但国家得不到面子，而且城市人民口粮减少了，农民口粮也减少了，全国城乡生活下降。大跃进招来了3000万人，现在又要回乡。城乡建设浪费很大。结果走向反面。五月会议决定进一步减少城镇人口2000万，减少征购粮总量，回笼货币等，有很大成绩。彭真同志又谈到目前党内外思想相当混乱，根本原因是有些同志未从阶级、阶层来分析问题，未认识阶级斗争是长期的。如对资产阶级，认为两面性没有了；如对知识分子，认为不是资产阶级性质的了。这时毛主席又插话说，已经摘掉的帽子又要戴上吗？

三是邓子恢同志作第二次检讨，说他认识到他的错误是同中央方针相反的方向性错误，比1955年性质还严重。其原因一为马列主义、毛泽东思想水平不高；二为思想方法主观片面，认为包产到户不是单干；三为对困难估计过于严重，想使农业恢复快些，打小农经济的主意。在邓老检讨后，毛主席好像比较消气了。他笑着说，去年你要搞贫农团，今年又想包产到户，互相矛盾，你可以到安徽去试试看。

这些情况表明，会议在阶级斗争问题上升温，提出了彭老总的问题，而在经济问题上温度略有下降，肯定了五月会议有很大成绩。至于各地方小组会议，讨论中务实较多，着重讨论了《人民公社六十条》的修改，对“包产到户”问题也有议论，但不很多，也没有中心组那么激烈，而且在讨论修改《六十条》时提出了许多在加强集体经济前提下扩大一些小自由的意见。

（三）经济困难确实严重

在这以后，在中心组，8 月 15 日和 8 月 17 日，主要是主管经济工作的中央同志发言，富春同志、先念同志和谭震林同志都讲了。

富春同志说，今年上半年确实很困难，现在也确有好转，今年可能比去年好，但仍然有很多困难。对困难有各种态度，主要是三种：一种是从各方面发现过去对困难估计不足，心情十分焦急，千方百计克服困难，这是绝大多数同志的态度，是可以理解的。我们当时强调要把困难估计足，这样有好处，迫得我们绞尽脑汁，想方设法，解决困难。3月间中央财经小组提出的三个报告（即陈云、富春、先念三位同志的报告），五月会议通过了，措施得力，很快见效。但困难讲多了也可能有副作用，一些同志信心不足，这也难免。另一种态度，由于信心不足，生产指标越定越低，说是“争取快、准备慢”，其实这些同志思想上把重点放在慢上，这就不对了。还有一种态度是利用困难，在经济上“发国难财”，这是腐败分子，在政治上“反攻倒算”，这是地富反坏右。富春同志列举了调整工作的成绩和还存在的问题，并表示下半年工作可以做得更好，形势会越来越好。毛主席在富春同志发言过程中，赞成他说的确有困难，并且说“而且很严重”；也赞成说困难估计足有好处，但也有副作用，说“情况恐怕是这样”；“有人说包产到户可以四年恢复，集体化八年才能恢复，这就是副作用。”

谭震林同志是主管农业的，他说，有一段时间对形势估计偏了，困难看得多了一些。当时估计1961年粮食产量只有2800亿斤，按第一个五年计划每年平均递增150亿斤计算，要七八年才能恢复到1957年水平。现在看来可以用不到那么长的时间。当时说牲口减少了，现在看减少没有那么多；又说肥料减少了，其实恢复也较快；还说耕地也减少了，其实减少不多。加上“五风”给刹住了，这比前几年是有利条件。因此依他估计，1961 年粮产不止 2800 亿斤，而是 3000 亿斤。农业恢复的速度可能加快。谭震林同志的发言，是对形势估计最为乐观的一个，其实，即使按 1961 年粮产 3000 亿斤计算，按每年递增 150 亿斤，农业恢复也要六年时间。

先念同志的发言，把粮食、商业、货币的实际情况摆开来讲。他说，今年夏粮征购开始很困难。各地夏收只报 366 亿斤，去年为 406 亿斤，差 40 亿斤，是个大数目。经过这几个月检查，实有 396 亿斤。今年全年征购，预定比去年少 158 亿斤。现在供求差额很大，库存只有 17 亿斤，为五年来最少的，事实上也是库底粮，调不动。现在只有依赖进口粮食，去年进口 540 亿斤（用于补充挖空了的粮库），今年准备进口 470 亿斤（用于供应重灾区和城市）。城市供应减少，主要是因为减了人。今年上半年已减了 780 万人，还要为预定减少 2000 万人的目标而奋斗。商业除卖高价外，城市供应稍有改进，但百货仍很缺，货架大部分是空的。回笼货币很有成绩，5 月份回笼 125 亿元，6 月份回笼 137 亿元，7 月份回笼 90 亿元，但应看到留在群众手里的人民币，人均只有 13 元，也是五年来最少的。因此，对形势的看法，不能盲目乐观，要谨慎，我们吃不谨慎的亏太多了。现在问题不少，还要努力工作，艰苦奋斗。

毛主席听了这三位主管经济的中央同志发言后，笑着说，看来讲形势可以由谭老板讲，讲任务要由李先念讲，这要实打实，一点虚夸不得。困难是明摆着的，看你用什么态度对待。讲困难很多，认真对待，努力克服，这是好的，但讲多了又会产生副作用。我就不相信农业要八年才能恢复。五月会议认真对待困难，城市人口一下子减了800万，这是很大成绩，去年一年才减少700多万。过去几年我们主要错在只讲多快，不讲好省，其结果主要表现在城镇人口增加过多过快，大吃苦头。现在抓住这个关键，大减其人，粮食少销了，困难就可以缓解，货币也很快回笼了。因此今明两年再减2000万人的任务还要抓紧。调整工作不能放松。

康生在发言时则大讲阶级斗争的“规律”，他从1953年的高、饶事件、1955年的胡风集团、1957年的右派进攻、1959年的“军事俱乐部”，一直讲到1962年七千人大会后的风波，说毛主席关于社会主义时期阶级和阶级斗争的理论是马列主义的新发展。由此他指责现行马列主义课的教材没有贯彻毛泽东思想，无端指责中央党校办得很不好，矛头对着杨献珍同志。康生还夸张地形容目前“反党”的花样多得很，他诬陷习仲勋同志利用小说“反党”，支持小说《刘志丹》出版，为高岗翻案。康生讲话声色俱厉，把彭老总的申诉信和小说《刘志丹》说成是党内有一股“翻案风”。当时场上对这突其而来的“新闻”交头接耳。

至此，北戴河会议就出现了莫须有的所谓三“风”：“单干风”“黑暗风”“翻案风”。会议后半期各小组的讨论，便刮起反“三风”了。

所幸中心组还是集中讨论当前的经济工作。周总理在8月17日详细地分析当前经济形势和任务。周总理在讲话开始时对毛主席提出的三大问题表示同意。他说阶级斗争的复杂性不那么容易认识，经毛主席提出后，政府工作报告修改时已强调了主席的观点。他又说，关于单干不能搞的讨论，澄清了一些糊涂思想，同时也分清了单干和农田管理责任制不同的界限。中国农业还是走社会主义大农业的道路，国家要考虑逐步增加对农业现代化的投资。

周总理谈到形势时说，有一个时期强调经济困难严重，说得多了一些，主观上用意是好的，就是想动员全党积极想办法克服困难，但客观上又影响一些同志产生一些悲观情绪，当然大多数同志仍然信心十足。中央宣传部把中央五月会议的精神写成宣传提纲，阐明当时采取非常措施的原因和必要性。这个提纲经中央批准下发全国。从各方面的反响来看，绝大多数是好的。中央财经小组的同志们很努力，想方设法采取有力的措施克服困难，这些措施现在看来还是对头的。

这时毛主席插话说，这些措施已经生效，大家很有信心。

周总理接着说，在决定采取这些措施的时候，我们曾设想会遇到不少困难。可是实行起来，全党同心协力，效果比预料的好，收效比预期的快。今年上半年，减少城市人口同去年全年减的数目差不多，这是因为大家重视困难，硬是下狠心减下来的。有的同志建议取消镇一级的建制，这样可以减少商品粮供应。国务院考虑到这个问题牵涉过大，要作长远考虑，不忙匆促决定。当前货币回笼情况很好，银行里收回大量人民币，现在要考虑放宽贷款，积压货币并不有利。当然这并不等于放弃紧缩开支，我们的方针任何时候都要厉行节约。为了缓解农村困难，我们有意减少粮食征购，同时也减少城镇销量，今年计划少征购 158 亿斤，少销售 208 亿斤。

周总理最后说，成绩应当肯定，缺点应当纠正，只要全党团结一致，艰苦奋斗，收效一定很快。

毛主席说，全党全国人民的团结很重要。

周总理前面的讲话和毛主席的插话，背景是在北戴河会议刮起反“三风”过程中，特别是在与北戴河中央工作会议同时召开的城市工作会议中，有些同志对五月中央工作会议决定采取的非常措施表示不满，有的甚至不指名地责备周总理（他主持城市工作会议）减少城镇人口、把一批企业关停并转、几百项基建项目下马，说成是什么“伤筋动骨”。周总理简直受尽“疲劳轰炸”，非常措施难以进一步落实。

我和田家英也常到城市工作会议上旁听。总理在会上三番四复地解释非常措施及其进一步落实的必要性和迫切性，简直可以说“苦口婆心”、“唇焦舌干”。有一天晚上，我和家英，还有梅行一起，谈论此事时很激愤。我们迫不及待地打电话给总理的秘书许明同志，要求面见总理。总理虽然连日劳累，夜里还有好些事情要处理，但还是让我们去了。我们见到总理时激动地诉说城市工作会议上的不正常现象，认为那些借反“黑暗风”来推翻或停止执行非常措施是十分错误的。我们说，有些同志对中央态度不端正，对国家大事太轻妄，有些人对总理的态度太不公平。我们说着说着就激动得流泪了。我们很为这样不正常的情况担忧，希望中央加以制止。

周总理耐心地听了我们的诉说，一面安慰我们不要太激动，一面坚定地说中央的决定不能改变。总理说，那么多基建项目下马，那么多工矿企业关停并转，成千万城镇人口下乡，确实是“伤筋动骨”，甚至可以说是割自己的肉，每砍一刀都是“血淋淋的”。难道中央愿意吗？硬是这样狠心吗？这是为大局着想，为尽快克服困难着想，不得已而为之的啊！周总理很有感慨地说，过去打仗时我指挥过千军万马，冲锋陷阵，有时为全局胜利而不得不牺牲局部，军令如山倒，许多好同志视死如归，慷慨捐躯，都未曾像现在和平建设时期为全局利益而牺牲局部利益遇到这样的干扰和阻力。可见七千人大会反对分散主义抓得准，而这种错误倾向也不是一次大会能完全解决的。但中央有决心也有信心把非常措施贯彻到底，否则无法进行调整，也无法恢复，我们国家只能在重重困难中衰败下去。总理郑重地对我们说，他已经同少奇同志和小平同志商量好，要不受干扰，坚决把调整方针贯彻到底，一定要落实非常措施。

周总理同我们一直谈到深夜，分手时田家英还眼泪汪汪地望着总理。

事实上，北戴河会议期间各地方小组的讨论，集中在两大问题上：一是修改《人民公社六十条》，二是调整经济的各项非常措施。由于中央同志态度坚定和耐心说服，调整非常措施还是逐一落实了。

正是在这种情况下，少奇同志在8月20日的中心组会上明确地提出，这次会议提出的阶级斗争问题，究竟要联系多宽为好，要慎重考虑。他说，是否可以不联系那么宽，工作中的问题可以就事论事，不乱联系，以免干扰调整工作。对工作问题有各种不同意见，以允许讲为好。在一定组织范围内，按照党章办事，可以讲不同意见。讲了比不讲好，但要遵守纪律，不能到处乱讲乱做。反右倾要慎重，鉴于庐山会议的教训，中央和省、地、县四级可以摆事实讲道理，县以下不搞反“三风”。对于总路线，是否正确允许怀疑，但要遵守纪律，不能公开反对。

少奇同志在发言中强调：共产党从来是在同困难作斗争中成长的。共产党人做什么事情都要对可能遇到的困难作充分的思想准备。与其对困难估计不足，不如把困难设想得多一些好。毛主席在七大时曾教导我们要充分估计困难，他列举了十七条可能发生的困难。由于全党有了思想准备，结果我们不但很快取得抗日战争的胜利，而且又比预计提前取得了解放战争的胜利。毛主席在八大二次会议上也要求我们充分估计困难，要准备发生世界大战、大灾荒等等。所以多讲困难，把困难估计得严重些，是合乎毛泽东思想的。只有这样，有了充分思想准备，未雨绸缪，预先把准备工作放在最坏情况的基础上，才不致临渴掘井，才立于不败之地。

毛主席当时说，结论要历史来做。苏联集体化已四十五年，农业还是没有搞好，还要看；我们只搞了十三年，当然还要看。也许再搞二十五年，农业机械化了才算搞好。毛主席又说，离开阶级，问题就说不明白。从中央到县委四级要讲，但应讲道理，不能对不同意见一棍子打死。对困难可以讲，但要分析，要看到还有光明的一面。在县委以下采取另一种办法，另把阶级问题当作一般理论来讲，着眼于教育党员。但毛主席当时对少奇同志提出的调整工作不要受阶级斗争干扰问题，没有表示明确的态度。

中心组会议关于形势、阶级、矛盾问题的讨论，实际上到此为止。

毛主席随后谈到修改《人民公社六十条》的问题。他着重提出关于大集体、小自由，小自由可以扩大一点。比如自留地，少了不好，多了也不好，包括饲料地、小片开荒等在内，自留地可以占总耕地的7%—10%，最多不超过15%（按：这比《人民公社六十条》原来的规定放宽了），这样就不致影响集体经济。

其后各大区第一书记发言，也主要是就《六十条》修改提了一些意见。

至于王稼祥同志提出的关于对外工作的一些意见，他是以给周总理、小平同志和陈毅同志的信的形式写出的。在北戴河会议中心组和地区小组中没有讨论，只在由陈毅同志主持的外事工作小组讨论时涉及。我没有参加那个小组的讨论。陈毅同志在中心组 8 月 24 日会议上发言中，也只讲了国际形势和毛主席关于国际问题的观点，没有涉及王稼祥同志的信。

8 月下旬，北戴河气候转凉，中央工作会议议程上的问题并没有讨论完。中央决定回北京继续讨论，为八届十中全会作准备。

北戴河会议在党的历史上的影响，一方面是毛主席后来多次提及的他在北戴河会议上重提阶级斗争，并在八届十中全会上形成为从社会主义到共产主义的过渡时期的基本经验和基本理论。因此北戴河会议是毛主席继续坚持以阶级斗争为纲的指导思想的一个重要标志；另一方面，因为当时国内确实存在严重经济困难，西楼会议和五月会议决定的非常措施还是坚持贯彻实行了。会议拟订了关于继续减少城镇人口、一批基建项目下马、一批企业关停并转、调整商业工作、确定粮食征购和销售计划等文件。至于《农村人民公社六十条》的修正稿，既巩固集体经济，又扩大“小自由”，是上述两方面的结合。

第十章　八届十中全会

八届十中全会分两个阶段：第一阶段是8月26日至9月23日的预备会议，亦即先前在北戴河举行的中央工作会议的继续；第二阶段是9月24日至27日的正式会议。

预备会议继续讨论北戴河会议的议程，除了人民公社问题和调整经济问题以外，讨论形势、阶级、矛盾问题时突出了批判“翻案风”。这较之北戴河会议升温了。原因是会议开始不久，9月3日毛主席在政治局常委会议上提出把彭德怀同志6月16日的申诉信和8月22日的重申不存在反党集团和里通外国问题的信印发会议讨论，由此掀起了调门比庐山会议更高的对所谓“反党大集团”的批判；随后又因小说《刘志丹》出版而批判习仲勋同志“替高岗翻案”。陈伯达和康生煽风点火，冲击了预备会议原定议程的讨论，气氛比北戴河会议批“单干风”更为紧张。在批“翻案风”虚张声势下，历时近一个月的预备会议上许多同志没有心思对在北戴河拟订的各项文件作进一步修改，只略加改动就提交全会正式会议了。

（一）毛主席对形势和工作的看法

八届十中全会的正式会议的第一天（9月24日），毛主席首先讲话。他说，这次全会解决三个主要问题：一是巩固和发展人民公社集体经济问题，二是修正《农村人民公社六十条》，三是党内团结问题。接着，他也像北戴河会议开始时那样，讲了阶级、形势和矛盾问题，但因有过去两个月的酝酿，内容更加系统化了。他的讲话从党内矛盾讲起，最后落脚到党内团结问题。

毛主席在讲话中从资本主义国家存在阶级和阶级斗争讲到社会主义国家也存在阶级和阶级斗争，资产阶级革命中有过多次封建主义复辟，社会主义革命中也会发生资本主义复辟。因此，在我们国家，要承认并且要认真研究和掌握阶级和阶级斗争这个问题，要从现在讲起，年年讲，月月讲，每次开会都要讲，以教育干部和群众，使我们党能够保持一条清醒的马克思列宁主义路线。

关于形势，毛主席说，前几年我们犯了错误，主要是刮了浮夸风、“共产风”和瞎指挥风，中央早在1958年11月第一次郑州会议就讲了，然后是武昌会议、第二次郑州会议、上海会议、北京会议、颐年堂会议，但以后有一段时间强调不够，1959 年和 1960 年情况不好，1960 年下半年起才开始改正。大多数同志是思想认识上的错误，修正主义、反动民族主义和帝国主义压迫对我们也有影响。现在，由于我们在过去一年多的时间里做了许多调整工作，整个说来，国内形势是好的，国际形势也是好的，不是一片黑暗，还有光明的一面，去年比前年好，今年又比去年好，当然还有许多困难需要我们努力去克服。

关于矛盾，毛主席说，全世界人民同帝国主义的矛盾是首要的矛盾，另外还有许多其他矛盾，如各国人民同各国反动派的矛盾，马列主义同修正主义的矛盾等等。在我们国家里，在我们党内，存在着马列主义同修正主义的矛盾。过去我们说右倾机会主义，现在应当说修正主义。这两个月开会，我们解决两种不同性质的问题，一是工作问题，一是马克思主义同修正主义斗争问题。

然后，毛主席就讲党内团结问题。这是毛主席的一贯做法，先是讲斗争，待问题解决得差不多了，然后强调团结。毛主席说，对于犯了错误的同志，我们应当欢迎他们进步。不论犯了多少错误，只要回到马列主义立场上来，就要团结他们。我们应当采取一改二帮的态度。犯了错误，改了就好。应当团结起来。不能不许犯错误，也不能不许改正，更不能开杀戒。

毛主席最后强调说，切不可以因阶级斗争妨碍调整工作，请各地方各部门注意。庐山会议本来是搞工作的，后来批“军事俱乐部”，结果把工作丢开了。这次要接受教训，要把工作放在第一位，阶级斗争不要放在很严重的地位。大家在会后传达时要注意。现在中央对于阶级斗争问题，决定作专案处理，组织两个专案审查委员会，来处理彭德怀同志和习仲勋同志的问题。我们希望他们改正错误，我们还可以合作。不要使阶级斗争干扰我们的工作，大部分时间、大部分人搞工作。阶级斗争由专人来搞，社会上的阶级斗争，由公安部门来搞。这就是说，少奇同志前些时日提出的调整工作和阶级斗争的关系问题，经毛主席这次讲话才成为定论。

毛主席在陈伯达解释关于巩固和发展人民公社集体经济的决定草案时，又插话重申上述意见。他说，1959 年庐山会议上我们犯了错误，本来不应该受彭、张等人“干扰”而丢开工作。社会主义建设任重道远，我们应当不受任何干扰，不论是来自国内、党内的，还是来自国外的，我们都应“任凭风浪起，稳坐钓鱼船”。俗话说：“一个游鱼三个浪，引起懒人去上当”。我们不要做懒人，不要上当。阶级斗争的观点很重要，但要抓紧工作。

在 25 日上午和下午的全会上，除李先念同志讲粮食、商业问题和薄一波同志讲工业、基建问题外，朱总司令和董老先后发言。他们都没有参加北戴河会议，在全会上表示赞成提交会议的文件。陈云同志因病请假在南方休养，既没有参加北戴河会议，也没有参加八届十中全会。

（二）刘、邓、周的长篇发言

26日会议上，少奇同志、小平同志和周总理都作了长篇发言。

少奇同志发言的要点是：

（1）干革命要经过许多困难，干建设也要遇到许多困难，付出不少代价，看来这是规律，难以避免。苏联如此，我们也是这样。1959—1961年三年困难严重，是我们在建设时期的第一次严重考验。

（2）对待困难有三种态度：第一种是正视困难、坚决克服困难，坚持社会主义道路；第二种是被困难吓倒，放弃社会主义道路，向后倒退；第三种是利用困难向党进攻。第二种态度是不懂马列主义，对社会主义革命不坚定，在困难面前动摇了。单干就是放弃社会主义。只有社会主义大农业才是出路，才有前途，才能使农民免于贫困，共同富裕。（毛主席插话：邓子恢同志提出包产到户，以为是克服困难的好办法。他可以建议，但不能采纳。有些地方已实行包产到户，如果我们不坚决反对，就可能泛滥。包产到户，名义上未放弃社会主义，实际上滑开去了。这属于认识问题。几年后情况好了，又会赞成社会主义的。）

（3）对经济困难的估计，五月会议讲得多一些，为的让大家正视困难。如果是坚持社会主义道路，讲多一些不要紧；如果是动摇，就很不好了。看来集体经济是可以巩固的。单干风刮得很大，议论很多，但就全国看，真正单干的并不很多，个别地方可能多一些。更多的是尝试改进田间管理责任制，在大集体前提下扩大一些小自由，以调动农民积极性，这不是搞单干。已经单干的，还可以加以说明，重新组织起来。还执意单干的，也不要勉强。单干风要煞住，要着力于巩固和发展集体经济。

（4）利用困难向党进攻人数不多，用不着用全党力量去对付。我们有许多繁重的调整工作要做，要我行我素，只组织专案委员会加以审查就够了。至于一般阶级教育，可以在全党内进行，不要重犯庐山会议的错误，不要在全党开展阶级斗争。（毛主席插话：只在十七级以上的干部中传达“反党集团”的活动。）

小平同志发言同意毛主席和少奇同志的讲话。他发言要点是：

（1）“反党集团”是一时的现象，但要经常警惕，在社会主义时期都有可能发生。这不仅有国内因素，而且还有帝国主义和修正主义的国际因素。

（2）现在国内形势是好起来了，但还有许多干扰因素。蒋介石妄想反攻大陆，尼赫鲁要在西藏捣乱，赫鲁晓夫正在新疆搞颠覆，美帝国主义更是千方百计要搞垮我们。我们要不受干扰。这次会议后要全力把农业、工业、商业、教科文卫搞得更好，各地方和中央各部门都应抓紧，抓具体，不能泄气、松劲。

（3）“翻案风”应防止，处理时要严肃认真，但该平反的还是要平反，错多少改多少。不该平反的就不要平反。

周总理在26日下午发言。要点是：

（1）这两年形势紧张、斗争复杂。我们不仅要同经济困难斗，而且还要同蒋介石“反攻大陆”的阴谋斗，同美帝国主义的侵略和战争政策斗，同修正主义的颠覆活动斗，同反动的民族主义的反华活动斗，真所谓多难兴邦，我们在这些斗争中不断取得胜利。

（2）这次会议实际开了两个多月，精神贯穿始终，即坚持社会主义道路，坚持调整方针，肯定成绩，克服缺点，进一步抓好各地方各部门的具体工作。这次会议教育我们认识阶级斗争的长期性，要加强党性。会议作出的巩固和发展人民公社集体经济的决定，坚持了社会主义道路，进一步明确了以农业为基础，发展社会主义大农业的方针。会议讨论了当前经济工作的主要问题，把调整方针贯彻到底。

（3）五月会议对经济困难讲多了一点，为的是动员全党克服困难，大多数同志工作还是积极的，鼓足干劲的，对农业、工业、商业、计划、知识分子、平反等等做了一系列的具体调整工作，目的是纠正缺点、克服困难，而不是否定过去工作中的成绩，不是把全局看得一片黑暗。从七千人大会开始，全党上下倾全力调整各方面的工作，方针正确，收效很快。

（4）今后工作仍然是贯彻八届九中全会确定的“调整、巩固、充实、提高”这八字方针，绝不能动摇、畏缩。要不受党内外、国内外阶级斗争的干扰，要像毛主席、少奇同志说的那样，“任凭风浪起，稳坐钓鱼船”，争取更快地完成调整任务。反右要防“左”，不搞运动，不要到基层干部和群众中去搞。要正面进行阶级教育，团结全党和全国人民。

（5）要不失时机，鼓足干劲，切实抓好各项工作。农业的秋收、粮食和棉花的统购统销，水利工程的兴修，基建战线的收缩，煤炭、木材的生产和运输，农业技术改革的长期规划和应急措施，商业管理体制的调整，工业、计划和城市工作的调整，等等，都要抓紧抓实，有些还要形成文件。

（三）两个结果

八届十中全会在9月27日上午举行最后一次会议。毛主席作简短的总结性讲话。他说，我们这次会议，只开了6个半天，实际上从北戴河会议开始，已有两个多月了。这些会议就是实行我们党的基本制度——民主集中制。民主是形容词，集中是名词，开两个月会是民主，形成决定和公报是集中。我们党就是要让人讲话，充分讨论，分清是非，达到统一意志。如果一人一条心，或者分成几堆人，六个大区，几十个中央工作部门，各有一条心，那就不好办。这次商业工作、城市工作的讨论，争论很大，是好事，这不是秘密斗争而是公开讨论，很好。这次全会，比七千人大会发展了，为的求得统一的意志，作出大家都同意的决定。这是集体意志，不是政治局常委几个人的，不是大区同志的、省委同志的、各部长的，而是统一的一致的意志。这种方法，七千人大会用了，这次又用了，各地方、各部门决定重大问题时都要用。不能第一书记说了算，要多数人同意才算数。如果多数人不同意，决定即使正确也不能实行。民主是为了集中，分级管理是为了统一领导。

毛主席讲话后，小平同志把经过讨论修改后的全会公报和各项决议提付表决，都一致通过。

毛主席最后提出，全会公报还有一点文字需要再加斟酌，请小平同志主持书记处最后修改定稿。第二天上午，小平同志主持中央书记处会议通过了毛主席对公报的修改。

八届十中全会公报，把毛主席重提阶级斗争的思想加以理论化。其中说：“在无产阶级革命和无产阶级专政的整个历史时期，在由资本主义过渡到共产主义的整个历史时期（这个时期需要几十年，甚至更多的时间），存在着无产阶级和资产阶级之间的阶级斗争，存在着社会主义和资本主义这两条道路的斗争。”在这之后，毛主席加了一段话：“被推翻的反动统治阶级不甘心于灭亡，他们总是企图复辟。同时，社会上存在着资产阶级的影响和旧社会的习惯势力，存在着一部分小生产者的自发的资本主义倾向，因此，在人民中，还有一些没有受到社会主义改造的人，他们人数不多，只占人口的百分之几，但一有机会就企图离开社会主义道路。在这些情况下，阶级斗争是不可避免的。这是马克思列宁主义早就阐明了的一条历史规律，我们千万不要忘记。”公报接着说，“这种阶级斗争是错综复杂的、曲折的、时起时伏的，有时甚至是很激烈的。这种阶级斗争，不可避免地反映到党内来。……我们必须及时警惕和坚决反对党内各种机会主义的思想倾向。”公报这一论断，后来成为毛主席发动所谓的文化大革命、打倒所谓的党内走资本主义道路当权派的思想根源。

这是八届十中全会的一个结果——重提阶级斗争。随着“以阶级斗争为纲”，逐步形成两条道路、两条路线斗争的系统理论。

另一个重要结果是坚持集中力量搞调整工作的方针，坚决地把“调整、巩固、充实、提高”的八字方针贯彻到各项经济工作中去，不因重提阶级斗争而放松调整国民经济。这是八届十中全会不同于八届八中全会的地方，也是 1962 年北戴河会议不同于 1959 年庐山会议的地方。从 1961 年开始的调整工作——也就是重提纠“左”，并没有因重提阶级斗争而中断。

第十一章 四年完成大调整

（一）坚持调整方针

八届十中全会以后，中央领导同志集中力量贯彻调整方针。由于全党和全国人民齐心协力搞调整，特别是抓紧尽快恢复农业这个中心环节不放，国民经济到1962年底和1963年初出现开始好转的端倪。1963年2月初中央政治局会议分析当前形势时，指出粮食1962年收成比1961年略有增产，至少也增产250亿斤，减少职工和城镇人口也有进展。

在2月召开的中央工作会议上，周总理受中央政治局委托，报告了当前经济形势。他指出，根据各省报来的核实数字统计，去年粮食生产比1961年增加了8.6%，达到16000万吨。这是形势开始好转的基本原因。但是，这比1957年的产量19000万吨，还差3000万吨。以每年平均增产1000万吨计算，还需要再奋斗三年。1963年计划粮食总产达到17000万吨，力争超过。同时职工人数和城镇人口还要坚持精减，再努力压缩一些，使城市粮食供应进一步缓和下来。会议讨论了根据八字方针拟定的1963年计划草案，然后提交三四月间召开的二届全国人大第三次会议审议通过。

在这次中央工作会议之前，先有印度挑起中印边境武装冲突，后有苏共在欧洲几个党的代表大会上发起对我党的围剿，我们进行了有利有节的反击。在这次中央工作会议之后，毛主席召开常委会决定我党还是集中力量进行国内调整，对苏共的论战由小平同志率领一个直属中央常委的专门小组对付，调整工作由周总理抓总，组织全党全国力量继续坚持贯彻下去，不受任何外来干扰。直到7月间苏共中央发表反华公开信，中苏两党会谈破裂以后，中央仍继续坚持调整方针。

周总理全力抓精减职工和城镇人口工作，包括关、停、并、转一批厂矿企业，也包括下放一批党政机关人员到农村和厂矿中锻炼。这项工作牵涉方方面面的工作和关系，复杂而艰巨。周总理夜以继日，既锲而不舍，又耐心细致、妥善安排，加上各级党委以大局为重，干部、职工、城镇市民和农村群众同舟共济，工作很见成效。到1963年6月，周总理在国务院召开会议，听取中央精简小组的汇报。据核实统计，从1961年1月到此时为止，已精减城镇人口

2600万人，内含职工1887万人。周总理认为，我们已打赢了带决定性的精简战役，取得了主动，整个经济形势已开始好转。因此政府可以拿出一笔钱来调整生活较困难的职工的工资（后来决定拿出11亿元）。总理同时指出，我们还没有完全渡过困难，经济失调在许多方面还相当严重，还要坚持调整八字方针。

（二）再搞三年调整

8月初，在议论答复苏共中央公开信的中央常委会议上，毛主席又一次重申要继续抓紧国内调整工作，外交决定于内政。周总理在会上指出，调整工作取得初步成效，经济形势稍有好转。一些地方和部门又想大干快上，对目前尚存在的经济失调估计不足。要进一步打通思想。会议决定再搞三年调整（1963—1965年），埋头贯彻八字方针，不受国内外各种干扰，任凭风浪起，稳坐钓鱼船。毛主席风趣地说，你总理稳坐中南海，你小平稳坐钓鱼台（按：指中央指定成立的反修文稿起草小组驻地）。为此，准备在9月间召开中央工作会议。

1963年9月9日至27日，中央工作会议在北京召开。会前，中央常委同意周总理和小平同志商量好的打算，即在调整的同时，还要设想我国现代化的远景，决定在再搞三年调整之后，从1966年到1975年，用十年时间，基本建成独立的国民经济体系。因此，这次工作会议一面要面对现实，着力解决经济失调问题，另一方面又要看到将来，考虑到三年后过渡到十年发展规划。

提交这次中央工作会议讨论的主要有两个草案，一个是1964年国民经济计划，一个是关于发展工业的设想。周总理在会议中对这两个问题代表常委做了说明。周总理指出：中央决定再搞三年调整，集中力量先解决吃、穿、用的问题，调整工业内部不平衡，搞好基础工业，然后兼顾国防工业，突破尖端技术，真正贯彻农轻重的方针。经济形势今年已开始全面好转，明年要争取进一步好转。我们的远大目标是建设工业现代化、农业现代化、科技现代化、国防现代化的社会主义强国。会议讨论了这两个问题，前者意见较少，后者各种设想都有，有待进一步斟酌。

在会议期间，周总理还主持了一个夹在中央工作会议中的城市工作会议（同1962年北戴河会议相仿），讨论城市、工矿工作中进一步贯彻“调整、巩固、充实、提高”八字方针，强调要继续做好工业调整，努力改进商业工作，发展城市郊区农副业生产。

到1963年终结时，粮食产量已回升到3400亿斤（比上年增长6.3%）、棉花已回升到2400万担（比上年增长60%）、轻重工业产值均已停止下跌，而且有些产品比上年有所增长。

与此同时，中央还酝酿改革计划体制和工业管理体制，试办托拉斯等经营管理方式。

进入1964年，调整工作进展迅速。这是因为，虽然同苏共中央论战激烈进行，但全党主要力量集中贯彻八字方针，同心同德，艰苦奋斗，从各个战线传来一个又一个捷报：

2月初，中央通报：从1960年5月开始建设的大庆油田，1963年共产原油600万吨，在工业战线上树立了自力更生、艰苦奋斗的榜样。

也是2月初，中央批准《人民日报》和新华社宣传“大寨之路”，这个山西昔阳县的人民公社，战天斗地，在农业战线上树立自力更生、艰苦奋斗的新榜样。

是年10月，我国第一颗原子弹试爆成功，这是在科技战线上自力更生、艰苦奋斗的成功榜样。

（三）调整基本完成

在我国第一颗原子弹试爆成功和赫鲁晓夫下台后，毛主席接连召开了几次中央政治局常委会议，讨论当前形势。毛主席指出，中苏关系可能发生一些变化，好坏两种可能都有。我们争取好些，但要准备更坏。不管怎样，都要加强国内工作。从目前情况看，国内调整工作很有成绩。他问周总理，应该作怎样估计。

周总理说，从今年已有统计看来，调整工作可能提前完成。因此需要为国民经济下一步发展作打算。国务院各部门正在讨论，准备向中央汇报，然后向全国人大会议提出报告。毛主席认为应该好好宣传调整工作的成就，同时要提出长远的奋斗目标。

就在这几次会议的最后一次，周总理要我组织一个写作班子，准备起草向第三届全国人民代表大会的政府工作报告。我提出请顾明（总理经济秘书）、乔冠华、姚溱[①]等同志参加。总理同意并请李富春、李先念、薄一波同志再指定一些同志参加。10月下旬起我们即集中在钓鱼台6号楼开始工作。

政府工作报告的起草工作，实际上是周总理主持，邓小平、彭真、陈毅、李富春、李先念、谭震林、薄一波等同志参加。草稿经讨论后大修改三次，都是周总理主持和这些中央同志参加讨论的，最后定稿是经毛主席亲自修改

① 姚溱，时任中共中央宣传部副部长。

的。这个报告既总结了四年调整的成果，又为我国国民经济的发展前景指出了宏伟的目标。

周总理在政府工作报告中宣告：“调整国民经济的任务已基本完成，工农业生产全面高涨，整个国民经济已经全面好转，并且将要进入一个新的发展时期。”

根据当时的统计，在农业方面 1964 年粮食产量达到 1.87 亿吨，棉花 166 万吨，均已超过 1957 年的水平。只有油料稍差，但猪、羊存栏数均超过 1957 年水平。拥有拖拉机比 1957 年增加 4 倍，化肥 2 倍多，用电量 22 倍，排灌机械马力 12 倍，农田水利建设成绩很大。

工业方面，1964 年工业总产值为 1164 亿元，比 1957 年增加 460 亿元，轻重工业比重比较适当，产值为 516 亿元与 648 亿元之比。钢产量为 1223 万吨（比 1960 年的 1866 万吨下降 643 万吨，但都是好钢，比 1957 年增加 688 万吨），煤 2.32 亿吨（比 1960 年下降 1.6 亿吨，但比 1957 年增加 1 亿吨），石油 1131 万吨（比 1957 年增加 985 万吨）。

1964 年财政收支平衡，收略大于支。

1964 年商品供应状况显著改善，市场物价稳定。

毛主席在修改周总理政府工作报告加了几个段落，其中最主要的一段是：

“今后发展国民经济的主要任务，总的说来，就是要在不太长的历史时期，把我国建设成为一个具有现代农业、现代工业、现代国防和现代科学技术的社会主义强国，赶上和超过世界先进水平。为了实现这个伟大的历史任务，从第三个五年计划起（按：指从1966年起），我国的国民经济发展，可以按两个步骤来考虑：第一步，建立一个比较独立的工业体系和国民经济体系；第二步，全面实现农业、工业、国防和科学技术的现代化，使我国经济走在世界的前列。”

全文撰稿于1987—2000年

定稿于2001年7月

图书在版编目（CIP）数据

“大跃进”与大调整：吴冷西回忆录之二 / 吴冷西著. -- 北京：中央文献出版社, 2024.9

ISBN 978-7-5073-5014-2

Ⅰ. ①大… Ⅱ. ①吴… Ⅲ. ①吴冷西 - 回忆录 Ⅳ. ①K825.42

中国国家版本馆CIP数据核字（2024）第071270号

“大跃进”与大调整：吴冷西回忆录之二

著　　者：吴冷西
特约编辑：吴丽元　刘　敏
责任编辑：彭　勇
封面设计：何　欢
责任印制：黄　冉

出版发行：中央文献出版社
地　　址：北京西四北大街前毛家湾1号
邮　　编：100017
网　　址：www.zywxpress.com
电子邮箱：zywx5073@126.com
销售热线：010–83072503 / 83072509 / 83089404 / 83089317 / 83072511
经　　销：新华书店
排　　版：北京中献唐人数字技术有限公司
印　　刷：北京华联印刷有限公司

700 毫米 × 1000 毫米　16 开　28 印张　236 千字
2024 年 9 月第 1 版　2025 年 9 月第 3 次印刷

ISBN 978 – 7 – 5073 – 5014 – 2　定价：78.00元